我有这样一个继母

李 南 央　著

溪流出版社

Fellows Press of America, Inc.

My Step-Mother: Wife and Political Commissar by Li Nanyang
我有这样一个继母　李南央　著

First published in 2020 by Fellows Press of America, Inc.
P. O. Box 93, Keller, Texas 76244

ISBN: 1-933447-62-1; 978-1-933447-62-9
Published Date: June, 2020

Cover Design by Li Nanyang

Web: http://www.fellowspress.com
E-mail: fellowspress@yahoo.com
Tel: (817) 545-9866

Fellows Press of America, Inc.（溪流出版社）出版的一切作品均不代表本社立场。

从她身上，我了解了跟随毛泽东闹革命的草根群都是些什么样的人，领教了这些人的贪婪和流氓性。渐渐地，我不仅对共产党的理论、作为不认同，另起了对它深深的厌恶。

——李南央

目录

附录

序一
周实

倔强且诚实

李南央倔犟，这是肯定的。不然，她就不会写《我有这样一个母亲》和这本《我有这样一个继母》了。

倔犟的人，不拐弯，说人论事，不看场合，不瞧脸色，不会"宜粗不宜细"，只会扭住自己想的，自己亲眼所看见的，自己亲身所经历的，有一说一，有二说二，不知世上还有"大局"，只会死死盯着那些无关"本质"的"鸡毛蒜皮"，说呀，说呀，掰开，捏碎，仿佛就在"如数家珍"。

然而，事情奇怪得很，她越这样"如数家珍"，越是如此"鸡毛蒜皮"，我们就越看见"本质"，看见那个所谓"大局"。你说奇怪不奇怪？

为什么？你说，这究竟是为什么？

我认真地想了想，除了前面说的倔犟，还有两个字，那就是诚实，写母亲是这样，写继母是这样，写父亲是这样，写自己还这样，件件，桩桩，都不回避，一丝半点也不粉饰。

正因她倔犟，再加上诚实，所以，她的文字真实，真实得令你震惊又无奈，感到人事的诡异荒谬。

记得 1999 年，《书屋》杂志第三期，发了她的"母亲"之后，我还编过一本书，书名叫作《齐人物论》，书中对她的这篇文字，有此一段简短的评论：

也许她一辈子只有这一篇文章留世，就像她一辈子只能有这样一位母亲。但这也够了，李南央的"母亲"让人大长见识，大开眼界，也大感沉痛。妙的是作者的笔墨具有可贵的"良史"特质，据实道来，裁剪工细，那是厚积薄发、一气呵成的文字信物。以大爱写真情，开创了中国散文写母亲的新纪元。

今天，再看她的"继母"，觉得也和"母亲"一样，也是一篇使你读后，仍会不时想起的文字。

2020 年 2 月 22 日

序二

郭于华

无思，是通往邪恶之路

读了李南央《我有这样一个继母》，掩卷唏嘘，感叹不已，真可谓一声母亲两行泪，个中酸楚谁解味？从普通人家子女的角度看来，李南央与母亲的故事可能过于奇特，但是在和她类似的"革命"家庭中，这种经历恐怕并非绝无仅有。这类故事可成为党性、阶级性、革命性扭曲荼毒人性与亲情的关键个案（critical case）。

对于之前写过《我有这样一个母亲》的作者来说，两位母亲，一为亲娘，一为继母，二人出身不同，文化程度不同，个性举止、言谈话语、生活方式都各不相同，但却有着某种相同之处，那就是她们都是党的人，这一角色盖过了妻子、母亲、亲人的角色。正如作者在 2006 年 3 月 27 日写给友人的信中所言：**以后我会像写《我有这样一个母亲》一样，写出这段故事的。共产党人不论其政治理念如何，很多人都有一个共同的缺失：革命、地位，吞噬掉了他们的亲情和人性，生活在这样一个家庭中的孩子是十分不幸的。**实可谓，一旦党性猖獗，必定人性泯灭。

人们通常认为，家庭关系，生活事件难免会有纠纷与不堪，似乎不应"外扬"；更何况，夫妻之间、亲子之间的寻常琐事又能有多大罪过？无非是平凡小事庸常恩怨而已。这里恰恰涉及到一个耐人寻味的概念——平庸之恶。

这个概念来自思想家汉娜·阿伦特《平庸的恶》一书。"平庸的恶"相对于"极端的恶"，在阿伦特看来，后者作为现代政体的极权统治之恶，其恶行是史无前例的、激进的体制性作恶，这种原创的邪恶因没有具体的担责者而无法惩罚、无法饶恕也无从解释，例如纳粹德国针对犹太人的种族灭绝，就无法用自私、纵欲、贪婪、怨毒、嗜权、懦怯这些动机加以解释（参见阿伦特《极权主义的起源》）；而"平庸的恶"出自于阿伦特所观察到的纳粹分子阿道夫·艾希曼在耶路撒冷的受审：这称得上是个彬彬有礼的人，他在种族屠杀中犯下弥天大罪，而他的犯罪动机却是极平常的"服从命令"和"尽忠职守"。其"平庸之恶"是因"不思想"、"无个性"、"听命和从众"而失去是非判断力造成的。艾希曼强调"自己只是庞大系统中的一个小齿轮"，从而使得纳粹的弥天大罪具有了"平庸"的特征。而在阿伦特看来，正是由于人们轻易地放弃了个人判断的权利，一个个的艾希曼、一桩桩"平庸的恶"共同成就了"极端邪恶"的实现。

所谓平庸之恶，并非意指恶的程度，而是说明其本质所在。阿伦特提出了一个无法回避的根本性问题：在极权恶政统治之下，作为个体的普通人应该承担什么道德责任？亦即恶之平庸性与恶之绝对性是什么关系？极端的恶正是通过"平庸的恶""成功翻转了人们头脑中的合法秩序，把谬误与恶意变成一个新式'正义'的基础"，造就了一个"黑白颠倒的世界"。

平庸的恶是极权统治的民情基础，因为恶政最需要的就是这种阿伦特称之为"缺乏自我权利意识的无结构的群众"；两种恶相互成就相互依存。极权主义体制，本身就是一部造恶机器，它要把所有的人都变成机器上的齿轮和螺丝钉，这个机器运转起来，会绞杀人们的生命和思想，而最终齿轮和螺丝钉们也在劫难逃。

李南央笔下的长辈和同辈人物不乏这样的齿轮和螺丝钉。她的笔锋不回避前辈的弱点，不忌言普遍的平庸，直面邪恶的权力与人性的幽暗，洞穿两种恶相互成全的华丽表层和丑陋内里。

即使如中共党内凤毛麟角般存在的李锐，也有对组织的信任超过对亲人信任的时候，例如对李南央整理其日记的反复和纠结，**"从本质上说，我爸他们这种共产党的高级干部是很自私的，习惯了所有的人都是为他服务"**（参见本书 144 页）。**"不让我帮助他整理资料是薛京和张玉珍的意见，并且态度十分地坚决。老头子其实应该明白，这就是中组部的意见，他们不过是执行党交给他们的任务罢了"**（145 页）。

平庸本身也有怯懦的意涵，老婆成为组织派出的驻家政委。张玉珍指着李锐声色俱厉地说："李锐，你不是一般人，你是中组部的高级干部"，"你的日记不属于你自己，属于党。只能交

给党组织！"（191 页）而李锐却说："选张玉珍，我现在回忆，我还是选对了"（246 页）。（此处请允许我放声一悲）

书中表现的李锐的挣扎，李南央的纠结，所有相关者的苦恼，不仅令人感叹也促人思考。作者对自己亲人也不文过饰非，哪怕自己痛彻心扉。呈现真实的李锐和党性与人性的关系，这是她给自己确定的责任与使命。

南央的讲述和阿伦特的理论共同给我们的重要启示是，不思考，是通往邪恶之路。无思之恶也源自人性的弱点：懒惰（思考很累，反思和否定更累且痛苦）导致堕落。思维和反思才能够保证人的道德和人性的完整，以及人之为人的本质属性。

作者记录的因李锐档案而打官司的过程，分明显示出权大于法的现实，也同样是极端之恶与平庸之恶相互配合的作恶过程，显示出中国法治状况一个缩影。

南央有乃父之风，在万般艰难中守住了人性的善良和道德底线，且保持了坚定、睿智、开朗的性格；不止如此，她还在一定程度上超越了父辈，不放弃搜集、整理、阅读，特别是思考，向着清明之境不停止前行的脚步。如此她才能清醒地认识到政体的本质，明了制度与人性的互动关系，并以平实无华的叙述将这一切呈现给公众。其间的曲折盘桓、辛酸苦难可想而知。仅此一书，仅此一案，南央功莫大焉，而历史会证明这一切。

最后还想多说一句，与读者共勉：作为普通民众，你可以平庸，但不可为恶；你可以注重实际利益，但不可无常识不思考；你可以没有文化，但不可没有是非判断，更不能丧失人性的善良。

2020 年 2 月 29 日

于清华园

序三
李南央

"我有这样一个继母"第一期节目引言
（代自序）

今天是 2020 年 2 月 8 日，是我开始"我有这样一个继母"连播节目的第一期。节目开始之前，我想先向李文亮医生的家人表示对他们失去亲人的深深哀悼，和对李文亮这个只有三十四岁的年轻人的深深敬意。

我是在圣诞节假期完成《我有这样一个继母》的初稿的，应该说她是《我有这样一个母亲》的续篇。原本想的就是写一篇文章，没成想竟然写成了一本书。现如今纸质书印出后进入大陆已经是非常困难了，能够让国内的朋友们和读者们看到这本书的最好途径就是 Email。因为很多看过我的文章的朋友都告诉我，听我读那些文章和他们自己看那些文章所得到的感受非常不同。所以这本书写出后，我想先用声音传给大家，然后再交出版社出版。

本来是同"明镜"说好春节后即在他们的平台上播出的。但是因为报道"中国病毒"，"明镜"人手不够，实在顾不上我这个似乎与疫情无关的节目，告诉我节目的播出还需要往后再拖一拖。可是我不能再等了。最重要的原因是：我得在张玉珍在世时将这本书播完，让她听到全部内容，这样对她公平，她可以反驳我，或者以诬蔑"老共产党人的光辉形象"将我再次告上法庭，我丝毫不怀疑她背后那个力量的强大。

现在大家都在谈论疫情，海外中文自媒体的焦点也都在疫情，我现在插进来读这么一本书，似乎很不合时宜。我倒不这么看，疫情总会过去的，但是疫情过去之后呢？中国如何走下去，距离下一次更大的不知道又会是什么样的灾难又有多远？这些都是谈论眼下的疫情时必须面对的。我希望我的这本书能引起朋友们更深刻些的思考：中国是怎么走到今天这一步的——我家庭的个案，特别是很多人心目中非常了不起的李锐身边的"家长里短"，折射出中共是由一些什么样的人组成的？中国为什么会在共产党的领导下一步步走向深渊？中国将向何处去？

　　我的群发单中的朋友已经从我的同龄人，长我半辈的人，扩大到我女儿的那一代，甚至比她还要年轻的一代，这让我十分高兴。这次，收听"我有这样一个继母"节目的朋友中又多了懂中文的美国教授、美国作家和英文报纸的专栏作家。希望我家的故事能带给中外朋友们一个立体的共产党——不是你们从报纸上读到的，从电视上看到的，从教科书上学到的平面的人物。

2020 年 2 月 8 日
于旧金山湾区家中

引子

父亲领着我去她家的那天晚上，她投向我的第一瞥目光充满了敌意，毫不掩饰。这个女人跟我先前见过的"相亲"阿姨们截然不同，那些阿姨知道我是父亲的宝贝女儿，对我十分亲切，有的甚至有些刻意地讨好。

这个女人叫张玉珍，父亲说是我二姑姑的长子、我的大表哥李力康和大表嫂张丽夫妇介绍的。她的丈夫是经过长征的老红军，姓钟，跟我大表嫂的父亲是好朋友。老钟当年在延安符合二八五团的标准（年过二十八岁，五年党龄，团级干部），由组织上出面安排不愿意当童养媳、从米脂跑到延安的十五岁的张玉珍跟他配了对儿。大表哥说，张玉珍是部队中出名的美人，老钟刚刚病逝三个月，就有在文革中失去夫人的老家伙们开着吉普车远远地赶来相看这个米脂婆姨。

父亲曾经应允我："我再找老婆，一定要你同意我才同意。"我那时年轻，不谙世事，当了真。父亲平反回到北京以后，经人介绍的、自己找上门愿做李锐夫人的女士，不说踏破门槛吧，用"许多"二字形容不为过。父亲看中的漂亮女人，我觉着不踏实，就直不隆通地告诉他我不喜欢；我看中的温笃的阿姨，父亲凶凶地说长得不好看。几来几去，父亲不高兴了，对我的承诺不作数了，他给自己定的标准：人要漂亮，会说英文，就剩下"漂亮"了。背着我相看、定下了米脂女人张玉珍。父亲和她虽然磕磕绊绊，有时闹到没有办法自掌耳光以平息吵闹的地步，这个婚姻伴随着他走到人生的尽头。

父亲去世后，我在接受公开访谈时讲过：只要张玉珍不把她的手伸向李锐的档案，我什么都不会说。讲这话时，我不以为她真会那么干，只是提出一个警示：张玉珍，你们一家捞净了李锐的遗产，我不会跟你们计较。但是你若背叛我的父亲，我就不客气了。真是没有想到，张玉珍居然就做了。父亲去世不久，我就听到她到处散布李锐的日记是李南央领来几个大汉砸门撬锁硬拿走的，李锐对这个女儿恨之入骨。把当着父亲和我的面她同意了由我带到美国，代为捐赠给斯坦福大学胡佛研究所的资料说成是我私自拿走，将我告上中共的法庭，诉为应由她一人继承的李锐遗产；继而又紧追到美国，签字雇请了旧金山顶尖律师团队应对斯坦福大学"澄清李锐资料归属权"的诉讼，将她在中共法庭陈述时的用词"私自带回"改为断言："李南央利用父亲李锐对她的信任，为了个人捞取金钱及其他好处，将李锐的资料偷出，秘密运往美国交给了胡佛"；断言美国法庭必须接受中国法庭的裁决结果。如此，我别无选择。

她第一次来就没走

张玉珍是我二十九岁前的人生中从未接触到的一种人：农民出身的老红军的老婆。她出口骂人用词的肮脏，自以为是、叽里呱啦的不着调，令我叹为观止。从她身上，我了解了跟随毛泽东闹革命的草根群都是些什么样的人，领教了这些人的贪婪和流氓性。渐渐地，我不仅对共产党的理论、作为不认同，另起了对它深深的厌恶。如果说我的亲生母亲范元甄曾经是个单纯地向往革命的少女，在共产党这口大染缸里被染得浑身漆黑，张玉珍则是缸里的一粒染料，她的底色就是黑的。

我还是从头说起吧。

父亲是 1979 年初获得平反从安徽回到北京的。我先父亲几天从陕西的三线工厂到京，联系水利电力部办公厅安排他生活的一应事宜。那时落实政策的干部非常多，部里一时找不到房子，就将父亲和我临时安排在枣林前街部招待所二楼的一个套间借住。内间是父亲的卧室，外间是会客室兼我的睡房。

父亲领我到张玉珍家见面后不久，张玉珍来招待所回访。她来了就没走，那晚就在里间父亲的床上睡下了。

我躺在外间的床上盯着天花板发愣。青年人未婚先行交易在现在的中国是平常之事，老年人不办手续搭伴儿过日子也没人大惊小怪，可那是文革刚刚结束不久的 1979 年，我所在的三线工厂不要说未婚发生性行为会受到严厉的行政处分，就连学徒期间男女青工正当地交朋友也不被允许，厂子会给予延长出师的处分。更何况睡在父亲床上的这位阿姨已经四十八、九岁，自己的丈夫刚刚去世三个月。这是个什么女人哪！

在张玉珍之前，到招待所见过父亲的女人中最积极的一位是个中学英文教师，也不过是很快写来情书，用文字表达对父亲的爱慕，说是命运的安排让她遇到李锐。父亲住院检查身体，这位女士带了一盒巧克力糖到医院探望，那个年代这份礼物是很"洋货"的。她知道自己出众的相貌和娴熟的英语赢得了李锐的喜欢，但吝惜着自己的羽毛矜持地"进攻"。我知道父亲鳏居廿年的脆弱，经不起勾引的，内间的这个女人是将他像猎物一样捕捉到手了。

后来父亲逢人便讲，张玉珍自己更是重复了千百遍的故事是：他们是由刘澜波和谷牧牵的线。张玉珍起初坚决地不同意，认为李锐应该同范元甄复婚，在刘澜波的反复劝说下才答应下的……于父亲，我理解那是他让自己相信的一个神话，以化解心头对第二次婚姻失败的挫折感；于张玉珍，那不过是她无数谎言中最离谱的那些中的一个，以此抬高自己的身价。这还不算，她对将自己介绍给李锐的我的大表哥夫妇的回报极为恶毒（后面会谈到）。父亲有一则日记，那年力康哥哥已经七十岁了，至今读来令我心酸。

2008 年 12 月 1 日（星期一）

同玉珍、大妹[1]一起闲谈。玉珍接力康从加拿大打来的电话（儿子要父亲去照顾生病的孩子，母亲回新加坡去了），将过去一些不愉快事彻底谈了，力康回答得好：您对我就像对胜利[2]一样，怎样批评都接受，多年闷气就消掉了。我听了也高兴。

于刚、程德明夫妇 1983 年合影

父亲自湖南地下党起相识的终生好友于刚伯伯的儿子小刚后来跟我说，他爸当年劝过我父亲："你刚出来，正在风头上，心气儿浮躁，找不准人。再沉一沉，等心静了再说。"于刚伯伯很惋惜父亲没有听进他的话。他在

---

[1] 大妹：我大姑姑的长女。

[2] 胜利：张玉珍的养子钟胜利。

延安时也曾经告诫过父亲不要和我母亲复婚，那次，父亲也没有听进他的话。于刚伯伯的老伴儿程阿姨 1984 年 1 月去世，给他介绍续弦的络绎不绝。小刚说，老爷子明白极了，说：来找我的人无非是想我的钱，可是我没钱。说是照顾我，我不需要照顾。我跟儿子、媳妇在一起挺好。

急着找夫人的父亲确实很快就后悔了，他跟张玉珍的文化差异实在太大，完全没有共同语言。张玉珍说话脏字儿多不算，还喜欢插在父亲同他的那些学问人朋友们的海阔天空中多嘴多言，令父亲难堪。可是生米早早地煮成了熟饭，他甩不脱这个女人了。

后来我们从枣林前街的招待所搬到府右街的招待所，是个三套间的平房。张玉珍来得更勤了，屡屡夜不归家。她跟我说："小妹啊，你可不敢到外边去说张姨住在这里呀。那张姨的脸就没处搁了。"我点了头，心里说：招待所有传达室，每间平房都分有服务员，谁也不是瞎子。

那年的 10 月 19 日，父亲分到了复外大街 22

1980 年我和父亲在木樨地 22 号楼阳台

号楼四室一厅的单元，我和悌忠同父亲得以从府右街招待所搬出移入此居。不久，张玉珍正式进了我家的门。具体哪天我记不清了，应该是在 1979 年年底，天冷之后。按西城区法院判张玉珍胜诉的"判决书"中的说法是："张玉珍自述其与李锐于 1979 年前后结婚……"我说不好父亲与她是否办理过结婚登记手续，但记得"婚宴"是有过的，刘澜波伯伯的司机老南帮助联系的北京饭店谭家菜，请了几桌客人。

张玉珍进门后常常发生的一幕是：家中来了客人，我和悌忠呆在自己的房间里，父亲神色不悦地进来对我说："你快点儿去招待客人，她又在那儿丢人了。"为了父亲的脸面，我只好过到客厅找个借口将张玉珍替下来。转过年的清明节，张玉珍去给前夫老钟上坟，回家午餐。饭桌上，父亲用筷子指点着说："俗话说妇念前夫，夫爱新妇。"看着张玉珍一脸的茫然，父亲对我们一笑："她听不懂。"张玉珍的脸色立即转为铁青。

　　不久，大姑姑夫妇从湖南来做客，张玉珍狠狠地告了我的状，说我不尊重她。父亲却不解释一句，让我背上这口黑锅。

张玉珍进得家门

记得是张玉珍搬入我家的第一个星期的一天，父亲进到我的房间，说："张阿姨要那个水晶球做眼镜，你拿给她吧。"

这个水晶球是父亲恢复工作后不久，随康世恩的中国能源代表团访问巴西时接待方送他的礼品，回国后父亲就给了我。住进22号楼后，我将这个水晶球摆在了书柜里。张玉珍进门，我根本没想到要收起来，不能再摆在明面儿上，哪里想到她能瞄上我屋子里的东西，而且这么快。更更想不到，父亲会出面将他送给我的东西要回去送给他的新夫人。我有些生气——鬼才相信她是要做水晶眼镜！打开柜门就将球拿出塞给了父亲："你让她自己进来，还有什么看上的东西，一次都拿走。"我这话说得太冲，父亲不高兴了。

没过几天，张玉珍的养子钟胜利来了。这个养子得先说上几句。天下说大也大，说小也小。父亲领着我去张玉珍家见面的那次，开门的就是这个养子。当时我俩不禁愕在了门首：居然彼此认识。那是我在北京东方红汽车厂车身车间大冲工段学徒的时候，我是代培的陕西汽车厂学员，钟胜利是六七届初中毕业生直接招进北京厂的，在车身车间下料工段学徒。大冲和下料工区的两跨紧靠着。北京六七届的中学生是连锅端——全部上山下乡一个不留。钟胜利所在学校却有两个人不但留在北京，而且进了工厂，他是其中之一，是由我的师傅招进厂的。师傅告诉我钟胜利的父亲不但是老红军，而且参加过长征，了不得！而我在车间也很有名，不过跟他是反着的：是大狗崽子，又是大冲工段出了名的比小伙子都能干的女孩儿。所以彼此都知道，但从未说过话。

当然，进工厂只是钟胜利的一个跳板，一年之后他就参军走了。张玉珍最好炫耀的一件事就是，大学开始招收工农兵学员，她到了钟胜利的所在连队住着不走，跟连队指导员说：胜利的父亲是老红军，我家三代贫农，没人识字儿，你不同意我的儿子上大学我就不走。结果连队分到的那个大学名额就给了钟胜利，进了北京航空学院。每当张玉珍重复完这段光辉事迹后，父亲总会应和着："是呀，她这一点是很了不起的，知道读书很重要。"我从来不置可否。当年在陕汽厂，车间工人推荐我去考工农兵学员，报到厂里，领导给了一句话："这样出身的人怎么能考虑？！"

钟胜利毕业后被分配在北京的一所空军研究院继续当兵，以副师级工程师退休，2018 年分到四室二厅的师级住房。这让张玉珍很是不份儿：胜利凭什么分那么大的房子？我和老头子革命那么多年，还住这么个破单元！不过钟胜利本人不争气，高级工程师考核屡屡落败，我后来在父亲的日记里看到他几次给前空军司令张廷发电话，让他过问钟胜利高级工程师的职称问题。我简直不能相信自己的眼睛，真为父亲难过：主张高干子女不能走后门的中组部退休常务副部长，怎么能干这种事儿！张玉珍喋喋不休的念叨则是："欺负人呐，欺负人呐！就是卡着胜利不给提高工。"

再回到钟胜利来的那天，父亲进到我的房间对我说："胜利第一次来，你看有什么好东西可以送给他的？"我说："我哪里有什么好东西。悌忠倒是有一支你给他的见面礼——英雄牌钢笔，要不你拿去给他吧。"没想到，父亲真的把手伸了过来。我冲着悌忠说："笔在哪儿，你拿出来给张阿姨的儿子。"悌忠眼睛都没眨一下，立即将桌子上的笔放在老丈人的手里。父亲转身走了，那背影明明白白地写着："不懂事！"

又不久，张玉珍的养女钟小玲[3]来家做客。她在养母的房间里聊天，我呆在自己这边。父亲推门进来，满脸怒气："小玲在那里哭，说你给她冷脸。你快去看看！"

"谁给她冷脸了，根本没有的事！"我为自己辩护着，心说，怎么连养女都是第一次上门就要横啊！

---

[3] 张玉珍没有亲生孩子，据她自己说是当年在东北日本医生给她开刀，故意让她绝了育；她同老钟领养了一子一女。儿子：钟胜利，女儿：钟小玲。结果在西城区法院的判决书中才披露出所谓的养女真名叫曹小英（原名钟玲），钟胜利还是畲族，甚为奇怪。此二人与张玉珍的真实关系四十年后竟然成谜。详情可参看本书附文《张玉珍诉案跟进报道十》。此书行文，我仍然沿用四十年来张玉珍告知我和父亲她的养女的名字：钟小玲。

再不久，奶奶去世了。父亲结婚之前是我管家，张玉珍进家之前，父亲说，原来的存折你留着，以后我的工资就交给张阿姨。存折里有七千多元，是按文革中我母亲不再领离婚时法院判定父亲应付三个孩子的生活费积下的数额，由水电部补给父亲的，算是帮助他回到北京的安家费。因为按政策文革前的冤假错案是不补发工资的，这是政策范围内部里能够想到的给父亲一些补贴的方法。父亲让我给大姑姑寄两千块钱去，作为奶奶的安葬费用。这下张玉珍知道了我手头有个存折，从此以后给我的脸色是越来越难看。我经不住那时不时地甩过来的恶言恶语，一天上班之前将存折放在了客厅的茶几上，附了一个小条，记得大概的意思是：爸爸，这张存折还给你，我只求家里能够平安。四十年后，父亲家中最后一位保姆，从湖南平江老家请来的小余告诉我，张玉珍跟她提起过这事儿，说那张存折里一分钱都没有，是个空折。这让我仔细地、费劲儿地想了又想，终于想不起四十年间，张玉珍曾经说过的哪句话是实话。不过，我从来没有后悔过将那五千元的存折还给了父亲，也不后悔这一举动令那时的父亲对我更增加了恶感。回归步入社会后即开始的自强自立的生活，在我，是一种幸福！

再再后来，我们有了女儿。我们不敢让女儿哭，因为那时住在我家的大姑姑夫妇会进来让我管住孩子，说哭声会影响父亲和张阿姨的睡眠休息。我清清楚楚地记得女儿满月的当天，大姑姑、姑爹将我唤到父亲和张阿姨的卧室，门开着，呆在对面客房内的张玉珍不用竖起耳朵，便可将这边的谈话听得一清二楚。

大姑姑说：今天找你来谈，就是解决你对张阿姨的态度问题。你找你爸爸不就

1981 年 4 月悌忠和女儿忙忙在木樨地 22 号楼

是因为他又当上了部长吗？现在这个家是你爸爸和张阿姨的，你们的责任就是伺候好爸爸，让张阿姨高兴，家里不要再有一个范元甄。

听到这话时那种天打五雷轰的感觉，我真的是不愿再去回想……我不能相信这话出自 1978 年 7 月陪我一同去磨子潭探望父亲的姑姑之口。当年的大姑姑夫妇和他们的儿女对我是多么的好，大姑爹还送我进湘雅医院检查长年低烧的身体。原来他们只是利用我给父亲平反，他们从来也没有相信过我！我突然感到脑子里的一根神经"啪"地断了，放声嘶嚎："人怎么像狼一样啊！你们怎么像狼一样啊！这个世界上怎么没有人啊！"看到我的疯狂，父亲一定是吓坏了，他从沙发上站起来，紧紧地抓住我的双手，放在他的两掌之间："小妹、小妹，你冷静点，你冷静点……"

是父亲的这一握救了我，我知道若不是他紧紧地抓住了我的手，呼唤着我的小名，我那天是一定一定地疯掉了。那种对人性的绝望，文化大革命中当狗崽子时，一人住在筒子楼一层端头的房间，窗户被邻居家的男孩子们砸破，夜夜被他们捅破粘贴着玻璃的窗户纸向内窥测时的绝望，与那一天的绝望无法相比！待我平静下来，父亲说：你今天太激动了，我们改日再谈吧。

第二天，我一滴奶水都没有了，体重很快降到了一百斤。

有了大姑姑夫妇的偏袒，张玉珍对我们的挑剔变本加厉，无一件事能入她的法眼，每天同她在一张桌子上吃饭都成了一种折磨。终于有一天，父亲找来了部里保卫处的干部，将悌忠唤到客厅，不让我旁听。谈了总有一个多钟头吧。悌忠回到房间，我问他都谈了些什么。他轻描淡写地说：是保卫处的正副处长，说李部长告诉他们我要打张玉珍，今天来是警告我的。我当然一口否认：这是没有的事儿。他们说：张玉珍是老干部，绝对不会撒谎。

悌忠语气平和地安慰我：你别往心里去，这点委屈对我无所谓，别影响你们的家庭关系。我立时三刻就急了眼儿：你跟我好时，我是那些干部子弟父母不肯接受的狗崽子。党支部书记找你谈话，说你要跟我好，组织上永远不会再培养你，重用你。你没变卦。如今我爸又是官儿了，我不能忘恩负义，不能让他们这么欺负一个平民老百姓家的儿子。这个家不容你，咱们走。再说，这种屈辱的环境对孩子太恶劣了，孩子连哭的自由都没有。没地儿去住在大街上，这个家咱们也不呆了。

我们该走了

　　住在大街上是气话。走，谈何容易？大姨家在筒子楼有三间屋子，我想暂借一间，大姨说：我惹不起你妈，你住我这儿，你妈来闹，我怎么办？婆婆家只有平房院内一间南房，内里劈成了三小间。婆婆说：我这里没法儿让你们三口人进来。

　　一天父亲下班，见单元门敞开着，我们女儿的小孩儿车正放在门口，父亲一脚将车踹进了门里，大发雷霆。这个家真的是呆不下去了。走投无路，延安有名的马奇诺防线郭霁云阿姨[4]打抱不平，她的女儿，我三线工厂的好朋友郭莹家有一间八平米小屋借给了我们。我们就搬了进去。一张双人床，一张小孩床，一个三屉桌，一个大衣柜，连转身儿的空间都没有。只好将书柜，五斗橱和另一张书桌留在父亲家我们住的房

1981 年 12 月我和女儿同好友郭莹母子

间内，锁了门。那是 1981 年，女儿将满一岁。

　　记得搬家时正值盛夏，事先没有跟父亲和张玉珍打招呼。向单位请了一天假，楼上金树望伯伯的儿子金嘉纳帮我们借了两辆平板车，他的妻子也帮着我们将几件家具从楼上搬到平板车上，

---

[4] 马奇诺防线：是法国在第一次世界大战后，为抵御德军入侵而在其东北边境地区构筑的钢筋混凝土防御工事。中共延安时期，男多女少，很少单身女士。郭霁云被男士们追求，"屡攻"不下，故得"马奇诺防线"雅称。

家中炊具中那几件我们从陕西带回来的也找出装上了车。从此三口之家外加带女儿的阿姨（实在找不到接收一岁以下孩子入托的地方）靠 80 元的工资生活，这些东西我们无钱添置必须拿走。后来，我们知道张玉珍到处说：李锐的女儿跟乔冠华的儿女一样坏，把我的家抢空了，我和老头儿连饭都吃不上，只能叫上司机小彭开车带着我上街现买做饭的锅碗瓢盆。

不久，父亲的秘书老周给我往办公室打来电话："你爸房子不够用，要你把房间的东西搬走，交出钥匙。"

我说："如果有地方，我早就搬了。现在借住在人家，实在是没有地方放东西。"

老周说："你爸说你不搬，他就把你的东西搬到部里办公室。"

我说："他不嫌在部里丢人，他随便搬，随便放，我没意见。"

大概老周也觉得这么办实在太不像话，反正一直到半年多后，悌忠从单位分到跟人合住单元的一间半屋子，我们得以搬出所有东西之前，此事再未向我们提起过。

郭莹家在离复外大街 22 号楼不远的轻工部大院内。一天大姨来走亲家，发现我们住的单元竟然就是她儿媳妇父母家的隔壁间。以后大姨、姨父两人走亲家，总是过来坐坐，给忡忡带些好吃的，比住在父亲那里不得来往亲多了。我们一家四口同郭莹一家相处得十分融洽，忡忡想哭就哭，想笑就笑。每天晚上我们牵着孩子的小手在院子里玩，有时还去就在隔壁的月坛公园走走，日子过得十分轻松、快乐。

转眼两个月过去，我竟然在办公室接到父亲的电话，让我回家过"十一"。电话是父亲打来的，这我没有想到，下意识地就答应了。可是放下电话后心中忐忑，不知张玉珍会如何表现。就告诉了父亲五十年代的秘书张敦荣叔叔。张叔叔说：我陪你去吧。

"十一"当天我回了父亲的家。门是看着我长大的、我家的老阿姨——蔡阿姨开的。阿姨含着眼泪说："回来了，回来了好。爸爸还是爸爸，爸爸总是亲的。"我说："嗯，我知道。"

多少年后，父亲有一次提起，说张阿姨骂蔡嫂，说她对蔡嫂那么好，可是她回老家前对接班的朱嫂说："这个家就两个正根儿，小妹和悌忠。"我在写《我家的老阿姨》那篇文章时没有将这话写进去，是怕张玉珍会跟父亲闹。现在父亲走了，可以写了。阿姨啊，你在我面前从来没有数落过张玉珍和她的养儿女一句话，恪守着你做"下人"的旧理数，可你心里明镜儿似的呀！

进到客厅，看到张叔叔已经坐在那里跟父亲聊天，我就加了进去。父亲像什么都没有发生过一样，问我工作上的事儿，问张叔叔工作上的事儿。说话间到了中午，张叔叔和我起身准备走了，父亲却说："今天都不走，你们都在这里吃饭。"话音未落，就听到饭厅那边"砰"的一声巨响，我们从敞开着的客厅门向饭厅望去，看到一直没有露面的张玉珍正站在饭桌后边。又是"砰"的一声，她的手一下又一下重重地拍在桌面上："妈了个 x 的，看不起我，给我滚出去。这个家是我的家，看不起我，就给我滚！"

自九岁起，我是在母亲的骂声中长大的，但是母亲从来没有用过如此肮脏的字眼儿。我的眼泪刷地落了下来，我不会骂人，只是反反复复地一句话："你是我爸的妻子，我是我爸的女儿，你不能让我爸只爱你，不爱我……"

1980 年我和蔡阿姨在木樨地 22 号楼阳台

"你妈了个 x 的，你妈了个 x 的！你给我滚……"张玉珍嘴里喷出的也只有一句话。

张叔叔显然是被眼前的这个阵势惊住了，半天才开口："李部长，我们不吃饭了，我们还是走吧。"父亲连忙说："好，好，你们走，你们走吧。"

张叔叔拉着哭成泪人儿的我走出了父亲的家门，乘电梯下了楼，我们开着自行车的锁，我还是在哭。张叔叔反反复复地嘟囔着："怎么会是这样，这个女人怎么是这个样子。李部长说她温柔得很，好得很啊……"见我一个劲儿地哭，一句话也说不出来，安慰着我："回家吧，回家吧。"

张叔叔一路陪着我骑车，默默无语。自此，张叔叔常到我们的住处看我们，给我们送来粮票，粮票那时是可以换鸡蛋的，给我们送来他单位分的大米。后来我们分到房子，张叔叔在自家通了管道煤气之后，将他家的煤气罐给了我们。那都是雪中送炭啊。那种人性的温暖令我永志不忘……

1994 年 12 月我同女儿和张敖荣叔叔在父亲家

我在父亲心中成了颇糟糕的"这一代青年！"

父亲复职后的日子过得繁忙喧闹，停止了书写日记，恢复后的第一篇写于 1981 年 12 月 27 日，"十一"回家那次张玉珍的大吵，在父亲笔下没有留下痕迹。我自己是记不

1978 年 7 月我和大姑姑夫妇去磨子潭看望父亲

得那天之后什么时候再回到 22 号楼看望父亲的了。但是有一点可以肯定，是父亲打电话叫我回去的，否则我是一辈子不会再登那个家门了。

我的名字在父亲 1982 年 2 月 12 日的日记里第一次出现，此后就时不时地冒出了。从这些记述中，我知道我在父亲的心中不再是他于磨子潭水电站的陋室中思念的那个女儿了：

> 春夜苦寒伴一灯，
> 扣窗碎雪不吱声。
> 何为翻出小妹（阿女）信，
> 最怕伤心骨肉情。
>
> 1967.2.14.

还是将出现有我名字的李锐日记摘录在这里吧，比我现在写，来得准确[5]。

1982 年 2 月 12 日（星期五）

夜张敖荣来，琬姐与之详谈小妹事。

---

[5] 本书所引李锐日记都是摘录，为了节省篇幅，省去删节号及天气记述。

1982 年 3 月 8 日（星期一）

下午小妹带忙忙[6]来，坐了两个多小时，谈所里情况。未作批评，以后慢慢进言。这一代青年！

1982 年 3 月 18 日（星期四）

下午回家，与家桢、琬姐[7]叙家常，又谈小妹事，嘱注意玉珍情绪。六点半送至车站。

1982 年 10 月 25 日（星期一）

下午小妹来，承认存款事透露给郭靖[8]。

1982 年 11 月 7 日（星期日）

上午小妹带毛毛来，叫了外公与外婆。

1983 年 2 月 11 日（星期五）

小妹带孩子来。

1983 年 2 月 14 日（星期一）初二

灼姐[9]一家十口晚餐，小妹带孩子来，又叫了外婆也。

1983 年 4 月 13 日（星期三）

小妹来，给爸爸送生日礼。

1983 年 6 月 14 日（星期二）

小妹带孩子来。

1983 年 11 月 1 日（星期二）

小妹带孩子来，翻我的藏书。

1984 年 1 月 2 日（星期一）

大胖[10]父子，小妹携毛毛，胜利等陆续来。夜小胖[11]夫妇来，观儿童歌唱。

---

[6] 忙忙：我女儿的小名。

[7] 家桢：唐家桢，我的大姑爹；琬华：李琬华，我的大姑姑。

[8] 郭靖：即前面提到的马奇诺防线郭霁云阿姨，我的好友郭莹的母亲。

[9] 灼姐：李英华，我的二姑姑。

[10] 大胖：二姑姑的长子李力康，我的大表哥。

[11] 小胖：二姑姑的二子王力丰，我的二表哥。

1984年1月8日（星期日）

夜小妹来谈高能所班子反映。

1984年2月1日（星期三）

下午仍上班一个半小时，回家与玉珍怄气：主题还是总要以小妹来敲打。谈开去反而好些，生活小事不必闷在心中，垂老之年，实不愿再心烦也。

从父亲的日记中可以看出，1982年3月8日去过之后，空了半年多，直到10月25日才再次去看望父亲。这期间发生了一件事情：母亲范元甄通过她所在的三机部党委向水电部索要文革期间她中断领取的三个孩子每月共计60元的抚养费，就是我领取的存在那张存折里水电部补贴给父亲的七千多元。张玉珍认为是我将存折交出后不甘心，将这笔钱的事告诉了我的母亲，合伙与她一起闹。父亲认同这个说法，跟住在我们隔壁单元的季成龙伯伯说了。这令我十分气愤，给父亲写了封信。这封信的底稿我一直保留着，全文如下：

爸爸，

今天去22号楼取粮票，恰遇季成龙伯伯去复兴医院向陈伯村伯伯爱人遗体告别，我俩同路，他转达了你前几天跟他谈话的意思，使我有话不得不说。

当初在争取为你平反时，我曾给胡耀邦同志写过信，谈了我对范元甄其人的认识。作为你们的女儿，我要求组织重新审查范元甄对你的揭发材料，这封信的底稿你也曾看过。老干局的徐干同志接待过我，我也曾口头向他谈过我对范元甄的看法和认识。我对范元甄是有了二十多年的共同生活，特别是在文化大革命当中对她的政治态度，思想品质有了较深刻的了解后，才做出了决绝的选择的。我虽然不是党员，更不是像你们一样的高级干部，但作为一个老百姓，作为一个人，我是有我的人格的。为了区区七千元钱，就放弃自己原来的思想认识，去投靠范元甄，让她到组织上去闹，去揭发你，这种事不是我这种性格人做的。我不像有些人，一旦谁得罪了自己，必不择手段，将其置于死地，这种事，我干不出。你如只是认为我去找了范元甄，这说明你根本不了解自己的女儿，但是你在没有任何证据的情况下就对别人谈我去找了范元甄，还说我把七千元钱的事告诉了她，则是对我人格的侮辱。如果以后你还要对别人这样说，我要找中央组织部党组织澄清全部事实。如果张玉珍也还要再造什么谣，说我把徐炜阿姨领到家里，挑拨你们离婚，让你与我妈复婚等等，之类鬼话，我也要到建委向她的组织谈谈她的所作所为。至于范元甄怎么知道的，我也很琢磨不透，我看"要想人不知，除非己莫为"，大概是最合情理的解释了。对她的行为，我只能报以轻蔑的一笑，看来在要钱不要脸这一点上，她们倒确有共同之处。

至于那七千元钱，你确实明白是应属于谁的，否则你就不会对我假说要取邮件，用谎话骗走我的户口本。对于钱我看得轻，但对于你用这种手段把钱从银行里取出，又转在别人的名下存别的银行这个意我可看得很重、很重……你还记得你在安徽写给我的那些信吗？你还记得你在秦城写的那些诗吗？（只叹我因珍惜和怀念你有过"藏之娇女"的感情，而要一本再版的《龙胆紫集》，你竟当着朋友黎澍的面不肯给我）。那时你尽不到一个父亲的义务，却又是多么想对我们有所补偿啊！可是真正有了这种可能之后，又怎样呢？地位、权力、金钱，再加上"美女"把人腐蚀得多么厉害！你春节到了我的楼下，别人还劝你上楼看看自己的女儿，那个女人也不在你的身边，你竟把手一挥，"看她干什么？"你让（楼下）李伯伯转告我不要到处乱说。我理解，你作为一个领导干部，现在又成了中央委员，需要威信，需要别人的尊重。但是威信和尊重靠什么得到并得以维护？靠自己的行为！你春节到了我楼下都没来看看，是别人告诉我的（这可不是我给你散布而是别人向我"散布"的），你大概以为没什么，但它产生的结果比我说你一百句、一千句坏话还要坏。这事传开了，你知道吗？人们说些什么，你知道吗？我真替你难过。我想再说一次，我从没到处去说你的坏话，有个坏爸爸，不是作女儿的光彩。我真心希望你用自己的言行，在处理家庭关系上赢得别人的好评，让人引为范例。你自己应该清楚，真正不通情理的人是谁，应该对谁稍稍讲点儿原则，拿出点儿男人的尊严。

至于张玉珍你说她臭了，那不是我的"功劳"，应该归功于她自己。对于她，有人是在你结婚前就知道她不好，就想劝你别跟这个人结婚，有人是来咱们家跟她接触后，她常常自己说走嘴逐步认识了她，还有人是第一次见面就对她的虚情假意矫揉造作极为反感，而不愿再登家门。何况她自己说要破罐破摔，就更不能再赖别人了。张玉珍要想有好名声也不难，不讲新道德，起码要讲点儿旧道德，尽做缺德事，还要别人都唱颂词，哪有那么好的事。

爸爸，你现在也许是一生最"得意"的时候，感情也早就不能与磨子潭同日而语了。但是也许还会有怀恋真正亲人感情那一天。什么时候又觉得女儿是有用的，是需要有的，我还是会尽女儿义务的。

你忙，不多写了。青云直上时，冷言冷语，确是至亲之人热心热肠。

节日好！工作好！

小妹

82 年 9.29

信我寄出去了，父亲没有回信。从 10 月 25 日父亲日记中的记述："下午小妹来，承认存款事透露给郭靖。"应该是我被父亲叫回家中，让我回想范元甄知道那七千元补贴的渠道，我告诉父亲也许是郭阿姨说的，我们住在她女儿家，自然是无话不谈。父亲的用词是"承认"、"透露"，都是贬义的，他的倾向性是显而易见的。

记忆中，我们是在 1982 年的初春搬到南营房水电部宿舍大院的。女儿忙忙满了一岁半，符合入托高能所幼儿园的条件了，但幼儿园说没有工厂的名额。那时所工厂的地位远远比不上科室。我找到厂党委书记，说如果不让孩子入托我就上不了班了。那时我算是技术科能干活儿的人，手里有一摊图纸。书记真帮我要到一个入托名额。这样，我们将带忙忙的阿姨介绍到悌忠的处长家去做，那里条件比我们好多了，阿姨很高兴，我们也大大松了口气，每月可以省下 25 元做家用了。这样，一岁半的孩子每天早晨从被窝里被我拽起来，放在自行车前的小椅子上，骑到科学院门口上高能所的班车。自行车就存放在班车站旁那幢楼的一层，我中学最要好的朋友李哲英家里。哲英是和父母住在一起的，她爸、妈跟我熟得很，文革期间我们一帮子同派的同学没少到她家蹭吃蹭喝。她爸妈会常常在我取自行车时硬塞给我一些刚上市的蔬菜、水果什么的，还把我当成当年那个不挣钱的女儿的要好同学。

一天，我们领着女儿在所住的宿舍大院里遛弯，碰到了父亲过去的顶头上司刘澜波部长的司机老南，我们赶紧低头逗女儿装没看见，怕他为难。没想到他没躲，停下来跟我们聊了起来。老南说澜波伯伯的爱人杨达对澜波前妻的孩子跟张玉珍差不多。澜波伯伯原配的一儿一女都是农民，在河北乡下日子过得艰辛，澜波伯伯有时让他开车偷偷送些钱去，嘱咐绝对不能让杨达知道，否则会大吵大闹。老南说，刘部长的哥哥是国民党军官，刘部长的嫂子说："共产党既没有旧道德，也没有新道德，就是没道德。"老南唏嘘慨叹，说："以后有什么难处，我能帮上的，你们就开口。"我连连点头，感激得不行，温暖得不行。老南的话，我和悌忠记了一辈子。

从父亲家搬出来后，我们的朋友，大院里父亲的熟人、同事，没有人对我们冷眼相看，父亲的好朋友李普伯伯和于刚伯伯家的大门更是对我们敞开着。刚刚从文革浩劫中走出的人们的心，有着如今已经不多见的真诚和温柔。

1977年9月回北京探亲同中学好友李哲英（右）朱丹华（中）合影

爸爸还是爸爸

1982 年 10 月 25 日回家之后，算是同父亲又恢复了"外交关系"。张玉珍没有再骂人，对我的态度至少让我在饭桌上可以咽下饭菜。只要我回家，蔡阿姨总是十分地高兴，说："爸爸还是爸爸，爸爸总是亲的。不要不回来，要回来看爸爸。"我也总是应着："嗯，我知道。"回家的频率基本维持在一月一次，有时还带上孩子。悌忠从不拦着，但也不随我同去，我觉得那是理所当然的，他没有血缘关系，用不着委曲求全。

对了，一次回家，父亲对我说："她说，这个家有个张阿姨，有个蔡阿姨，都是阿姨。觉得你还是看不起她。你以后叫她妈妈。"我应了。知道父亲不容易，放不下妻子，也舍不下女儿，我不为难他。第一次叫出"妈妈"回家后，我关在厕所里掴了自己几个耳光。这事，提笔写这本书前，我对谁都没提起过。

这之后又发生了两件事儿，值得写写。

一天，我们在路边的一家乐器店看到了一架钢琴，我随手在琴上爬了几个八度音阶，女儿扒着琴边儿听呆了。晚上睡觉前跟我说："妈妈，我想弹钢琴。"那架钢琴的价格是 1245 元，对于 80 元月收入的我们是天价。为了孩子，我厚着脸皮给父亲打了电话，告诉他忙忙想学钢琴，能不能借给我一千元，我一定会还的。父亲一口答应了，说是回家商量一下，让我晚上再去电话。晚上的电话是父亲接的，说："她说你说借，就是要，不会还的。"

我说："爸，我说借就是借，我一定会还给你的。我不会说话不算话的。"

父亲又说："她说孩子那么小，要什么给什么，不能这么惯孩子。学钢琴，哪那么容易，学不出来的。"

我失望地挂上了电话，却下定决心，再难也要给孩子买下那架钢琴。忙忙学琴的故事我在《青春的音乐》那篇文章里都写了。女儿高中毕业那一年，回国在北京音乐厅跟中央歌剧芭蕾舞剧院交响乐团合作举办了个人音乐会。在整理父亲的日记时，我看到了下面的几则，品出了父亲在这件事情上从开始以为我想靠他，到后来逐渐有了改变。我心里是有所安慰的。蔡阿姨说的对："爸爸还是爸爸，爸爸是亲的。"

1997 年 7 月女儿在北京音乐厅举办了个人音乐会

1985 年 4 月 14 日（星期日）

小妹带孩子来，黄楠可能给了点帮助[12]，似已懂得要自食其力，为专利局翻译得了稿费也。

1993 年 11 月 13 日（星期六）

那天大胖谈小妹 89 年 8 月过香港所谈，我估计是愤激之语，"关起来才好"，使大胖极为不满，疑窦甚重，玉珍也同样，琬姐来信也是如此。心中一直不快。[13] 今天下午同玉珍谈开，并述及为忙忙买琴借一千元未允事，引起争执。又扯起那次徐炜来谈，要拆开我们关系，而我当时并无此种感觉（1961 年尾，徐炜促范离婚的，因有歉意）。玉珍一直斩钉截铁认为是小妹与悌忠挑拨所致。小妹自幼与母亲闹翻，难道还愿我们复婚？也不想想我能同意？此事弄得极不愉快。

---

[12] 黄楠是黄克诚的长女，此时是我工作单位高能物理研究所工厂的党总支书记。其实黄楠什么也没有跟我谈过。我是从父亲的日记里才知道黄楠去看过他。

[13] 父亲跟我提起过此事，说张玉珍认为我狼心狗肺，为自己出名，希望"六四"后父亲坐牢。我跟父亲说：我不记得从伯利兹返回大陆经香港，见到大胖哥哥说过把你抓起来才好的话。没想到父亲竟然说：说了又怎么样？"六四"的那种情势，人们当然都是十分地激愤。

1998年5月8日（星期五）

午餐吕勇[14]邀宴湖南菜馆。吕与小妹在陕西汽车厂共事十年，说小妹是当年学习的一面旗帜，自学高等数学、英语，坐一个小凳子，衣服补了又补。厂内管弦乐团，吕是指挥，小妹拉手风琴、弹钢琴。

1998年5月17日（星期日）

昨夜服眠药后仍失眠。半夜见玉珍上厕，谈了几句，竟大冒其火。我因那位西安孙辈客人霸留，而玉珍则谓我对忙忙音乐会无不安表示，两人撞车了。久久未能入睡。

1998年5月29日（星期五）

小妹写的忙忙学钢琴过程与她的中外老师文章，已发表在《华人文化世界》1998第2期。小贾寄小妹5本（邮资120元），文章写得甚好。

1998年6月10日（星期三）

上午悌忠弟弟来交票与小贾，略谈。晚上两夫妇又来家，特嘱待小妹回京后，同他们的嫂嫂谈谈，这种活动只能搞这一回了[15]。要花五万元左右。现在经济形势如此紧张，下岗人多而困难。如此人为让一个未成年孩子"上台"，有无必要？

1998年7月15日（星期三）

小妹六点四十五到机场，小赵接回，几个大箱子，还有大提琴。小妹十点才回家，带回一大批药物。玉珍较高兴。

1998年7月23日（星期四）

小妹说，票1200张都卖完了。忙忙和父母带上干粮四点半先走。同秦川谈好，黄乃夫妇由他同乘一车。王申生[16]与儿子来，一起晚餐。我

---

[14] 我在陕西汽车厂时在车身车间工作，吕勇在底盘车间。因同为厂宣传队队员而熟悉。父亲大概记错了，我那时只拉手风琴，并无钢琴可弹。此时吕勇已从陕汽调入深圳大学工作。

[15] 悌忠的弟弟从未对我提起过父亲对忙忙音乐会不赞成的态度。音乐会后父亲是非常高兴的，特别是了解到音乐会的门票钱支付了所有的办会费用，很是欣赏。看到父亲的这篇日记，我才知道他开始是不以为然的。

[16] 王申生：画家。父亲在磨子潭流放地结识的忘年交。申生时为工农兵学员，到大别山采风。因与李锐友好而受处分。父亲平反后第一次去上海出差找到申生，帮助他换了与专业相符的工作。

们四人于六点四十分到中央音乐厅，在贵宾室休息，见到元坤[17]夫妇，有四十年不见了，人甚活跃，还不出老，已其实七十二岁。陈忠介说，我的书都读了。王申生一起照了几张像。我与玉珍、悌忠母亲等坐 9 排正中，旁边是鲍蕙荞（忙忙的老师，国内第一钢琴手），同她谈起她的父亲，鲍国宝是老同事，1978 年去世时尚未平反。（鲍是庄则栋原妻子）。元乾[18]的妻子郑宝倩同我交谈，她现在的丈夫李朋（原财政部长）我是认识的，甚感亲热。元坤说，他们一家人都对我好感。

忙忙独自一人弹五个曲子，贝多芬、巴哈等，外行听不懂，只觉有难度，很熟练，也老练，毫不怯场。后一半曲子由中央歌剧芭蕾舞剧院交响乐团伴奏，最后加演一段大提琴，曲子过长。很是成功，鼓掌很多，都反映成功。认识乐团团长金纪广，想读我的《实录》。交谈时，谈出我的身份，他原也不知陈大林（副院长）同我的关系。[19]

1998 年 8 月 7 日（星期五）

小妹将资助的两万元退还妈妈，因票房收入三万多元，已够开销了。

第二件事，父亲的日记里记有一笔：

1988 年 9 月 13 日（星期二）

小妹来，忙忙吃午饭未得允许。

事情起于女儿的小学修缮校舍，她所在的班级借读在 214 中学的教室上课。这一下她没法在我们居住院的家属委员会办的小饭桌吃午饭了。但是 214 中学离父亲的 22 号楼却很近，坐车不过两、三站的路程。为了女儿，我再次厚着脸皮同父亲商量，看能不能让忙忙中午在他家搭个伙。父亲又是一口应允了："好，你去跟她说说。"我进到张玉珍的睡房，将我们的难处跟她讲了，说："爸爸说由你做主。"

张玉珍立即沉下了脸："我这一家都是老人，你爸老了，我老了，蔡阿姨也老了。受不起这个累了。"

我说："知道了，我自己再想办法吧。"

---

[17] 我的大姨，母亲范元甄的大妹妹。陈忠介是我的姨父。

[18] 元乾：我的舅舅范元乾。舅舅去世后，舅妈郑宝倩与李朋结婚。

[19] 陈大林是父亲表弟方南君的夫人。

转身出了张玉珍的房间，没想到父亲守在走廊里等我，见我出来低声地问："怎么样，她同意了吗？"我本来是没事儿的，对这个结果并不意外，但是没想到父亲竟然着急地惦记着，鼻子一下酸了，好不容易忍住眼泪："她不同意，说你们都老了，太累了。"父亲的脸色一下变得很难看。我赶紧说："爸，我自己想办法。没事的。"

从父亲家出来我上到楼上金伯伯家，一五一十地告诉他们我真是碰到了难事儿。嘉楠说："太不像话了！小妹你甭为难，没关系，我中午接忙忙到我们机关食堂吃饭。"这样，忙忙的午饭有了着落。每天中午嘉楠从她的一机部情报所骑车到 214 中学接忙忙，忙忙那叫个高兴。嘉楠阿姨食堂的饭比小饭桌强多了。

我想大概是嘉楠跟开电梯的女孩子们唠嗑时说了这事，有多嘴的人传了话，让父亲觉得太没面子。没过多久，一天父亲突然打来电话说：她同意忙忙回家吃午饭了。我犹疑着，怕孩子受气，先回了趟家问了问蔡阿姨。

阿姨高兴地说："忙忙在这儿吃饭，你放心。"

这样孩子就开始了在外公家吃中饭的日子，晚上会常常告诉我今天阿婆教她做了鸡蛋羹，改天又是阿婆教她做了个什么菜。

有一天，忙忙突然问我："妈妈，外婆干嘛老说你的坏话？"

我一下不知如何回答才好，问："外婆骂你吗？"

忙忙说："不骂。"

我说："不骂你就好。"

后来我从父亲的日记里看到这样一则，知道忙忙最后能在父亲那儿吃午饭，必定是父亲态度坚决的结果。

1987年2月4日（星期三）

因小妹的毛毛要同去游泳，引起玉珍不快："那你就天天带她去吧。"使我也不快。从小妹处可以知道点年轻人信息，玉珍却不理解此种心情。

《我有这样一个母亲》那本书出版之后，我送了女儿一本。她告诉我，她读到《我家的老阿姨》那篇文章时哭了。女儿说："阿婆就是我的外婆。我在外公家吃饭时，能呆的地方就是厨房和阿婆的房间。阿婆教我做饭，我帮她收拾碗筷，我俩聊天。"

除了上边说的那两次，我没有向父亲张过口。搬出 22 号楼后，悌忠的妈妈每月给我们 10 元钱为孩子订牛奶。孩子的衣服我自己做，再加上有朋友们孩子穿小的衣服和鞋子不断接济着，我们每月能匀出 5 元钱让孩子学钢琴，还将单位发的独生子女费积攒到一起买了个孔雀牌相机，后来又有朋友帮我揽到翻译活儿得些外快，一点点地还上了买钢琴借的钱。1983 年 8 月，我出版了

1994 年 12 月我和女儿回国在父亲家又见到蔡阿姨

自己的第一本书，是本译著《板料冲模设计》，一次得了 240 元的稿费，从李颚鼎叔叔的儿子李雄爱人的哥哥（够绕的）那儿买了台他自己攒的九吋黑白电视机。日子越过越好。

后来悌忠去世界银行出差，我通过英语考试得到去瑞士欧洲核能中心CERN交流工作的机会，回国后送父亲和张玉珍礼物，还给了他们一个大件指标[20]。买电视那天，是多年后悌忠第一次同父亲见面。父亲在日记里有记述。

1988 年 1 月 27 日（星期三）

上午同杨筱玲[21]、小妹一起到经贸部外汇购物处买来日立 21 吋彩电

[20] 改革开放初期，录音机、录音带、电视机、洗衣机和冰箱等电器产品十分紧俏，出国人员按出国日期的长短可获得不同数额的大、小件指标在出国人员服务部（即父亲日记中说的"经贸部外汇购物处"）购得。购买须在回国后的指定期限内凭护照和报关表完成，过期指标作废。记忆中盒式录音机、录音带算小件，电视机、洗衣机、冰箱等大电器算大件。

[21] 杨筱玲：张玉珍好朋友的女儿。从父亲日记里知道她常去串门，有时会住上几天。

（遥控），随付小妹 1500 元。见到巴悌忠，颇正常。

这年的春节，记得是大年初二，父亲的司机小彭突然上到我家住的四楼单元敲门。开了门，我奇怪地问："你怎么来了？"小彭说："李部长来了，在楼下车里，让悌忠和你们一起回家。"悌忠在我身后听到了，二话不说，进屋穿上大衣下了楼。老头子在车里看到我们下来了，立即打开自己一侧的车门，悌忠叫了声："爸爸。"老头子应了，脸上绽开了笑容。从此我的家和父亲的家算是恢复了"全面外交关系"。

后来从父亲的日记中才知道张玉珍并不情愿，一定是父亲坚持了的结果。

1988 年 2 月 15 日（星期一）

春节让悌忠来，先到小妹家去，引起玉珍不快，口角两句。

1987 年我在日内瓦 CERN 短期工作交流

"后娘难当"的张玉珍

1989 年"六四"期间我不在国内，正从高能所借调到核工业部的中原公司，外派在中美洲的小国伯利兹当个开发项目的小经理。我一个非党员领着几个党员，而且还不分"伙食尾子"[22]，告诉大家钱要先用在干事儿上，被几个党员恨得牙根儿疼。"六四"时我们参加了当地华侨的游行和天安门捐款，被同事告回公司总部，将我以汇报工作名义调回，我才知道父亲因为反对"六四"开枪正在中顾委挨批。人事部处长张一群让我交代反党言行的同时，财务部开始查我的经济问题。

我这辈子没破口骂过人，张一群找我谈话的那天，破了例。他让我交待为什么不同党中央保持一致。我说，我一个小兵卒子怎么会知道党有两个中央，我同赵紫阳的公开的党中央是一致的。你去翻翻毛选五卷xxx页[23]，毛主席说过：绝对不能对群众开枪。然后一把拉开他办公室的门让全公司的人都能听到我在骂："你这个党棍，文化大革命过去多少年了，你还想整人！"公司去过天安门、正在被这个张一群批查的同事们觉得我真是给大家出了气。对我非常好的总经理事后对我说："你倒是让大家痛快了，他还不往死里整你。"我那时是觉得党内斗争复杂，张一群一个小处长其实并不知情，不过是想借着整人邀功往上爬。我若怂了，他以为我爸要倒了，当然会往死里整我。我要是穷横，他摸不到底，下手就会有顾忌。

---

[22] 伙食尾子：那时出国人员每天的伙食费有固定标准，用不完的结余部分被称作"伙食尾子"，按规定可以分给个人。

[23] 记得毛泽东的这段话出自对"信阳事件"的处理。当时是清清楚楚地记得页码的，好像是 276 页，但是不确定，此处只好以 xxx 替之。（后来收到国内黄一龙先生的电邮，他说："你记错了。公开出版的《毛泽东选集》第五卷没有这样的内容。你说的"信阳事件"更是发生在 1959 年，而五卷所收文献只到 1957 年。他的这句话"绝对不可向——不是'对'，群众开枪"收于内部文稿《建国以来毛泽东文稿》第一册 324 页）。

后来总经理和我所在部门经理到父亲那里去了解情况，父亲说：我这个女儿从小就撒谎，你们查出她有问题你们就处理。总经理的弟弟是我高能所的同事，了解我的为人，告诉了我他哥哥去见我父亲的情况，说他哥哥听了李锐的话非常震惊：父亲怎么可以这样说自己的女儿？如果孩子真的是爱撒谎，那也绝对是大人的问题。

其实伯利兹是个很小的公司，总部给我们的全部经费也就是二十五万美元。全公司九个人，要干事儿、要吃饭、要租房和交水电费，又是会计管着钱，退一万步，我就是想贪污也做不到。

1987年我在伯利兹同当地工人的合影

更何况三十九岁的我当时一脑门子地想干出番事业："用社会主义的模式，在资本主义制度下走出一条开发道路"，一点儿往自己兜里捞钱的念想都没有。为了给自己留个清白，我至今保留着在伯利兹经手的所有文件的副本。张玉珍居然就到处说我贪污了二十五万美元，这次要被杀头了。后来总部派了三个人到伯利兹去查账，问题出在他们根本就没有看懂买地的英文合同，人事部以为我在买地时贪污了的五千美元，其实是预付款。结果什么也没查出来，只能以解除借调回原单位，作为对我"六四"期间表现不好的处罚。

张一群能这么轻易地放过我，是因为"上面"发了话。这个"上面"就是父亲的老秘书张教荣叔叔。他那时是国家机关党委组织部部长，负责国务院各大部委"六四清查"工作。他对核工业部党委说："这个孩子是我看着长大的，我向你们保证她不反党。"办理离职手续的那一天，张一群堆着一脸的假笑对我说："有什么大不了的事情不能在公司内部解决的？你何必惊动部长嘛！"

　　回到原单位高能所，党委书记找我谈话，说我"六四"期间表现不好，不接受我回所工作，将我除了名。我下定决心出国。只有初中文凭的我，其实根本不知道出国后的前途在哪儿，就是一根筋地觉得在中国活不下去了，一定得带着女儿出去。

　　父亲去世前，我在医院里跟守护着父亲的小余聊天，她告诉我，她听张玉珍说过不止一次我"六四"贪污要被杀头的事儿。2019年2月20日父亲遗体告别的那天，排队等候进入告别大厅的人群中，有人听到奚青[24]在队伍里大声宣讲："李锐的那个女儿李南央坏极了，她'六四'贪污了五十万美元（比张玉珍说的翻了一番），是应该被杀头的。"父亲的日记中也留有"六四"时，他对我有过怀疑和不信任的印迹。

1989年9月11日（星期一）

　　下午玉珍、灼姐来。元元、延滨[25]来，谈小妹事。公司经理说"受骗了"，几天睡不好，伯利兹有告发，当是不小的经济问题。两位经理过去来家时，谈到小妹情况，我曾严肃指出她有撒谎之病，他们注意不够（父亲如此之言绝非随口说的也）。延滨估计，是否有了绿卡[26]，急于

---

[24] 奚青：西城法院判决书中引用了一篇刊在2014年10月5日"五柳村网"上《李锐访谈》中的一句话"李南央是李南央，我是我……我们是'道不同，不相为谋'。"这篇"访谈录"是张玉珍作为证据提供给法院的。奚青是"访谈录"和李锐遗体告别当天张玉珍那封"不管出于什么目的，都请不要再'消费'李锐了"的感谢信的写手之一。另外两人是：赵来群、黄与群。

[25] 元元：王元元，延滨是她的丈夫。延滨的父亲是张玉珍老友延景玉的儿子，夫妇俩因此得以认识李锐。又因为王元元的母亲与胡耀邦的妻子李昭是朋友，王元元与胡耀邦一家十分熟悉。胡耀邦下台后，王元元随同李锐多次到胡耀邦家交谈。王元元中学毕业后参军，复员后进入北京牙科医院作矫形科医生，1988年我从高能物理研究所借调到中原公司工作期间，介绍她调入中原公司工作直至退休。

[26] 延滨的猜测没有错。我在伯利兹看到CNN有关"六四"的电视新闻报导，对共产党彻底绝望，联系了我在高能所工作时认识的来访美国磁铁专家Mills先生，告诉他我不想再在共产党的统治下工作，请求帮助在美国找份工作。那时正值美国的超级超导对撞机工程SSC正式上马，急需磁铁设计人员。我很快收到了工程人事部聘我为绘图师（designer）的正式聘书，在美国驻伯利兹领馆顺利办理了美国签证，并同时拿到悌忠和女儿忙忙的入境文件。可惜在被高能所除名时因公护照被没收。所幸美国签证是盖在这本护照加页的最后一页上，我用锋利的小刀小心地切下这页，没有被高能所外事办公室发现。否则这张签证会坐实我企图"叛逃"的罪名，后果不堪设想。

想走，三人一起走？让元元转告经理：不要有丝毫顾虑，可立即摊牌（证据确凿）。

1989 年 9 月 25 日（星期一）

下午元元同两位经理（张正华、高铁民[27]）来，将小妹问题谈清楚：前段努力，有成绩；项目可行性不全面；工程预算过一倍；经济手续，如购材料、批发及捞外快等有回扣等疑点（四五处）；三人签名与另一公司合同，对中原有"叛离"性质；不能团结干部共事等。无善始善终责任感（同社会主义一套搞不来），想撂挑子就撂。高副经理说得重一些，张甚宽宏大量。两人都重才。我的态度也是很明确的，好在过去将主要弱点告知，他们已有深刻体会。

1989 年 12 月 6 日（星期三）

小妹与巴悌忠来，午饭后谈到三点。公司经理认为问题已告结束，核工业部却通知还有严重问题要查，"来头甚大"，到底在伯利兹有什么乱讲的，说寄回电传中有"法西斯"之语。多年父女关系可如实相告。

1989 年 12 月 20 日（星期三）

上午小妹来，说她的问题是安全部有材料（多是疑点），转监察部与核工部，原看得很重，但监察部认为人已回国（八月份），应予信任。于是公司经理让写一检查，有何失言。经理已出国。嘱她今后夹尾巴做人，不要再信口雌黄了。

1990 年 1 月 14 日（星期日）

元元、延滨夫妇来，为我按摩，捏脚，谈小妹事，主要靠高副经理缓解（向监察部保证）。估计有存款数万。

1990 年 2 月 6 日（星期二）

元元两口来，谈小妹事已了，关键还在张、高两位经理好。

1990 年 8 月 19 日（星期日）

元元、延滨来。谈到快八点。问清楚小妹之事，现在算了结。对自己人苛刻，对外热乎（同部长谈话，中国人就是不行）。大概陷进台籍承包商，自己又有把柄在人之手。"三个存折"（外籍人透露）。查实可判 No time。两位经理都极伤心，失落感（查出要离开公司证据）。好在对

---

[27] 张正华：中原公司总经理，张澜的长孙，我在高能所同事张达华的哥哥。高铁民：我所在开发部的部门经理。

此女早有认识也。

1991 年 9 月 29 日（星期日）晴

元元来，谈小妹第一次去伯利兹确有 5000 元问题。

1992 年 2 月 5 日（星期三）

悌忠谈到小妹 5000 元事，手续单上英文说明国内没有看懂，张正华弟弟在美国与哥哥（在阿尔及利亚）通电话后，已经弄清楚了。我还建议最好有一书面回信。嘱悌忠出国后，将国内外作比较将来为"特色"作点贡献。玉珍进来时，我措词不当"你也听一听吧"，引起玉珍大不快。总是觉得"后娘难当。"实际上此包袱是她自找背上的，她完全可以淡化处之，而太过计较也。一生好强，从未受过委屈，家中更是说了算成习惯。突然觉得"毫无女性温柔"之气也。

2005 年 4 月 19 日（星期二）

上午唐小毛先来（玉珍将二万元退还，仍强留下一万。）谈姨母唐荣枚副部级问题已解决，房子待落实，才能回国。玉珍同她谈小妹关系，她说将同小妹电话商谈。

2005 年 4 月 30 日（星期六）

上午唐小毛来，那天玉珍同她长谈情况，她没有同小妹通电话，这我就放心了。

2005 年 5 月 23 日（星期一）

大妹来（参加一个会议）。《大哉》已看过几篇，毛弟已回家。让她同玉珍谈小妹事，后又同我谈。她当尽"中间人"责任也。在磨子潭给琬姐、桢哥信的复印件也带来（小妹要的，在收集整理我的信件）。她同小妹已通信。

远了亲

1990 年的 10 月，我带着女儿离开了中国。我是在 1989 年底被高能所除名后就开始办理因私出国手续的，但是北京市公安局那关总过不去。到了 1990 年 8 月，薄一波在中顾委的会议上宣布了陈云对李锐、于光远、李昌和杜润生四人的意见，说是对他们的审查就算一风吹了。父亲对我说：你快去办出国手续，这次应该没问题了。这之前他知道我对前途十分绝望，想带着孩子离开这个国家时就说过："能走就带着孩子走吧，这个党没有味道

1990 年 10 月我和女儿同库兹涅佐夫在列宁格勒保卫战殉难者陵园

了，这个国家没有味道了。"果然，这次非常顺利地拿到我和女儿的联合护照。

我们乘火车到了莫斯科，父亲五十年代的苏联专家朋友库茨涅佐夫的儿子萨沙在车站接了我们，又一同乘火车到了列宁格勒——现在恢复了旧名圣彼得堡。住了两个星期后，在萨沙的指点下，乘火车经东柏林到了西柏林，再到海德堡我的德国朋友马丁家落了脚。年底，我在瑞士核能研究中心 CERN 工作时的老板帮我谋到了一个临时职位，我在日内瓦上班，将女儿留在西德上小学。1991 年 6 月，我再次得到美国超级超导对撞机工程 SSC 的聘书，不过这次不再是绘图师，而是聘为工程师了。工程人事部

1990 年 10 月女儿忙忙同库兹涅佐夫夫妇在一起

发出聘书前给我 CERN 的老板打电话，询问对我应该如何定级，老板说："南央的能力等同于欧洲的工程师。"真是应了中国的那句老话：塞翁失马焉知非福。我带着女儿到了美国，在工程所在地德克萨斯州的达拉斯落了脚，起点是二级工程师，不再是绘图师。一年多后，悌忠也来到美国，在达拉斯大学攻读硕士学位。

我和女儿出国后，应了中国的另一句老话："远了亲"。父亲会常常向悌忠询问我们在国外的情况，他在日记中简洁的记述，清晰地留下我出国后的路径。

1990 年 10 月 2 日（星期二）

下午悌忠来，小妹已到西德，住进友人家（详谈此人情况）。国外长途花 270 元十几分钟。赴美签证还是法夸尔处较可靠，已允设法。库兹涅佐夫极热情，从列宁格勒飞西德。[28]

1990 年 10 月 12 日（星期五）

晚饭后悌忠来，带来小妹莫斯科信。库兹涅佐夫一家何等清贫生活，只能保证黄油、面包与香肠也。排队两个半小时，才能买到 20 个鸡蛋。

1990 年 11 月 12 日（星期一）

上午悌忠来，小妹可能先去日内瓦，边工作边等美国消息。忙忙即留西德，为忙忙批作文两篇并小妹信。小妹与孩子在库兹涅佐夫家照片四张。起故人之思。

---

[28] 父亲这里记述有误，我和女儿是从列宁格勒乘火车经东柏林至西柏林转入西德境内的。

1990 年 12 月 14 日（星期五）

库兹涅佐夫来信。谈招待小妹情况。

大胖来，下围棋。悌忠来，带来小妹信。一月三日去日内瓦。

1990 年 12 月 18 日（星期二）

写好给小妹、忙忙信。四句诗改好。

去国万里遥，飞鸿异地心。

相看两不厌，只有我慈亲。

1991 年 2 月 16 日（星期六）初二

悌忠来。小妹来信，忙忙到瑞士度假六天。

1991 年 4 月 21 日（星期日）

悌忠来，小妹去 SSC 事尚未最后定局，还在日内瓦延长到六月。为忙忙改三篇作文，这孩子文字确不错。

1991 年 5 月 30 日（星期四）

悌忠来，小妹受 SSC 聘事已落实。6.9 飞 Dallas，在德克萨斯州。这样就放心了。将来可能在技术有所成就。忙忙独立性格发展很快，在西德半年锻炼也。

1991 年 8 月 7 日（星期三）

悌忠寄来小妹 6.4[29] 从 Dallas 寄来信，（忙忙作文两篇）。此地黑人 60%，为高犯罪区（第 4 位）夏季炎热可达 45℃，SSC 在远郊荒原，地皮便宜之故，十多国工程技术人员已达二千人，全长 87 公里，TEV22（？）将花 20 年时间，世界最大加速器也。

1991 年 9 月 21 日（星期六）

下午悌忠来，小妹信谈购物退货之便利与忙忙小学衣着之严格等，算术比国内低。已有小新车，公寓为楼上下（2 层楼房），三间房 one-half 卫

1991 年我和女儿同缪拉夫妇
在德国曼海姆

---

[29] 父亲这里记述有误，我们是 1991 年 6 月 9 日到达拉斯的。

生间。似比曹维恭的宽敞些。2000元买钢琴。小车5000，分期付款。月薪4000多，房租500，属安全区。工作能胜任，目前在熟悉新的计算机。悌忠如何出去尚未最后想定。

1991年10月23日（星期三）

上午伏案。悌忠来，小妹有信，已升至Ⅲ级，无限期任用，这样就放心了。忙忙作文，写水上世界玩了一天，生动而流畅，像中学生的好作文[30]。

1992年3月4日（星期三）

上午给小妹写信，述近日得意事。

1992年5月7日（星期四）

下午正拟外出，悌忠来。他痔疮，行动不便五一未来。小妹买的全波段短波机及文具带来。收音机极好。送玉珍衣服。生日照片已洗出贴成簿子。

小妹还送索尔兹伯里的新著《新皇帝——毛邓时代的中国》（原拟名《新长征》，出版商改，为吸引美国读者）。

1992年6月16日（星期二）

夜工作到十点，给小妹写信，告近来情况。上床前喷一次。

1992年8月28日（星期五）

悌忠签证已办好，九月三日飞美。

1993年5月父亲来美国参加科罗拉多大学举办的"党—国"中国问题研讨会。我请了假去洛杉矶接他。陪他在加大洛杉矶分校、圣地亚哥分校分别作了一场关于毛泽东的讲演和一场三峡工程的讲演。又开车带他去拜访了许家屯，游玩了圣地亚哥的海洋公园、洛杉矶的环球影城、迪斯尼乐园。父亲坐在副驾驶座位上，剥了香蕉给我，递给我水瓶喝水。记得从环球影城出来，天已经擦黑，父亲驻足观看入口处的艺人杂耍，看了又看，舍不得离开。终于恋恋不舍地下决心回旅馆时，心满意足地对我说："今天真是玩得发了癫！"我看到久违了的，1978年磨子潭的那个可爱的父亲。

---

[30] 此时女儿上小学六年级。

在回到旅馆的路上，父亲感慨："美国人真会玩啊！"又问我："你说人生在世为了什么？"不等我开口，朗声自答："吃喝玩乐！"又再感叹："建国这些年，我们都搞了些什么？把老百姓折腾得那么苦！"

在科罗拉多大学开会时，我和父亲就如何评价中国共产党发生了公开的争执，这件事我已经有文章叙述过了，这里就不赘述。全场听众对我的发言报以了热烈的掌声，父亲一点没有因此而恼怒。我发现了父亲在政治问题上对异见的包容，后来发现他竟然渐渐地接受了我对共产党的评价。后来我又陪父亲飞到东岸在哈佛大学作了讲演，又接受了《中国革命》纪录片的采访。这一路除了张玉珍，我们无话不谈。父亲对我很平等，从未言辞激烈地给我的不同政见扣过帽子。我感到了一种真正的惋惜：共产党内怎么连刘澜波这样开明的人，又是父亲的好朋友，都会在李锐和李鹏之间选择后者而不是前者呢？宋晓梦女士为父亲写

1993年5月我和父亲在迪斯尼乐园

的传记《李锐其人》中有一章"一塌糊涂的'家政'"。政治头脑如此清晰的父亲，怎么就搞不清爽"家政"呢？这是我另一个百思难解的疑问。

后来悌忠又陪着父亲参加了在明尼苏达大学举办的两岸问题研讨会。父亲看到了我们在美国的生活，第一次了解了我和悌忠自学英文的水平和我磁铁工程师的业务及悌忠正在进行的学业。我们那时在美国落脚不久，悌忠还在读 MBA，我所在的 SSC 工程

面临关闭，经济上不但不宽裕还面临着危机。但是我们将会议给父亲的补贴和我的那份补贴都装在一个信封里给了父亲，还为张玉珍和她的养儿女买了礼物让父亲带回去。临走的头天晚上，我们将特意为父亲的到来买的可以放躺倒的沙发拆了包箱，给他带回北京。一边拆一边向父亲讲解如何复装回去，悌忠还写了个说明。父亲坐在一旁看着我们干活，诚心诚意地说："你们俩都是劳动的好手。"一种长辈同儿女间的温馨情感，令我和悌忠难以忘怀。

1993 年 6 月悌忠陪父亲在明尼苏达开会游览

后来 SSC 终于倒闭了，我在加州的伯克利国家实验室找到了工作，在旧金山湾区安顿下来后就将悌忠的父母接来同住了一段。女儿上大学前，我们在较远的地方买了自己的房子，再次将悌忠的父母接来住了几个月。我是多么希望父亲能够到我们的新家看一看，住一住啊，我们再带着他开车好好玩玩，见见这里的朋友们。可是张玉珍坚决不来，此愿终成泡影。后来我看到父亲在日记中有一些记述，2000 年 2 月 1 日最后一次提及来美，现在输入，仍然止不住泪流满面……

1997 年 12 月 19 日（星期五）

下午游 800 米，觉累。小妹来年卡信，玉珍还是不愿出国门。

1998 年 1 月 5 日（星期一）

小妹接我们去美国住的办护照等件已寄来。玉珍还是坚决不能去，身体担心是主因。

远了亲

1998 年 1 月 18 日（星期日）

同小妹电话……坚催妈妈去旧金山一住，玉珍似不好再拒绝了。

1998 年 5 月 24 日（星期日）

小妹电话，还是想我们能去也。她得到吕勇的电话，知我深圳之行。

1998 年 10 月 22 日（星期四）

八点半琬姐和王敬之来（王有好三菱吉普，自己开）。漫谈孩子们情况（晚上谈玉珍去美国事，由于身体坚决不想去，难以说服。觉得我不再去为好，免得谣言又起）。

1999 年 1 月 10 日（星期日）

小妹电话，催妈妈早办好护照，他们已办好医疗保险。

1999 年 1 月 23 日（星期六）

小妹电话，玉珍谈自己病情，难以去旧金山也。

1999 年 2 月 3 日（星期三）

给小妹写了封信，说明玉珍病情，不能去旧金山。请金小满 Email。

1999 年 3 月 8 日（星期一）

上午张敖荣来，送茶叶等。他在小妹家住过，当然赞成玉珍去美一行。

1999 年 6 月 13 日（星期日）

下午小胖夫妇与王宇来。孩子已长到 1.72 米，英语甚好，会瑞语，高中二年级。力丰谈瑞典汉学家多知道我，愿意我去访问，在筹经费。我说明年去罢……玉珍同意去瑞典一行。

1999 年 10 月 13 日（星期三）

到李慎之家……在美国时，去过南央家，谈岳父母种菜，要劝说玉珍去一次也。

1999 年 12 月 29 日（星期三）

李普夫妇十点来，谈即去美国女儿处。沈容为治哮喘，鼓励玉珍定要去住一段时间。穆青夫人长年病躯，到美国一住，空气新鲜之故，病情好转了。

2000年2月1日（星期二）

七点接到小妹电话，说已寄出邀请探亲信函……玉珍这几天都血压高，很不舒服。听说去旧金山事力疾拒绝，身体决吃不消，我颇不耐烦，说"不去不去"。吃饭时我竟发作吵了起来，放下饭碗回到书房。上午都闷闷不乐。

父亲终于相信了我

父亲总是跟我说：你那个母亲是应该写一写的。但是我对自己的文笔没有信心。1993年父亲来美国开会后，我将我们之间发生的争论写了一篇短文，由父亲的朋友戈杨女士介绍给香港《开放》杂志发表了。后来父亲告诉我大陆《读书》的总编看到了，说你女儿这篇文章写得好，是否可在《读书》上转载？父亲觉得内容太敏感，没有同意。但是《读书》总编居然对我的短文十分赞赏，让我有了些信心，决定动笔写自己的母亲。是父亲的日记记下了我这个决心的时间，他还记下亲手为我誊抄了杨尚昆对范元甄、邓力群之间发生事情所做的总结，这个结论我在《我有这样一个母亲》一文中全文录入了。

1997年7月27日（星期日）

小妹决定写范元甄其人，母女关系为中心，自认同江青一样坚持"革命"。问到一些细节，如桥儿沟乡任文书时，邓力群仍冒充丈夫住一周等。

晚上在水库坐船近一小时，凉风使呼吸畅通，但一上岸就堵塞，只得喷雾。晚上十点又喷一次，同小妹谈到九点多。

1997年7月28日（星期一）

晚上同小妹闲谈到九点半。写范元甄，历史悲剧与个人悲剧的结合，左倾教条主义与阶级斗争为纲，深入意识形态与"运动健将"的结合。

1997年7月31日（星期四）

上午九点半小妹来，她明天回美国。谈核聚变也许要百年后才能用于生活，尖端必须长远坚持。为她得此工作而庆幸。又谈写范元甄的主线索，玉珍说不要干预，甚是（还不甚同意如此暴露也）小妹说也写其从小对孩子人性的一面。

1997年9月13日（星期六）

四点半醒来，五点起床。将杨尚昆1945.1.21总结讲话抄了一份，寄小妹。

1997 年 10 月 27 日（星期一）

给小妹电话，寄来各件都收到，妈妈对信很高兴。那种新药（黑激素丸）另寄。写范文即寄与我。

1997 年 10 月 31 日（星期五）

小妹寄来《短短长长话母亲》长文，晚上看到十点半，一气呵成，但如谈话录，人、事交待有的不清楚，像个草稿，写得确淋漓尽至。

1997 年 11 月 2 日（星期日）

五点起床，四点即醒来。改小妹的《谈母亲》长稿，到晚上只剩个尾巴了。

父亲看过草稿后写给我一封信：

小妹：

文章完全写事实，也有跌宕，甚好。（最好分节加小标题）我稍有文字修饰，订正一些人、事、时的出入（如解放前不能用"总理"代周恩来）。

题目可否改为"谈谈我的母亲"，更确切可用。"我有这样（一个）的母亲"（仍是中性词，"一个"即可能有贬意）。那么，第一段就得改写一下。

……

你们都好。

爸爸，妈妈附笔
97.11.3.

1997 年 12 月，《开放》杂志将文章的题目改为《六十年恩怨情仇》一次刊出。1999 年 3 月大陆的《书屋》杂志刊发了《我有这样一个母亲》的大陆版，并获得了那年读者投票选出的"读书奖"。大陆很多的报刊杂志在未通知我这个作者的情况下转载了这篇文章，有些小报甚至用自己编撰的为吸眼球的滥题目做了摘载。骂声、责备声似乎比赞同的声音响亮得多，到父亲那里当面表达不满的人也不少，张玉珍当然是自始至终的反对者。但是父亲对这篇文章的赞同立场从来没有动摇过。

2002 年 4 月上海文艺出版社出版了大陆版《我有这样一个母

亲》，两周后被中宣部禁了。2003 年 5 月香港出版发行了港版《我有这样一个母亲》。这篇文章的发表是一个分水岭，我从父亲对我的态度中感到，他对我的为人和品德似不再有以前那样的疑虑，尽管对一些事情的处理也有过反复，但是随着岁月的流淌，由张玉珍枕边风产生的摇摆，频率越来越低，幅度越来越小，临终前终于停留在"信任"点上。父亲的日记中有关《我有这样一个母亲》的记述持续了多年，这里摘录其中的几则：

2003 年 10 月在香港书店我的书前

1997 年 12 月 9 日（星期二）

下午戴晴电话，已看到小妹文，《开放》12 期。

1998 年 1 月 2 日（星期五）

胜利三点来，同他正式谈夫妻家庭生活事。感情似尚可。小徐[31] 不会理家，也不懂生活，但已学会抓房子、弄钱。告诫胜利：认真对待下半生。上半生并非自己努力得到今日之处境（包括工作与家庭），而是父母福荫。应力求责任感，尤其对孩子教育，引导合理的家庭生活，包括经济节约。同我相处一二十年，感受到一点什么没有？（向他提出问题）。介绍读小妹文，她是同家庭与环境奋斗出来的，自我成才的，有独立思考与独立能力的。

1998 年 1 月 10 日（星期六）

早餐后同玉珍去看望赵朴初老（411）。谈去年 90 岁，为母亲做了三件事：印出著作；找出唯一照片；故乡助学基金 20 万元。就很心安了。母亲逝世 50 周年。将小妹长文《开放》与之一阅。

---

[31] 小徐：许俊华，父亲常常错写成"徐"，张玉珍养子钟胜利的第二任妻子。

1998 年 1 月 13 日（星期二）

上午周子健[32]来长谈了近两个小时。他看了我的发言稿与小妹长文。范元甄他认识。

1998 年 1 月 15 日（星期四）

王雅琪[33]上午长电话，谈读小妹文感想，很激动，更全面了解我，到夜四点未能入睡。对小妹备加称赞，尤对玉珍妈妈（大概同自己境遇对照也）。

1998 年 1 月 21 日（星期三）

若水谓小妹文，惊心动魄。他的前夫人也是菜刀置于被子下面的，有过我类似处境。

1998 年 2 月 11 日（星期三）

晚上同郑仲兵电话，他想编入小妹的长文，xxx代人名[34]。

1998 年 3 月 24 日（星期二）

寄萧克信、书，小妹长文寄黄宗江。

1999 年 9 月 8 日（星期三）

七点出发，八点差五分即到党史出版社。先见到萧淮苏副社长。他看过小妹那篇文章，知道我的情况。

2001 年 4 月 17 日（星期一）

看完小妹的两篇长文，略予改动。一篇《答读者问》（《我有这样一个母亲》在网上讨论，颇多质问与反对意见），一篇《千禧之年的悲伤》（写中国民航服务之落后）。

2001 年 6 月 16 日（星期五）

同若水电话，他同意为小妹的母亲文写篇东西，要份原文。

2001 年 9 月 5 日（星期三）

刘清与郭佩珊[35]女儿来，她去看望了范元甄，范有个录音带回答女

---

[32] 周子健：原中共中顾委委员，曾任一机部部长，安徽省省长。

[33] 王雅琪：李锐延安时代即始的好友刘祖春（曾任中宣部副部长，中共北京市委常委）的续弦。

[34] 指以 xxx 代替邓力群的名字。

[35] 刘清与郭佩珊均为李锐武汉大学时的同学。

儿，反对我的右倾和"爱钱"（女儿说，薛京[36]曾同她谈及我最不爱钱）。于是只好谈及当年离婚书，将 120 元生活费的一半给孩子事。她也谈到范带大三个孩子不易。我于是说玉珍反对南央这样写。

2001 年 10 月 14 日（星期六）

大胖夫妇、小妹先后来。王若水文交小妹，苏绍智也写了一篇短文，很是精彩，悌忠还要写些。这样《我有这样一位母亲》文集就颇丰满了。

2001 年 6 月 4 日（星期一）

收到钟叔河寄来的《书屋》第 6 期，刊有他写我的文章《老社长——李锐识小》（及王若水、李冰封、朱正谈小妹《我有这样一个母亲》的文章），信中有清人诗句："别有伤心看落照，自锄自地种相思。"信中还说李普让他写写我。将几篇文章粗读一遍，真是感叹无穷也。若水说范是"制度的牺牲者"，当然个人有责任。朱正题为"是家务事，是大历史"，冰封将我大夸奖了一顿。

2002 年 6 月 15 日（星期六）

上床前沐浴。挤时间翻完《这样一个母亲》。

2002 年 6 月 18 日（星期二）

《有这个母亲》各篇大体看完，从实际到理论，从家到党到国，都议论到了。确是一本可读书。

2002 年 6 月 19 日（星期三）

八点半，南生（按：吴南生）夫妇来，一起早餐。……临别将《有这样个母亲》相赠。

2002 年 6 月 21 日（星期五）

小赵取回上海寄来的《我有这样个母亲》三大捆（50 公斤，大概百本）。此书还有几篇没看过。玉珍对小妹之结未全解开，让她又谈一阵。

2002 年 7 月 3 日（星期三）

杨团来取字，给我袁永熙儿子写父亲的文章等复印件。谈 70 年时，家庭会中忆旧，父母亲都谈过范元甄，说"邓力群太坏了"。我说，她的父亲是"大傻瓜"（太驯服、忠臣了），母亲很聪明。从而谈及往事，她

---

[36] 薛京：至李锐离世前一直担任李锐的秘书。

完全同意。小妹来，又同小妹谈及。

徐瑞章[37]的媳妇绿河来（她从书店买到《母亲》交徐一本），送花篮、水果……由于她做工作，徐瑞章对这本书看法可能有变化，但反对女儿揭母亲则不会改变。我同她们谈到此书的意义，在解剖并回答过去这个时代的许多根本问题，特别是关于"党"、"思想改造"其中关键。

2002 年 7 月 9 日（星期二）

中午在文采阁，约李普夫妇，黄宗江、苏仲湘、戴煌夫妇、张锲是阁主人，送我 50 年茅台精品。各赠《母亲》书。

2002 年 7 月 11 日（星期四）

将《母亲》书与小邓一本，他在李普处看到。

2002 年 7 月 22 日（星期一）

慎之[38]电话，知道《母亲》书被查禁事，也要这本书。

2002 年 7 月 25 日（星期四）

《母亲》书赠白介夫[39]。

2002 年 7 月 29 日（星期一）

白介夫夫妇来，他们明天回城。夫人名秦肖娜（56 岁），说《母亲》看了一天，流了眼泪，很高兴赠送与她了。

2002 年 9 月 1 日（星期日）

张宣来电话，收到《一个母亲》书，甚赞南央文章写得好，各种看法，应当宽容。

2003 年 6 月 15 日（星期日）

五点半起床。翻看港版《母亲》，玉珍也看到写蔡嫂的一篇。

2003 年 6 月 16 日（星期一）

翻港版小妹书，编得比大陆版好，封面封底有父、母及此书评语：

"一对天作地合热血青年，追随共产党历经悲欢离合，女儿真情文章震撼大陆"。母亲："曾被周恩来视为干女儿，延安出名的美貌才女，

---

[37] 徐瑞章：应为：徐瑞璋。由范元甄介绍参加中共革命，在延安时任中共电台播音员。

[38] 慎之：李慎之。

[39] 白介夫：曾任北京市副市长，北京市政协主席。

效忠阶级斗争数十年，大义灭亲，终成孤家寡人"。父亲："曾任毛、陈、高秘书，直言进谏，遭二十年流放监禁，八六高龄仍批体制，力倡政改。书生本色，誉满中外"。封底除刊若水、单少杰等三篇书评外，又写作者父亲："毛时代灾难性政策权威见证人。三峡工程择善固执的批判者，新世纪中共政治改革的推手"。看来，编者金钟是代表了港人的观点。

2003 年 7 月 9 日（星期三）

晚上单少杰来……给他港版《母亲》、《新湖南报五十人》等。谈毛与人性的背离。

2004 年 3 月 6 日（星期六）

十点同玉珍到李普家，壁上新悬电动万年历，报日报时，厅室布置舒适之至，真是令人羡慕。随后南生夫妇、苗子夫妇到来。南生赠我此次来京的广东书画展览出的广东书法集数种，苗子赠夫妇书画与文集三本。我只能以晓梦的《其人》与南央的《一个母亲》为报了。

2004 年 6 月 30 日（星期三）

五点起床。再翻小妹的《这样一个母亲》。

2004 年 11 月 3 日（星期三）

六点半起床。重看小妹《这样个母亲》中单少杰写的文章，很有深度。"传统中国，既不是一个以宗教戒条为本文的国家，也不是一个以普通法理为本位的国家，而主要是一个以世俗伦理为本位的国家。"孔子的家庭伦理，人伦关系可以衍化为社会伦理模式。叶公："吾党有直躬者，其父攘羊，其子证之。"孔子曰："吾党之直者异于是：父为子隐，子为父隐——直在其中矣。"（孔子观点透出相互叠加价值取向：一是家庭伦理主义的取向，二是功利主义取向。）"仁"之根本——"孝"与"悌"，又衍生出"忠"与"义"。儒家伦理是一种世俗伦理。

2005 年 2 月 6 日（星期日）

张全景[40]来了，也送年礼，特邀到书房小坐。向我要《李慎之文集》等。赠《近作》与"悼赵"文。他竟谈到："开枪，绝对不对。""若干年后总得平反。"于是又赠《大学人文读本》并借给《我有这样一个母亲》的港版。

---

[40] 张全景：1994-1999 任中组部部长。与李锐同住 22 号楼，但不同单元。

2005年4月17日（星期日）

下午杜（润生）老夫妇来，他明天有位美国客人约谈中国农业问题，晚上还聚餐，特来致意，明天不能参加聚会，还送了礼物。马阿姨（按：杜润生夫人）也喜读我的书（读过小妹写的《母亲》）。特赠《大哉》与《昨日书》。

开始整理父亲的历史资料

2002 年 4 月《我有这样一个母亲》在上海出版之后，突然地就有了很多的时间。这让我想起了父亲平反回到北京后，我帮助父亲从机关取回的那些 1959 年庐山会议后被封存在机关保险柜内大包大包的信件。我告诉父亲我想将那些信件整理出来，他一口应允了。父亲在日记中记下了他将那些故纸交给我的情形：

2002 年 4 月 24 日（星期三）

四点起床。继续清理信件。玉珍不理解此举，且认为对范"过分"也。只好缓言解释，唸了几封原信（咒骂我的失去阶级立场等）。

下午小妹来，一起最后清完，分时期包装好，共十袋。她将印制出复件，原件由悌忠装裱好。估计得一年多功夫。如何处理，将来再说。

2003 年 10 月 27 日（星期一）

下午小妹来，将找出物件交她，其母全部遗物由女儿保管了。

我将父亲交给我的旧时信件和几本小日记带回美国后，便同悌忠两人立即开始工作。如今对整理过程的细节记忆已经非常模糊了。张玉珍曾跟很多人说过我利用父亲李锐为自己捞名捞利，今年（2020 年）的 1 月 15 日，更是在美国律师代为拟写的应诉中断言我为父亲所做一切，都是为了换取金钱及其他利益。写这篇文章时，我在计算机的存档中找到了当年将信件一张张用塑料薄膜活页夹好按册分装后给自己制定的计划和两封信稿，放在这里"晒晒"曾经的艰辛（"x"号表示该项程序已经完成，表中不同的字体与其后六大分类的字体一一对应，括号里的序号

将信纸边角刮平置入塑料薄膜夹后装入活页册

则是父亲交给我时的文件袋号）。我以为这种"捞名捞利"实在应该大大地予以鼓励——一笑。那时网上搜索引擎的功能十分有限，信中人名、事件、地点的注释，朱正先生和父亲帮了大忙。

文件序号			输入	核对	编辑
文件夹 1	**(1)**	**范元甄 1939 重庆**	x	x	x
文件夹 2	(2.1)	范元甄 1940-1942 延安	x	x	x
文件夹 3	(2.2)	范元甄 1942 延安	x	x	x
文件夹 4	(2.3)	范元甄 1942-1943 延安	x	x	x
文件夹 5	**(3.1)**	**范元甄 1946-1947 北平，东北，热河**			
文件夹 6	**(3.2)**	**同上**			
文件夹 7	**(3.3)**	**同上**			
文件夹 8	**(3.4)**	**同上**			
文件夹 9	(4.1)	范元甄 1949-1950 寄长沙			
文件夹 10	(4.2)	李锐 1949 寄北平，汉口			
文件夹 11	(4.3)	范元甄 1951-1952 汉口寄长沙			
文件夹 12	**(5.1)**	**李锐 1939 湖南、重庆**	x	x	x
文件夹 13	(5.2)	李锐 1940-1942.8 延安	x	x	x
文件夹 14	(5.3)	李锐 1942.9-11 延安	x	x	x
文件夹 15	(5.4)	李锐 1942.12-43 延安	x	x	x
文件夹 16	(6.1)	李锐 1950 - 52 长沙寄汉口			
文件夹 17	(6.2)	同上			
文件夹 18	(6.3)	同上			
文件夹 19	(6.4)	同上			
文件夹 20	**(6.5)**	**李锐 1952—56 北京时出差**			
文件夹 21	**(6.6)**	**同上**			
文件夹 22	**(6.7)**	**同上**	x		
文件夹 23	(7.1)	李锐 1946 - 1947 热河，承德	x		
文件夹 24	(7.2)	林西寄北平，东北			
文件夹 25	(7.3)	同上			
文件夹 26	(7.4)	同上			
文件夹 27	(7.5)	同上			
文件夹 28	**(8)**	**李锐 1960 北大荒**			
文件夹 29	散页				

一、重庆-湖南两地书（2002 年七月底编辑完毕）

文件夹 1 (1)，12 (5.1)

二、延安小两地（2002 年八月底编辑完毕）

文件夹 2(2.1)，3(2.2)，4(2.3)；文件 13 (5.2)，14(5.3)，15(5.4)

三、出延安待解放（2002 年十一月底编辑完毕）

文件夹 5(3.1)，6(3.2)，7(3.3)，8(3.4)；文件夹 23(7.1)，24(7.2)，25(7.3)，26(7.4)，27(7.5)

四、解放后分居两地书（2003 年一月底编辑完毕）

文件夹 9(4.1)范，文件夹 10(4.2)李，文件夹 11(4.3)范，文件夹 16(6.1)李，17(6.2)，18(6.3)，19(6.4)

五、出差两地书（2003 年二月底编辑完毕）

文件夹 20(6.5)李，21(6.6)，22(6.7)

六、北大荒一地书（2003 年二月底编辑完毕）

文件夹 28(8)

Nanyang 2002.7.18.

爸爸、朱正叔叔：

现托人带回以下稿件：

1. 打印好的通信的最后一部分（第四部）。
2. 按你们校正后的意见修改完的第一、二两部分（现合并在一起，为全书的上册）。
3. 编者说明。
4. 编者序。
5. 李锐、范元甄通信大事年表。
6. 后记。
7. 部分有关书籍。
8. 我设计的封面。

至此，尚未完成的工作如下：

悌忠将信放入塑料薄膜夹套内

1. 最后一部分需要请你们二人初校，最好在我六月回国探亲时做完，这样我可在国内停留其间进行修改，将修改后稿留你们复校。

2. 第三部分朱正已校完，爸爸需进行初校。卡玛4月23日到京，5月1日回美，她会去看爸爸，可请她将校好稿带回。另外有一对夫妇也回国探亲，是我很好的朋友。他们在美国的家离我们不远，如能托他们将稿件带回最好。他们5月7日回美，会在5月4日打电话到家里询问稿件是否校好。如校好，烦请满起[41]送到他们家一趟。他们在国内只呆两个星期，还要去天津男方家，让他们专门跑一趟取东西不大好开口。

3. 第一、二部分（全书上册）需要你们复校。如能在我探亲前做完最好。

4. "编者说明"，"编者序"，"大事年表"，"后记"，"部分有关书籍"和封面设计需要你们提出补充、修改意见。如能在我探亲时做完最好。

5. 我争取今年十一月再回国一次，将全书定稿。

几点说明：

1. 书名我暂定为《没有粉饰的历史》，副标题为"李锐、范元甄1939年-1960年通信集"。现第一、二部分——湖南、重庆、延安，约二十四万字左右合并为"上册"；现第三部分——热河、东北，约二十八万字定为"中册"；现第四部分——解放后，约二十二万字定为"下册"。全书加"序"等约七十五万字。请你们斟酌这样合适否。

2. 朱正在第一、二部分中修改的"莫明其妙"，我查了成语字典，原输入"莫名其妙"是正确的，因此未予更正。

3. 爸爸将第一、二部分中的"和"xx写信、谈话，改为"跟"、"与"、"同"等等，我还是保留了当年的会话习惯，未予更正。

4. 朱正在第一、二部分中有两处缺页、漏信注明。我查了原件，并没有这些缺、漏页、信。看来是那些拿去复印的人在复印过程中将这两件丢失了。请朱正帮忙在复印件中找出这两件缺、漏页。如来得及，可托xxx夫妇带回，我补输入电脑。

①1941.10.14.范元甄信缺第二页。

②1941.10.10.范元甄信缺。

我在打听国内有关"隐私权"的法律。香港的出版社苏绍智在帮助联系，他看过目录和我的简介，说肯定会有人感兴趣。只是担心么么[42]

---

[41] 满起：张玉珍养女钟小玲的丈夫，父亲李锐的司机。

[42] 么么：我的妹妹范茂的小名。

会出来跟香港打"隐私权"官司。朱正叔叔如在政协认识熟悉这方面法律问题的人，也请代为打听一下。

有劳二老，万分感激！

小妹

2003.4.7

（托李普女儿带回）

朱正叔叔：

送上书信集和最后一部分"日记"。其中我母亲 43 年在我爸进保安处后的那段日记极为珍贵。另 47 年底，48 年接管东北工业的日记也很有价值。还盼帮助审校。我想应该把这些日记补入通信集（按时间插入），使没有通信的空白处得以补遗。

另我考虑再三，还是觉得由你写篇序好。一是你是唯一看了全部通信的人，二，我听了你接受"亚洲自由之声"张敏有关"右派"的采访，并读过你那本反右的书及你送我的杂文集，我觉你思维极清晰，深刻、独到。有你的序，应是画龙点睛，否则少了神气。我爸的工作我去做。

……

我六月二十六日回国，稿子审好，放在你处。我到京后与你联系。你原来看过的稿子，我爸至今还未看。大概很难了。准备不等他了。

祝好！

多谢，多谢！

南央

2004.4.18

父亲在他的日记里也有很多相关的记述：

2002 年 6 月 25 日（星期二）

小妹、忙忙来，带来许多药物。"范李旧信"整理了一部分，非常正规，原件塑料夹页，打印件已装订。疑问人名录等都另页打出，真是了不起的整理。认为内容如实反映一代青年历史。

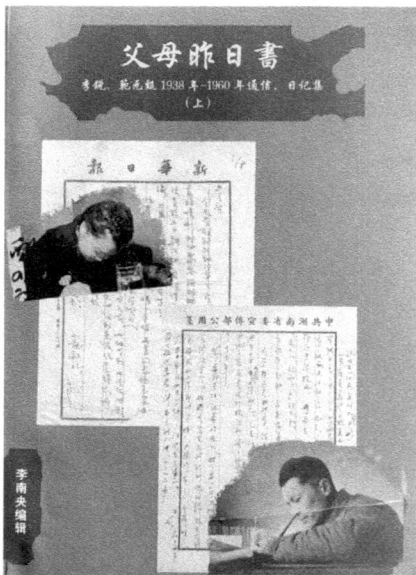

《父母昨日书》自印本封面

2002 年 6 月 29 日（星期六）

上午九点，丁东、刘瑞琳（女，山东"老照片"社总编）、小妹先后来。谈《有个母亲》书有关情况。李范信件已打印部分交丁一份，同刘谈如何出版：全由南央操作（79 年个人档案找出后即由她保存着），出版社分送稿酬，丁与南央都肯定信件的历史价值（丁操办过郭小川日记等）。个人与时代紧密相联关系，尤其当年延安生活种种实情。

2003 年 9 月 14 日（星期日）

上午朱正先来，钟叔河从小妹处带回的两厚本"李范通信"，他已看完，说极有价值。我将另一厚本与他，请他先看。

2004 年 6 月 5 日（星期六）

今天起，下决心看小妹交来的《没有粉饰的历史》（李范 1938—1960 通信集）。上下午都没间断。困难的是，有些人名注释我也没办法。

2004 年 6 月 11 日（星期五）

五点半起床。续看《信集》。小妹是花了大功夫的，没有一种"历史责任感"，也难做此事。

2004 年 6 月 14 日（星期一）

六点起床。续看《信集》下册。小妹许多"编者感记"，很是得体。

2005 年 1 月 3 日（星期一）

上午《父母昨日书》（上下册，定价 60 元）千套送来。小妹给我 10套。人物注就有 283+227 条。开页李南央署名："谨以此书尽我对父母的孝道。感谢他们用自己的笔，记录下了他们那一代人的足迹，我得以站在他们的肩膀上向更高处攀登。"朱正序言甚好。编者也有序，此书可以"补历史的空白点"。

2005 年 2 月 11 日（星期五）

送晓梦《父母昨日书》。医农说此书境内外已传开，不少人要买也。

2005 年 2 月 14 日（星期一）

七点多起床。翻看《父母昨日书》，朱正序文好，"编者感言"都说到点子上。

2005 年 3 月 16 日（星期三）

六点起床。翻看《父母昨日书》。真是了不起的浩大工程，感叹当年如何想做一个"布尔塞维克"也。

2005年3月17日（星期四）

李普电话，甚赞《昨日书》太典型了，看到夜一点。告他下册 313-314页，范的"阶级立场"淋漓尽致的表白。

我后来从父亲的日记中看到，他曾试图让张玉珍了解我整理编辑的这本书的内容和意义，可惜没有得到他希望的结果。

2009年3月我将广东人民出版社出版的《父母昨日书》
送给父亲（中间：张玉珍）

2004年6月12日（星期六）

昨夜服眠药，六点起床。《信集》中册只剩尾巴了。1947.3.13 我的信大谈夫妻生活以政治为主，小妹的"编者感言"大加议论，则庐山会议后范的揭发是完全合理的，并谈到范一次到周家，陈毅在座，说"老夫老妻离什么婚呵。"总理即正色："嗯，这是大是大非呵。""父亲的晚年应该说是走出了这个误区。他和玉珍妈妈很难在一起研究什么政治问题，更谈不上以政治为重心，开展自我批评。但是凭着玉珍妈妈对他的那份絮絮叨叨，吃饭、穿衣，用药、打针的'生活琐事'的日复一日，永不厌倦的关心体贴；凭着'六四'后父亲处于危险状况时，玉珍妈妈打点好衣服、药物，时时准备着和老头子一起坐牢的感情，终于彻底征服了父亲。他对我说，他晚年能有这样一个老伴儿，他很幸福。"这一段让玉珍过目。

2004 年 6 月 17 日（星期四）

五点起床。《信集》下册看完。小妹最后的"编者感记"总结得很好。又唸了一段与玉珍听。

2004 年 7 月 18 日（星期日）

15 日我不在，小妹、嘉楠（金老女儿）和玉珍一起闲谈，说起此楼老头都先走，夫人都留下等，引起玉珍不快。小妹电话，"信件"上册忘带走，晚上嘉楠来取时，玉珍冷淡应之。

2004 年 12 月 25 日（星期六）

早饭后，小妹来，将《书信集》照片上的错字改正。玉珍来，一起谈，消除多年隔阂（小妹言"年青时的不懂事"）。

2008 年 12 月，广东人民出版社删去了我的"编者感言"和 1949 年后的通信，将此书纳入其新史学丛书系列，以上下两册正式出版。出版时保留了自印本书名《父母昨日书》。

她也容不下我的姑姑

　　录入、整理和编辑《父母昨日书》的过程中，父亲应该是相信了我的能力和做这件事的动力——"历史责任感"。2003 年 10 月回国时，父亲将我二姑姑的儿子王力丰给他的一大包信件转交给了我，那是他和二姐李英华 1975 年至 1979 年期间的来往信件。在等待朱正先生和父亲最后校定《父母昨日书》的同时，我开始整理、编辑"李锐家信集"。我的大姑姑也曾经将父亲写给她的信件交还给他，可是我在父亲堆积如山的书房里没有找到。父亲去世后他书房里的所有书籍、字纸一夜间不知所踪，真希望收缴人没有将那些珍贵的信件销毁。

父亲将二姑姑的二儿子王力丰保存的一大塑料袋信交给了我
（茶几左边放的是我打印装订请父亲审阅的《父母昨日书》）

　　我同大姑姑的大女儿、我的大表姐联系，她从家里找到了不多几封父亲写给她母亲和她们姊妹的信，还有我写给他们的信，我都一并收入进"李锐家书"中。2005年10月回国，于10月24日同广西师范大学出版社签订了出版合同，书名暂定《李锐家书：1975-1979》。我用 Word 文本存下了编辑过程中我和出版社责编及大表姐之间的电子邮件，这些文字是对围绕着这本书曾经发生过的事情的原始记录。

南央你好：

上午李老来电话，要把扉页上的文字改为："此书献给我的两位姑姑，纪念她们当年对我父亲的亲情。"

XX 2005.12.13

XX：你好！

我爸的修改，我完全明白他为什么会提出做这个修改。但是如此改了，对我两个姑姑不公。特别是我的大姑姑已经看到样书，我大表姐告诉我，大姑姑感到非常安慰。这样改了，老人会伤心的。

我可做一个折衷，将最后一句话删去，亦即最后定稿为：

"亲情是水、是阳光、是蓝天白云。此书献给我的两位姑姑。"

你可回复我爸：南央将扉页题词定稿为：

"亲情是水、是阳光、是蓝天白云。此书献给我的两位姑姑。"

其余的话不必说。

南央 2005.12.13

南央你好：

虽说长姐比母，姐姐疼弟弟乃人之常情,但综览全书，两位姑姑对李老的爱仍让我感到震撼！没有两位姑姑从精神到物质、堪称无微不至的关心（甚至可以用"呵护"），至少李老在磨子潭的日子会更加难熬。从李老写给两位姐姐的信中不难看出，那时的姐姐几乎是他全部的精神支柱（余者为书，可书也是姐姐寄的，没有姐姐也就没有书）。我也估计到李老做如此改动的原因（当然仅仅是猜测，未必准确）。我以为保持扉页原貌是最好的选择。我会把你的意见反映给李老，问题是假如李老坚持他的意见，又该怎么办？

要是改为以下这样，你赞成吗？如果赞成，我再征求李老的意见。

"亲情是水，是阳光，是蓝天白云。此书献给我的两位姑姑。没有她们，我的父亲很难熬过那段艰难的日子。"

XX 2005.12.14

她也容不下我的姑姑

南央你好：

　　刚才和李老通过电话,他同意你的意见。那就这样定稿吧：亲情是水,是阳光,是蓝天白云。谨将此书献给我的两位姑姑。——李南央

（我加了"谨将"二字,李老同意）

XX 2005.12.14

XX：你好！

　　你的信对我是一种安慰。亲人为亲人做事,是没有任何交换条件的,是不求回报的。但是因为提了会让有的人不高兴,就不再提了,似乎一切都不曾发生过,甚至常常还会有很难听的话和很难堪的事情都要去忍受,毕竟令人伤心。人心总是肉长的,无法脱俗。被批评是心胸狭窄吧,却也难再怎样宽容得连伤心都不伤心了。

　　就按我爸最后同意的改吧,你加的"谨将"两个字很好,没有意见。其实我是很珍惜那个扉页题词的,那是想了很久,反反复复改了很多遍才最后落笔的。二姑姑和我爸之间的那些通信,我也是第一次看到。我和悌忠都很遗憾二姑姑没有能等到这本书。我感到两位姑姑身上所体现出的超越"阶级"、超越"政治",超越一切利己的利益的博大的爱,在中国的这片土地上是太太稀有了,在共产党的干部中就更是难以得见了。读这些信件,对我的心灵也是一种净化。我应该像我的两位姑姑一样,用更多的心去爱家人,用落难时的那种纯净的不掺物欲的爱心去对待亲人,不思回报。这样自己会活得更美好些。

　　还是那句话,谢谢你对此书认真的编辑和对我的理解！

南央
2005.12.14

南央你好：

　　信悉,照办。

XX 2005.12.15

大妹：你好！

　　今天接到编辑电邮如下：

　　"上午李老来电话,要把扉页上的文字改为：'此书献给我的两位姑姑,纪念她们当年对我父亲的亲情。'"

　　你可对照书的原文：

　　"此书献给我的两位姑姑,没有她们我的父亲不会活到今天。"

　　我明白我爸为什么突然提出这种修改。我不想为难他。但是我也不愿意用我爸的修改，这对两个姑姑不公，太让人伤心了。大姑姑对我爸的感情是永远委屈自己和自己的亲人，是至死不变的。我出这本书不是为了纪念"当年"的什么，而是我永远的感谢和纪念。我已告诉编辑采取折衷方式，删去最后一句话，即最后定稿为：

　　"亲情是水、是阳光、是蓝天白云。此书献给我的两位姑姑。"

　　因为你手中已有一本样书，怕看到最后出版书的扉页题词的不同，对我有意见。特告知修改的原委，希望谅解。

　　祝好！

小妹
2005.12.15

小妹你好！

　　得知扉页的修改，你说"我明白我爸为什么突然提出这种修改。我不想为难他。"我不懂为什么提出这种修改。有什么意思吗？我们怎么都没有关系的！也十分理解你编辑过程的艰辛与感情。你千万别为难，更不要因此而影响你与爸爸的关系。真的！千万千万！！如果照舅舅的意思改了，舅舅高兴，你也能接受的话，那就坚决改！不必折中，完全不要考虑我们（妈妈）！说实话：我们只要舅舅高兴！只要舅舅与你好就好！别无所求！

　　随信发来几张这次在长沙舅舅与妈妈的照片，请查收。

大妹
2005.12.14

大妹你好！

　　照片收到。多谢了！

　　自从爸爸安了起搏器以后，我每次回家，张阿姨都要反反复复地讲："那天要不是我坚持，你爸就没命了。"爸爸会立即说："是啊，是啊，你是我的救命恩人。没有你我活不到今天。"对每一个我在家时来的客人，张阿姨必定要讲："那天要不是我，老李就没有命了！"爸爸也会即附和上："那是真的，她是我的救命恩人，没有她我活不到今天。"李普在美国的女儿也告诉我，张阿姨在他们家也说了好几次，每次说起，我爸也总要附和："没有玉珍我活不到今天。"

　　爸爸第一次看了我为这本书写的序言后说："让宋晓梦再写个序吧，让她最后加一段，写一写张阿姨。要说明没有她，我活不到今天。"我虽然心里不愿意，因为 1975 年到 1979 年这一段，张阿姨是不存在的，她与此书没有任何关系。但是我没有表示反对，只是说："让我想想，怎样处理好。"但是当编辑到家里来谈出书具体事宜时，编辑一口否认了让宋晓梦写序的做法，认为她不够分量，还是让朱正写序为好。爸爸也就同意了。因此，序言中就没有出现对张阿姨的好话。我在时，张阿姨并没有看这本书，因此一直到签完合同都没出现任何问题。我爸只提过一次，张阿姨对忙忙收在《大哉李锐》中的那篇文章很有意见，非常不高兴，说："你这个外孙女眼中只有外公，没有我这个外婆啊。"我当时对爸爸说："孩子哪会想那末多，写外公自然是想到写你了。哪里会想到还要同时说外婆的好话？"爸爸说："是啊，可是她心眼比较小，想得多。"他自己似乎并没有对忙忙如何不满的意思。

在书即将付印之前，我爸突然打电话要求修改题词，我估计是张阿姨看到这本书了。这个家里只有她这么一个救命恩人，怎么会突然出现了另外两个人"没有她们，我的父亲不会活到今天"，她大概非常不能接受和容忍。我爸那样修改，大概是要告诉张阿姨，安抚她，那些都是过去的事情了，她们对我的亲情都已经过去，现在你是我最亲近的人，你是我唯一的救命恩人。但是我爸就没有想，他这样做，可不论对亲人是否公平，怎可不顾及对他自己带来的负面影响？我抄录编辑给我的回复如下，你就知道了：

2004 年 4 月忙忙为外公生日祝酒

"南央你好：虽说长姐比母，姐姐疼弟弟乃人之常情，但综览全书，两位姑姑对李老的爱仍让我感到震撼！没有两位姑姑从精神到物质、堪称无微不至的关心（甚至可以用'呵护'），至少李老在磨子潭的日子会更加难熬。从李老写给两位姐姐的信中不难看出，那时的姐姐几乎是他全部的精神支柱（余者为书，可书也是姐姐寄的，没有姐姐也就没有书）。我也估计到李老做如此改动的原因（当然仅仅是猜测，未必准确）。我以为保持扉页原貌是最好的选择。"

其实我现在很多情况下主要不是考虑家里的关系，而更多的是爸爸的名声。我就听到张阿姨当着朱正的面大骂丁东，说他不是好东西，不知道他从我爸的书里搞了多少钱，一分钱都不给我爸。我当时心里很紧张，不知朱正会怎么想。幸亏我爸说了她："你不要把人讲得这么难听。人家给我好几百本书，那也是钱。再说，人家能够帮助出书就已经很不容易了。"朱正立即附和："是啊，是啊，那些书也不少钱呢。"再举一个例子，那个电影《早晨的太阳》里有对我爸的采访。我前年回家，张阿姨知道电影出来了，对我说："那个卡玛不像话，采访应该是给钱的。你回去问问她出了电影怎么不给钱。"我当时说："我们所有的人都没有拿钱。在美国做这种电影是不能给钱的。否则会认为是用钱买这些人按制片人的意图说话，而失去了真实性。这和故事片不一样。"张阿姨很不高兴。我怕她误认为我把爸爸的那份钱拿了，回到美国告诉卡玛，请她再去北京，务必到我家向张阿姨解释一下，所有的被采访人她都没有给钱。卡玛的反应你可想而知。再有我十月份回家，恰遇陈利明给我爸送他写的那本《胡耀邦传》，并给了我爸一千元的题写"胡耀邦传"四个字的书名费。等陈利明走后，爸爸让我赶快去叫张阿姨，把钱给了她。她拿过钱，吐着唾沫立即数起来。我当时替爸爸难过得差点没落泪，终于忍住了。

这是一件非常两难的事情。像你说的"我们只要舅舅高兴！"，其实是"只要张阿姨高兴。"可是很多时候，这种高兴的代价是太大了。人们不是没想法，只是不好说罢了。当年我妈那样闹，我爸包括公公，所有的人对她一味忍让，结果呢？！

最后定下来的题词如下：

"南央你好：刚才和李老通过电话，他同意你的意见。那就这样定稿吧：亲情是水，是阳光，是蓝天白云。谨将此书献给我的两位姑姑。——李南央（我加了"谨将"二字，李老同意）"

我寄了一张节日贺卡给你们全家，收到了吧？祝你们全家节日快乐！

小妹

2005.12.14

小妹你好！

来信收到，看完后才明白个中原由，真是的！！真是难为了你，也难为舅舅。我觉得编辑给你的回复非常有道理！一方面他是外人，旁观者清！另方面他是编辑，对此书有定夺编辑的权力，他的感受与意见是非常客观与正确的，应该尽可能尊重。编辑给你的回复，舅舅看了吗？编辑说"以为保持扉页原貌是最好的选择。"舅舅知道吗？应该尊重历史啊！这点舅舅应该清楚的。看来他是大事清楚，家务事上……如果编辑给你的回复舅舅不知道，你要给舅舅看到，并说明尊重历史，争取保持扉页原貌，我以为这是最好的结果。如果舅舅知道编辑的意见仍要删去后一句，那也只好就这样了，我真是感到有些遗憾，也为舅舅难受。我同意你的看法，不能一味迁就，要力争，但也

1962年4月两位姐姐探望从北大荒回到北京的弟弟
（左起：李英华、李锐、李婉华）

只能适可而止，咱们一切以对舅舅有利为准。小妹，我才明白了你的难处，真不容易啊！

昨天不在，今天上班才打开信箱，回信。望你百忙中保重身体！贺卡还未收到。问候悌忠、忙忙！

大妹
05-12-16

大妹：你好！

题词已经最后定下了，就是我上封信中最后编辑给我的来信说的：

"南央你好：刚才和李老通过电话，他同意你的意见。那就这样定稿吧：亲情是水，是阳光，是蓝天白云。谨将此书献给我的两位姑姑。——李南央（我加了"谨将"二字，李老同意）"

能够把"纪念她们当年对我父亲的亲情"这句不伦不类的话删去，我已经满足了。

我估计编辑是不敢将他写给我的话直接对我爸讲的，我也不知道怎样让我爸知道才好。他已经跟我说过了，以后不要再给他写信了，避免

麻烦。我现在什么意见都不好说，一说，他就觉得是我心胸狭窄，和张阿姨争。上次回国我先给爸爸打了个电话，告知已到北京，也想试一下，有没有让我回家住的意思。他在电话里第一句话就是："你为什么要写那封信？搞得我很被动。你们女人是不是都一样，心胸十分狭窄？"当时我非常非常难过，我说："爸爸，我要是心胸再狭窄，这个世界上就找不到心胸宽阔的人了。你放心，一个巴掌拍不响，我永远都不会做第二个巴掌。"这次明显是因为张阿姨发表了意见，爸爸才让改的（因为我上次还在北京，爸爸就将全书看完了，临走把他修改过的样书还给了我，没有对扉页题词提出任何不同意见。）我还告诉他，悌忠非常喜欢那个题词，他也没说不赞成这样写。再说，一天只我和爸爸在凉台上，我问起去长沙的情况，他还很动感情地谈了见到大姑姑，说大姑姑真是个好人啊！无论如何，我不相信是我爸主动要做那样的修改。那么我要说不改，就是和张阿姨对着来了，结果肯定不好。我想还是算了，"亲情是水，是阳光，是蓝天白云，谨将此书献给我的两位姑姑。"

我是在一个几乎没有亲情，充满恶毒的家庭里长大的，每次重读这句话，我都难抑制自己的感情。书中所有的信，是历史的见证。即使我不说，有心的读者都会有和编辑一样的感悟的。

我一直记得第一次去长沙大姑姑给我做了一件月白色的短袖衬衫，你送了我一条黑绸裤。在北京二姑姑给我买了一件白底带红色小鸟，小燕领的短袖衬衫。离开磨子潭时，爸爸给了我二百元钱。苦难中，那种没有任何物欲的感情是任何金钱都换不来的。读那些艰难岁月中的信，对人的心灵是一种净化。两个姑姑对我爸爸那种超越"阶级"、"政治"，牺牲自己和家人利益的无私的博大的爱，在中国这片土地上是太稀有了，在共产党的队伍中更是难得见到了。我愿意像两个姑姑一样，始终以没有代价和任何条件的爱去爱亲人，这样我自己也能活得更美好些。

再次谢谢你的理解和关心！

小妹
2005.12.15（美西时间）

小妹你好！

来信收到，看完后十分感慨！看来也只能这样了。因为我像悌忠一样，非常欣赏与喜欢你扉页的题词！不能完整的保留，当然遗憾！但能有现在的结果，已经不容易了，这还是你设法力争得来的，我们也理解舅舅的难处。你通过对此书的编辑，不光是保留了这段历史（非常有意义！），更重要的是你精神上的更深层面的收获！你愿"以没有代价和任何条件的爱去爱亲人，这样我自己也能活得更美好些"。这是最为重要的，也是我最为高兴的。回想当年，物资匮缺、经济有限，的确良衣、绸裤、奶粉……这些现在看来毫不起眼的东西，在当年的的确确是我们亲情的表达，这点我是太清楚了。小妹，愿这种浓浓的亲情永远伴随着你，温暖着你。祝你快乐！健康！问候全家！

大妹

2005.12.17

大妹：你好！

谢谢你充满感情的来信。

我下个星期三开始放假，到明年 1 月 10 日上班。1 月 5 日开车送忙忙到洛杉矶去一个医院面试。她从那里返回学校，我开车回家。悌忠学校假期比我的少一些。下星期五才放假，过完新年就上班。

假期会有许多朋友来做客。忙忙的三、四个大学要好的朋友也会从圣地亚哥开车过来，在我们家住几天。节日期间一定会十分热闹的。

祝你们全家新年假期团聚、快乐！

小妹

2005.12.17

遗憾的是，《李锐家信集》没有通过中宣部的审查，与广西师大出版社的合同自行作废。2006 年 4 月 15 日我又同香港泰德时代出版有限公司签了合同，结果赶上了个骗子，让他骗了一万元不说，耽误了一年多时间。2007 年 2 月 24 日经丁东介绍，与美国小批量印刷溪流出版社签订了出版合同，出版社抢在 4 月 13 日父亲生日之前印出了第一批书快递给我，我托人带回北京，算是在张玉珍的阻挠下我不能回国为父亲祝九十大寿送给他的一份生日礼物。还是把我和大表姐的来往电邮录在这里，当年的情景历历在目。

大妹：你好！

终于在 2 月 14 日下决心终止了和那个香港出版社的合同，因为发现了他对另外的人的欺诈行为，确认此人是个骗子。

然后立即寻找新的出版社。香港有出版社愿出，但要等半年以上。

2 月 17 日和美国的溪流出版社签订了合同。上个星期五他们将清样发来，我在周末校对完，星期一清晨 3 点发回他们。现在出版社已经在做最后的校订了，如果顺利下月可送印刷厂。最快也要四月底才能拿到书了，如果不顺利，就要到五月份了。在美国出版中文书不可能大批印刷，这家出版社采用的是小批量印刷技术，因此排版、画面和封面质量都不如传统印刷方式好，这也是无可奈何的选择。出版社对这本书特别优惠，不需我出一分钱，但是只送两本样书，其余需要自己买。50 本以上可以给较多的优惠。因此请将你需要的册数再告我一次，我争取自己买 50 本以上，这样可以较便宜些，否则总要 20 多美元一本。

爸爸电话中说张阿姨说女不做九，男不做十，因此他九十岁生日不做，叫我不要回去。丁东替我问了一次，也是这个答复。因此书要托认识人回国才能带回。我当然尽量争取越早越好。也请告诉我是给你们寄到长沙还是放在北京的什么地方，留待你们去取？

爸爸曾让我在前言中加入对张阿姨的感激之情，和加一张她的照片，我考虑再三，为尊重那一段历史的真实面貌，没有采纳这个意见。估计张阿姨看到这本书会不高兴。

实在对不起，这本书耽误了如此长的时间，真是没有料到的。

爸爸的日记已经整理到 1977 年。

问全家人好，大姑姑好！

小妹 2007.3.20（美国时间）

小妹你好！

今天收到你 3 月 27 日寄出的卡及其信。你 21 日发来的邮件是一片乱码。

得知有关书的新消息，真是辛苦了你！！难为了你！！我估算了共需要 18 本。但愿这次能顺利出来。

舅舅的九十大寿，我们也是积极准备，原本烧瓷，经与舅舅舅妈商量，同意写字，都找好了书画家，结果是不做了，说是很多人都说是男做进，不做满，怕不吉利。我们也只好作罢。只能生日那天打电话问候了。你做的卡我们会珍藏的。

妈妈春节期间肺部感染住院，身体大不如以前。

问候你们全家！祝健康！快乐！

又及：收到此邮件请回复

大妹 4-3（2007）

1980 年去世前不久的奶奶

大妹：你好！

出版社在赶，他们争取赶上我朋友离美的日子。我和朋友已经联系了，他同意帮我将书带回国。但是因为现在美国的行李重量已经减少到和中国、欧洲一样，一人只能带两件，一件 50 磅（过去是 75 磅），而且 27 本书已经占去一件行李的重量（给你们 10 本，给爸爸 10 本，其他丁东、朱正和广西师大的编辑等 7 本），故这次只能先给你们 10 本，晚些时候再将剩余 8 本给你们带回去。现在知道的是有人 5 月中旬会从北京来开会，5 月 18 日返回国，如果没有什么变化，前 10 本，后 8 本差不了几天。书太重，朋友们年岁也都不小了，不好意思一下让人带那么多，我想你能谅解。

我美国的朋友 5 月初回国，他会用特快专递将书分次寄出，以防丢失。他会给你电话联系。但是他觉得如果能有人取大概最安全。毕竟书的价格不低，丢了还需再买损失太大，而且还耽误了时间。反正到时你和他商量吧。

另外我爸的生日到底是哪天我也搞不清楚。原来户口本上是 4 月 23 日，我爸的日记上也记的是 4 月 23 日。但是后来似乎一直又按 4 月 13 日作，我也就糊涂了[43]。

大姑姑现在情况如何呢？真是十分担心。但愿她能再好好地多活几年。

问全家人好！

小妹 4-3（2007）

---

[43] 出国后第二年的 4 月 23 日我给父亲打电话祝贺生日。张玉珍接的电话，说生日已经做过了，是 4 月 13 日。以后我爸的生日就按张的意思改为 4 月 13 日了。

小妹你好！

今天是舅舅九十大寿，早晨我打电话过去拜寿，是舅妈接的，说是明年过。"男做进不做满"民间是有这种说法的，就看信不信了，既然她们信（我看舅妈挺怕出事，怕不吉利的）就只能尊重她们了。舅舅八十大寿时我去了北京，我们是按农历算的，力康夫妇请的，有姨爹、珠珠、杨仁阿姨的女儿及我，至今记忆犹新！舅舅的身体不错，我们明年再给舅舅过生日吧，祝愿他健康长寿！！

小妹你的心情我很理解！但我还是那个看法：只要你爸爸好！爸爸的一切被照顾得好，就满意，就心存感激。至于回家看爸爸，那是天经地义的！要去啊！！希望你能调整好自己的心情！保重！！

大妹

2007.4.13

大妹：你好！

爸爸八十岁的生日是在文采阁过的，那次有杜润生，王若水，李慎之，于光远，胡绩伟，吴祖光，丁聪，曾彦修，李普，戴煌，胡德平……济济一堂，大家都讲了话，我们还录了像。在此之前家里人，黄乃夫妇，我哥全家，我们全家，悌忠父母，爸爸以前的司机，于刚的儿子、儿媳妇，还有邻居，张阿姨那边的孩子、朋友热热闹闹在中组部招待所摆了好几桌，忙忙和觅觅还给外公、爷爷唱了"生日快乐"，祝了酒。自从李普的夫人沈容阿姨去世，张阿姨就没什么顾忌了，只容得张家的人了。过去范元甄是不让母亲进门，现在其实是一回事，甚至还不如，有时想想挺悲哀的。

小妹

2007.4.12.

大妹：

昨天这里的网站登出了《云天孤雁待春还——李锐 1975-1979 家信集》的新书介绍。总算是给爸爸送了一份九十大寿贺礼。不知你从国内是否能够登录那个网站：http:// ……

我昨天，这里的 13 日打电话到家里（在办公室无法用实验室的电话打私人国际长途，昨天星期五到家后打的，上班地方距家 100 多公里，我上班时在外租了人家一间屋子睡觉，并不回家），是张阿姨接的，第一句话是："你有什么事？"我说，爸爸过生日，想问候一下他的生日。张阿姨说："呵，我们昨天已经过过了。"我说："那我和爸爸说句话吧。"张阿姨说："你爸在吸氧气，不能接电话。"我问候了她的身体，又问了问爸爸的身体。她又问："你还有事吗？"我说："那麻烦你等爸爸吸完氧气，告诉他我来过电话，问候他生日快乐。"她说："我告诉他。"就挂了。因为没有让我过一会儿再打，也就没有再打了，以免让爸爸为难。

小妹

2007.4.14

小妹你好！

　　这份邮件也是一片乱码。打开附件才看到你的信。看完信（打电话经过）我只能叹气！！

　　小妹你给舅舅九十大寿的这份礼真是大啊！！是多么宝贵的历史！经历！也是你的一片心血！！舅舅会懂的！做到了问心无愧就心安了！愿你好好保重！！

大妹

2007.4.17

大妹：

　　今天上午收到样书，晚上就给朋友送去。这样你们四月底前肯定能得到第一本书了。我的表弟陈朴会给你打电话的。收到书后告我一声。

　　祝好！

小妹

2007.4.19

小妹你好！

　　得知已拿到样书的消息十分高兴！真是不容易啊！也是好事多磨啊！舅舅能懂的。

大妹

2007.4.20

大妹：你好！

　　但愿爸爸能懂吧。我给丁东打了电话，让他转告我爸，生日那天，新书在网上发了。印刷厂已在上星期五将两包书发给我的朋友，今天他应该收到了。因此六月份你们肯定是能见到书了。我还在争取出版社能用"一天快件"邮寄到我办公室两本，但把握不大。如真能如此，可赶上我下周一就回国的一个朋友的航班。到时我大姨的儿子会用特快专递寄长沙一本（寄出后会打电话给你），这样大姑姑就能尽早看到这本书了。

代问大姑姑好。这本书是献给她和二姑姑的，能在她生前出来，是我最大的欣慰。

小妹
2007.4.19

我后来读到父亲的两则日记，知道父亲对这本书是肯定的：

2007年5月6日（星期日）

上午楼上嘉楠来，小妹带回四本书并信：丁抒赠《阳谋》（反右始末，修订本），何清涟赠《雾锁中国》（另一本赠厚泽），及《云天孤雁待春还》（李锐 1975-1979 家信集），扉页我题《李锐家书》）。引起玉珍重谈旧事。小妹题辞为大家欣赏："亲情是水，是阳光，是蓝天白云。——谨以此书献给我的两位姑姑"。

2008年6月29日（星期日）

今天翻完《云天孤雁待春还》（一直没有全翻过），对有史料意义的地方夹了小纸条，共20多处。小妹做了大好事。

2007年7月29日（星期日）

续看《家书》并《父母昨日书》，向玉珍介绍了蔡仙英信。她能看看这两书内容就好了。

2007年8月16日（星期四）

上午翻小妹印的《家书》，看到她给耀邦的两封信，谈母亲如何迫害丈夫以及她自己被虐待情况，以及对父亲认识的变化过程，很是动人。唸给玉珍听了。

在查找旧文存档时，又发现了一封与广西师大出版社责编的电邮，有必要录在这里，一来可使读者了解这位责编的严谨（这样的编辑如今已少见了），二来还正式出版的《云天孤雁待春还》书中李锐一处叙述的原貌。至于父亲为何要做那样的删节，我为什么同意了，应该是很容易理解的，不赘述。（加粗和下划线是我现在录入时加的）

XX：你好！

谢谢来函。

你说的时间顺序我们在整理信时就已经注意到。我爸对这事在三封不同的信中说到三个不同的月份，也就是你提到的那三封信：

1977 年 12 月 23 日致胡耀邦信：5 月，

1978 年 4 月 28 日致胡乔木信：6 月，

1977 年 5 月 2 日给二姑：8 月。

我是相信 8 月的说法是准确的。因为 77 年 5 月 2 日在三封信中日期最靠前，因而记忆也就最准确。而后两封信中一说是 5 月，一说是 6 月，可见那时记忆已朦胧。之所以会有 5、6 月的记忆，我们当时分析，那个女孩子已经有了很亲近的表示，但是我爸尚能自持。

根据 1976 年 8 月 7 日信我爸将她介绍给小胖子，而 9 月 7 日的信就说"不必再提"，我分析事情应该就发生在 8 月 7 日以后，而绝不会是这之前。这种分析当然既有从信件时序的分析，也有对我爸品格的信任。为了尊重历史原貌，不为亲者讳，尊者讳，我们还是把这些信都录入了。人们看后当然会有不同的分析和结论，这都没有关系。最重要的是，更多的人会因此更相信这些信件的真实性，和我在整理这些信件时的诚实性，因而使这些信件更具有了本应有的历史价值。

谢谢你如此细致地审校这些信件。你也知道所有这些信中，**真正做了改动的就是那封有关于光远的信**。将来有机会在大陆再版时，我仍然希望恢复原貌，将我父亲的改动和原因以及我的看法作为注释附在那段后边。

祝好！

南央

2006.8.1

"有关于光远的信"书中的版本：

1978 年 4 月 26 日，李锐给二姐李英华信

关于被捕问题，又想起一个人：于光远（现科委副主任，社科院副院长）。抗战初期，他在广州被捕过（以建立民先领导身份去广东的）。同在延安中央青委时，他德文好，译《自然辩证法》，后来便调到自然科学院去了。同被捕问题有关。我不相信，被捕写了东西，就一视同仁。

信的原文：

……抗战初期，他在广州被捕，**似被捕过两次**（以建立民先领导身份去广东的），**表现大概不好**。同在延安中央青委时，他是"闲职"，颇"倒霉"的样子，（德文好，于是译自然辩证法），后来便调到自然科学院去了……

回到大陆无家可归

　　我最后一次回家住，应该是 1998 年女儿高中毕业回国开音乐会那次。再下次回国提前打电话到家里，父亲说："妈妈说我们都老了，家里地方太小，你们回来不能住在家里了。你看怎么办？"

　　我说："没关系的，我们自己找地方就是。"

　　后来我们在大姨家住过，在嘉楠家住过，待 22 号楼旁边的国宏宾馆建成后，每次探亲回国就住在那里了。

　　父亲是在 2003 年 10 月住院那次决定安装起搏器的。也就是那次住院，李源潮到医院探望了父亲，张玉珍恰好也在，再次提出解决 2002 年 7 月借调到中组部给父亲开车的她的女婿张满起转正的问题，李源潮一口应允下来。随着满起正式调入中组部，张玉珍又向部里提出在 22 号楼为李锐的司机，也就是她的养女一家解决一套住房的要求。父亲 2004 年 9 月 3 日的日记中记有："同满起父母到附近一酒家一起晚餐。小玲搬新居请客也。"也就是说，应该是在这一天前不久，张玉珍的养女钟小玲和丈夫张满起一家搬入了 22 号楼一单元六层副部级的三室一厅。我 2004 年 10 月 9 日回国前，父亲在电话中高兴地告诉我，这次可以住在小玲子那边，他跟张玉珍说好了，那个单元中留出一间，平常可以当他的书房用，在那里躲客人写东西，我回去就让我住。

　　那次回京完成了一件事情，10 月 14 日我去机场接来了旧金山湾区华语 26 台专题节目"话越地平线"主持人史东先生，第二天他对父亲做了整整半天的采访。之后史东先生

2004 年 10 月 14 日与史东（右三）及摄制组合影

连播了三期对李锐的专访。我 10 月 20 日离京，与钟小玲一家相安无事。同年 12 月我和悌忠一起经东京回国，20 日到的北京，我还是住在钟小玲的单元，悌忠住在他的父母那儿。这次住出了事故，父亲在日记中记下出事的确切日期。

2004 年 12 月 24 日（星期五）

午饭时同小妹一起谈到么么，并看近日同其母照片。不料晚饭前同玉珍别扭起来。晚上我还发了脾气。

那天午饭时发生的事情我还依稀记得。听到父亲又谈起么么，张玉珍说：你那么想你的那个女儿，我给你找来。

父亲说：你有那么大本事？

张玉珍说：怎么没有？不信我给你找回来。

父亲哈哈一笑：你真找回来我给你一百块钱。

父亲没当真，以为不过是个玩笑。没想到当天晚上张玉珍因此大闹了一场。

恰巧头一天在父亲的要求下，我将放在钟小玲单元水房里的漱洗用具拿到了父亲这边阿姨用的洗手间。因为父亲告诉我张玉珍说我每天洗两次澡，小玲身体不好，吵得他们睡不好觉。

我说：我哪里会一天洗两个澡啊？

父亲说：我知道、我知道。你每天早晚在我这边洗漱就是了，晚上要是洗澡，就在这边洗过澡再过那边去睡觉。

我心说了：爸，你也真是不心疼自己的女儿。十冬腊月洗完澡从露天通道过到那边的单元，不是找着让我生病吗？想着"不洗澡算了"，嘴上回答说："行，就按你说的办。"

第二天一早我过到父亲那边阿姨的水房，正在刷牙、洗脸，父亲悄悄地打开了门，指指正对着的他的书房门，示意我洗漱完后他有话要对我说。父亲的神色让我觉得出了什么事儿，匆匆地擦了脸，就赶紧进了书房。父亲示意我将门关上，让我坐下后开了口：昨天晚上她跪在地上大闹了一场，问我为什么他们一家人如此尽心地伺候我，可我总要惦记自己的女儿，还逼问我为什么就是不肯说一句自己女儿的坏话。这次她闹得太岂有此理，我没有理她，让她跪在那儿。一直闹到三点钟，我看实在是太晚了，才把她搀起来，劝她回自己房间睡觉去了。

自从我们分到住房将家具全部搬出父亲的公寓后，张玉珍就和父亲分居了。她住在向阳一面的大屋，睡的是一张双人大床。靠露天走廊的北屋原来是父亲的书房兼客房，成了父亲的卧室，一墙的书柜、一张写字台外加一个衣柜余下的空间放置父亲窄窄的小号单人床。父亲曾从床上滚下多次，张玉珍也不避讳谈发生的事故，只不过匪夷所思地变成炫耀她对老李多么关怀，老李半夜摔下床她都能听到，立即跑过来搀扶。我提过几次给父亲换张大点的床，张玉珍支应我说父亲不愿意换。我当然不能坚持，家里的事只能她做主。还是在父亲最后的日子里，我守在父亲的病床边同 24 小时服侍他的小余聊天，她告诉了我个中缘由。一次，钟小玲和张玉珍进了父亲的卧房，她恰巧经过门口，看到钟小玲在张玉珍的指点下拉出父亲小床下的抽屉，里面竟然是装得满满的字画。小余说：不能换床啊，换了就让老头子看到床下的东西了。我惊愕得无以复加：亏他们想得出这种灯下黑！

父亲的小床（2003 年 12 月摄）

父亲的日记中只记述过他看到张玉珍壁柜里的藏物：

2013 年 9 月 16 日（星期一）

小玲和满起整理玉珍房间的壁柜，清出三十多瓶酒，以及几十盒人参之类，都是多年来接受的礼物，意外的有精装两厚本郑板桥的书、画集，以及陈双碧送的白玉瓷小佛爷，还有维娜送的两块手表（上有许多围棋），还有钢笔等。

扯远了，回到那天，父亲很伤感，神色黯然地叹道："我这一生呵！我的这两次婚姻呵！幸亏有你这么个女儿，要不我这辈子有多窝囊……"

我能说什么呢？只能安慰父亲说："她没有生过孩子，理解不了骨肉亲情，你原谅她……"

正说话间，只听"咚"的一声，书房门被张玉珍一巴掌推开了，我和父亲都愣在了那里。张玉珍指着我的鼻子骂开了。这时的我，已经不是二十九岁的那个刚刚从山沟里出来的小工人了。她骂她的，我只当没听见，只是一个劲儿地好言相劝。记得我说了"六四"后她准备和我爸一起坐牢，我感谢她，我的亲生母亲做不到这一点。

我说：妈妈，以后你心里有气，尽管冲着我骂，不要再和老头子闹了。他年纪大了，心脏又不好，真有个好歹，与你又有什么好处？

她喷着吐沫星子冲我叫："你不要叫我妈妈，我恶心！"

我还是说：妈妈，是我不好，我过去年轻不懂事，我诚心诚意向你道歉。以后我哪点做的不好，你尽管骂我，千万别再这样跟我爸闹了。你们岁数都不小了，都经不起这样的吵……

总算把她安抚住了，离开书房到饭厅去摆早饭。

我刚要跟出去帮忙，父亲拉住我小声说："你再对她说一遍，将来你什么都不要，东西都是她的。"

在饭桌上，我照样说了："妈妈，你放心，将来爸爸不在了，东西都是你的，我一样也不会要的。"张玉珍放下碗筷，高声地用她特有的陕北腔说："我十五岁就参加革命，我革了一辈子命，我没有什么不放心的……"

我能宽容她对金钱物质超出我能理解的欲望，我能宽容她不允许父亲留给自己子女一点点亲情的霸道，但是拿出老革命的招牌来给自己壮门面，这太过分了！那一刻我很难过，有一种要呕吐的感觉。陕北农村和她一样走进抗大的农民中有多少人牺牲在战场上了，没有能够等到戴上"革了一辈子命"的桂冠的这一天。你活过来了，你过着比中国尚有千万计的贫穷的农民好得多的生活，你不再去想为如何改变他们的生存状况做些什么也就罢了，你对我父亲的亲人毫无道德可言的行为我不与你计较，但是怎么可以想出"我革了一辈子命"这样的话来占据道德的制高点？我彻底地崩溃了。

吃完饭，我和父亲回到他的书房，我对父亲说："我说了，你也听到了她说，她没有什么不放心的。这是我最后一次说这种话，以后绝不会再说了。"

父亲连说："好，好。"

我没有从父亲的脸上读出一丝一毫对张玉珍的愠色。爸啊，爸啊，你这是怎么了啊？！心中涌出了无限的悲哀。

中饭时，满起过来了："大姐，我把东西给你拿回去。这样不好。"不由分说将我放在阿姨洗漱间的用具拿回了他们的单元。张玉珍说："小玲怪我不该说她有病。埋怨我一家人好好的，你这是干什么。"我什么也没有说。

剩下的在北京的日子，我与满起一家相安无事。但是自此之后，我再也没有回家住过。

这里录下我与大表姐的几封电邮，比我现在叙述要准确、清晰得多：

大妹：你好！

照片收到。多谢了！

那次大吵的起因，据爸爸说是为了么么。头天中午我在家吃饭，饭桌上张阿姨主动提到么么。说如果我爸爸非常想么么，她可以设法取得联系，让么么来见爸爸。爸爸问："你哪有那么大本事？如果你真能让她来，我给你 100 块钱。"爸爸显然以为她说着玩的。我当时听话听音，以为她是想告诉我：你别以为你爸爸喜欢你，其实他最喜欢的是么么。我什么也没有说。后来爸爸又对我说，张阿姨的女儿嫌我晚上上厕所吵他们睡觉，又说我早上起得太早，闹他们睡不好，让我早晨梳洗和洗澡在他那边，晚上只在那边睡觉。我答应了。当天晚上我没在家吃饭，回来的也很晚，因此不知发生了什么。第二天早晨我去爸爸那边的小洗手间洗脸，你应该记得，门正对着爸爸的书房。爸爸听我来了，悄悄开门，对我做了个手势，让我到他书房有话对我说。我进去，他说他们昨晚空前地大吵了一次。他说他先是训了小玲子，具体内容没有告诉我。我猜是为了我的事。因为当初小玲子一家搬到隔壁单元时（爸爸从机关借的），说好其中一间平时他在那里躲客人，我回来就让我住。小玲子的态度显然是不愿意我住，也许爸爸为此生了气，说了她。爸爸没有细说后来怎么样，只说他没有吃晚饭。晚上张阿姨过到他的书房，跪在地上大哭大闹，说：原来你还是想着么么，想着你的女儿。我们全家对你那么好，怎么就换不来你说一句你女儿的坏话。一提么么你就想见。爸爸觉得本来是她先提的么么，这不是无理取闹吗。就任她跪在那里哭，没有理她。她又说了很多我过去如何、如何……我正在向爸爸解释，她也曾向李普夫妇说过我，可是他们的女儿（也在美国）根本不相信她说的那些话——比如悌忠要打她，我们派人来打她之类。这时，张阿姨推门进来，指着我骂，就像当年我妈一样，一一历数那些根本不存在的我的"罪状"。不过我听明白了一件事，她逼着我爸说我不好，我爸大概不肯说。因为她翻来覆去地说：李锐，你没良心啊，我们一家人对你那么好，怎末就不能换回一句你说你女儿"不好"。你的女儿就那么好，就那么心肝宝贝等等。事情的起因似乎还可追溯更远一些。她背着爸爸拿走了爸爸的一幅齐白石的画，去年王申生到北京（那位在磨子潭时爸爸结交的年轻画家），说记得爸爸有一幅齐白石很好的画，说现在大概值 500 万，想再看一看。爸爸很高兴，让张阿姨去拿。结果张阿姨说不在了。爸爸当时很下不来台。正好去年夏天忙忙和她的一个美国同学回国过暑假，我也陪他们回去，中间要去上海玩，就住在王申生家。爸爸将此事告我，让我向王申生解释，说张阿姨拿走那张画，没有别的意思，只是想给爸爸买个别墅，让我和申生具体商量怎么办。我就如实跟申生说了。回来后，我转达了申生的具体卖画意见。结果张阿姨又说不买房子，要钱。我说那就不如留着画，不要急于卖。她坚持要卖，还说如真能卖 500 万，给申生 100 万，给我 100 万。我当即说："我不会要这个钱的。"爸爸问她："你要那么多钱干嘛。"她说："你别管。"就出去了。爸爸对我说："我才明白她是要钱。"我安慰他："你也要理解，你万一不在了，她确实需要钱。不要怪她。"我一句她的坏话都没说。没想到，自此，张阿姨不止跟一个人说我想要爸爸的画，爸爸还告诉我，她居然还说：忙忙想要这幅画。我问爸爸："这种话你也信？忙忙连我们的钱都不要，上医学院自己贷款，她怎么会去想要你的钱？再说她根本就没见过这幅画，可能连齐白石是谁都不知道。"爸爸还告诉我，张阿姨逼着他写字据，说将画送给她。爸爸不愿意，说：不是已经说好送你了吗，为什么还要写？张阿姨说："我就是要你写下来。"我告诉爸爸：其实这些都是老百姓能够理解的事情。就是你这个大知识分子搞不明白。为了你自己，有些事情你可以做，有些事情你不可以做。爸爸让我当着张阿姨的面表态，我什么东西都不会要，让她放心。那天早晨在饭桌上我说了，张阿姨立即说：我没有什么不放心的，我十五岁就参加革命等等，我觉得特没意思，就没再多说什么。我后来征求了一些老人的意见，他们都不让我写公证：放弃一切继承权。他们说知道你不会要，但是为了你爸，为了你还能回去看你爸，你也不能写。我就告诉爸爸：爸爸你也听见我告诉她我不要你的任何东西，你也听到她的回答，她对我没有什么不放心的，以后这话我不会再说第二遍了。我不要你的东西，那是我的事，但是她没有权利要求一切都是她的。你一定要记住什么可以做，什么不可以做。我觉得爸爸似乎听明白了我要说的话。我不能说得太直白了。一来怕他伤心，二来他毕竟要靠张阿姨照顾她，他这么大年纪，已经经不起任何折腾了。钱财都是身外之物，生不带来，死不带去，为了这些闹得没有太平日子，太不值得了。我想因为张阿姨有了紧迫感，才会越来越不愿意我回家。就怕我爸爸会给我留些什么。即使我告诉了她，我什么都不要，她也不会相信的。正因为如此，我也许还有可能再进那个家门。如果我写了公证，放弃一切遗产，我这个人存在的价值也就没有了，她也不需再防着我什么。会像二十多年前一样拍着桌子用最难听的话骂我，不许我进这个家门。但是我知道，爸爸还有很多东西需要我帮助整理，他的那些来往信件我每次回去整理一些，还没有来得及全整理完，拿回美国成文。"龙胆紫"狱中原件爸爸已给我拿到美国，我也还没有做好最后出版的工作。因此我还必须保证自己能够走进那个家门。再说我也觉得我爸生命的最后时光，如果他所有的至亲骨肉都不能和他亲近，他也未必就幸福。你说张阿姨心疼我爸，我现在开始对此怀疑。她总说有人想暗杀我爸，果真如此，为什么她一直让我爸住在靠敞开通道的那间背阴小屋，而且是小床，自己住在向阳的大屋，大床。有人想害爸爸，从通道的窗户不是太容易进来吗？

　　事情不是一两句说得清的，希望你能了解个大概。

　　等待你寄来的信件。保持联系。

小妹

2005.5.8

小妹你好！

　　知照片收到，我就放心了。信件争取下周复印寄你。不知寄信除寄平件还是否有其他方式？哪种为好？

　　对舅妈我想还是一句话，只要她对舅舅好就行了，同时也感激她这么多年来对舅舅的无微不至的照顾，这就够了。这也是我们家一贯的一致的看法与态度。其实有关她对我们家（或某人）的某些话，多年来我们也都知道一些，但我们（包括妈妈）都能理解或谅解，因为我们的目的与要求只有一个，非常明确：只要她对舅舅好就行了。同时也的确非常感激她这么多年来对舅舅的无微不至的照顾。因为舅舅一生太不容易，太坎坷，从政治到家庭生活。我们全家都非常心疼，舅舅政治平安、身体健康、心情愉快、晚年幸福是我们的愿望，只要舅舅好就好。这是大事。同时舅妈文化程度有限，文字方面帮不了舅舅，能在生活上照顾好，做个生活中的好伴侣就够了（也只要求这点）。

你们父女的骨肉情是经历了几十年的风雨分割才相认团聚，加之你的坎坷经历、缺少母爱、长相酷似、谈吐思维敏捷、办事能干，深得舅舅的疼爱，这是十分自然与能理解的。所以你每次回来看舅舅、办事，舅舅当然高兴！尤其你近年来帮舅舅整理他的东西（我想这应该是舅舅的愿望与嘱托？）是别人替代不了，而又是非常重要的大事，也是一种责任。说实话，舅舅想见么么，我十分理解！（心酸！）妈妈打电话要舅妈给你一些母爱，我也十分理解！可她却为此哭闹。我想除了她本人的境界与程度有限外，我估计与当年你们住在一起时，关系处理得不好，一些矛盾对她的伤害有极大关系。现在看来这种矛盾是难以真正和解、谅解，她始终耿耿于怀。既然这样，心不能真正和，表面能和就够了（还必须这样！）。

如果我是你，我会：1、对她，只要她对爸爸好就够了。也因她对爸爸的照顾而感激她、尊重她。2、我一切为了爸爸，只要爸爸高兴、愉快就好。爸爸已是过了米寿的老人，留下的时间已有限了。我要利用一切机会回家看望，陪伴老人，这种骨肉血脉的亲情既是他人不能代替的，也是父女都需要的。"整理文字"需要回家，整理完了同样要回家。3、我会以一颗平常心，做儿女的心情，名正言顺地回家。能住家里最好（以目前的情况应有这个条件），爸爸也高兴。若不愿让住家里，也决不勉强，处之泰然。但家还是要回的，一切以不为难爸爸，爸爸高兴为主。4、"身后事"，我会顺其自然，既没有必要去"公证"说"不要"（为什么"公证"了，说"不要"了，就没有了价值，回不了家？不理解），也不会去计较。因为钱财都是身外物，情义才是无价的。而情义在身前，身后我尽心尽力了，身后才没有遗憾。5、我一贯对人对事的态度是：以诚相待、尽力而为、问心无愧。想明白了后，该干嘛就干嘛。随时调整、保持好的心态，才能利于健康。

小妹，恕我直言，将我的看法供你参考。你的心情我们理解，你工作内外忙，还有心里负担，长期下去会出毛病的。一定要随时调整好心态。愿你顺利、愉快、健康。随信又发来 7 张照片。还需什么照片？当尽力。

大妹
2005.5.9

回到大陆无家可归

小妹：你好！

回到长沙，未及时开信箱，迟复为欠。得知复印件你已收到，我就放心了。这次出差北京，《父母昨日书》及《大战李锐》舅舅都给了我。《父母昨日书》是珍贵的历史资料，非常有价值！我还没来得及细读，只在舅舅的指点下，读到了其中的片断。舅舅对此书大加赞赏。看到此书的厚重，我能体味到你与悌忠整理、编辑中的艰辛，光校对的工作量就很大。《大战李锐》一书我几乎一口气读完，十分好！其中你的文章也很好，很有感情。回想起舅舅的坎坷人生，忧国忧民，正义直言，十分敬重！

小妹，这次在京，舅舅给我看了你3月26日给他祝寿的信。舅舅、舅妈又分别与我谈及此信。从时间上看，你的信是在你给我发邮件前，肯定带有一定情绪，作为给舅舅生日祝寿的信，显然是不合适，未能顾全大局。在舅妈面前我是尽力劝说与解释，她也能理解一些，但看来当年你们的矛盾对她的伤害太大，老人难以释怀。你既然在大的方面都已认错了，具体的小事就不应也不要再提了。随着年龄的增大，老人往往会将一件事放在心里反复想的，作为晚辈，要多多理解、谅解。

几十年来，舅舅与舅妈一家生活在一起，舅妈及其一家人对舅舅是从头管到脚，照顾得妥妥帖帖，无微不至。舅舅需要这种关爱、照顾的家庭氛围（日日所不可缺），正因为如此，他才得以全心全意思考大事，著书立说。从这点上说，舅妈及其一家是尽力了。你（们）虽远隔重洋，但你是舅舅的亲骨肉，这种骨肉亲情也是不可替代的，加之你们的"努力"、"作为"及其现在的"整理"，使舅舅十分欣慰（所以舅舅才说"不窝囊"）。可以说，舅妈与你对舅舅而言，既不能替代，又缺一不可！只有你与舅妈和睦相处，舅舅才能真正幸福，才能完满，才能无憾！难道我们不应该为此而努力吗？小妹，家是一定要回的，凭心而论，你每次回京，在生活上，舅妈的照顾是很周到的。你要真不回家住，就说明你还有情绪，是消极的态度，会伤害舅舅、舅妈两人的心。切记不可！！说实话，舅舅、舅妈结婚时，你都已成人，再要求你与舅妈如何亲切，是不现实的，但要过得去！要靠时间，以心交心。你的经历也坎坷不易，经过奋斗，现在你拥有幸福的三口小家及自己的事业，拥有一个值得自豪与骄傲的父亲和能日夜陪伴照顾父亲（免除你的后顾之忧）的玉珍妈妈，该多么幸福与美满！我劝你要"拔出来"，不要再去想"过去的事儿"了，对你，对舅舅、舅妈都没有好处。要知道，你们三方，一方不高兴都会影响另二方，尤其你与舅妈的相处对舅舅至关重要！！！你想想，舅妈照顾好舅舅，你从另方面给舅舅精神安慰，你

88

和舅妈都是一个共同的目的：让舅舅健康、快乐地多活几十年！对你们仨，该有多好！

当着我的面，舅舅对舅妈说：这事（指你信的事）让她们（指我与你）去交流。我不知你现在是如何想的？后来是否给家里写了信？方便的话，建议你给家里写封信（或电话），让舅舅放心，舅妈开心（舅妈开心，舅舅才真正好）。小妹，我说这些是希望你真正想通！想明白！只要你真想透了，没有不可调和的矛盾。真想通了，心才会相通，才不会反复。过去的事就过去了，千万不要再提！千万不要再去想了！朝前看！想高兴的事！（有啊！！）心情好了，才能健康，才有一切！何况你还有"重任"，每日超负荷干活，要保重，对吧？！

恕我直言，又罗罗嗦嗦说这么多，我真心希望你们三人都开开心心，健康愉快！衷心祝愿舅舅能快乐健康长寿！前段我们曾有一些交流，也许你经过一段时间的冷静、考虑，早已想明白了，那我说的就是多余了，但愿如此。不当之处，希望交流。

问候悌忠。

大妹 2005.6.3

大妹：你好！

谢谢你写来了这么长的信。在你来信之前，我已收到爸爸通过楼上朋友发来的短信，方知我那封信引起了麻烦。后来又有另一位在北京的朋友托他在美国的女儿带口信给我，说我给我爸的信张阿姨看到了，我爸和张阿姨都很生气，让我以后不要再写信了。还有一个朋友在我和他通电话时，也告诉我爸爸和张阿姨让他看了我的信，并且谈了他们对我的看法。这次他们又让你看了信，这个后果是我万万没有想到的。

正如我信中所说，在上次回北京之前，爸爸从来没有当着我的面表示过对悌忠的满意和对我的肯定。每次总是反复说张阿姨对"悌忠当年要打她"，"我们拿走了厨房的东西"，不能释怀。不论我怎样告诉他，这是没有的事情，但是每次回家，这永远是一个要提到的话题。而且每次总能再加上些新的"错误"。上次回家，除了又提了那些旧话题，新的"错误"中竟又牵扯到忙忙："忙忙想要那幅齐白石的画。"并且张阿姨和爸爸发生了从未有过的争吵。而且我住在小玲子那里实在是太难受了，每天晚上像做贼，上厕所要小心翼翼，不能弄出一点声响。我也是五十五岁的人了，这些年，我觉得我已经是把我能做的都做了。爸爸让我叫她"妈妈"，我就叫；尽管她的儿女叫"李叔叔"。爸爸让我给她买戒指，我就买。买了她不喜欢，我就带回美国换，换成她形容的样子。爸爸让我给她买治糖尿病的药，我就买，尽管价格实在是贵，我也从未见她服用过。她喜欢一次悌忠的妹妹送给她的一种从澳大利亚带回的护肤品，我们就写信让悌忠的妹妹从澳大利亚买了寄到美国，再带给她。爸爸的稿子我帮助拿到国外发表，每次的稿费都是记好账，一分不差地交给她（不是给爸爸）。尽管如此，年复一年地向她赔礼道歉，一次次地向她解释我当年不够尊重她，年轻不懂事，请她原谅。我也托每一个从美国回去的、她认识的人去看她，表示我的道歉，请她到美国玩，邀请信就发了三次，但从来没有起过作用，那些旧的话题从来没有不再被提起。爸爸说"不知为什么这个扣总解不开。"在我给你写这封信的时候，我才突然想到问题出在哪里（我确实是太不开窍了）：我应该承认当年确实是想打她，确实是拿走了一切东西，确实做了一切她所说的那些坏事，而不是泛泛地承认我对她的不尊重，对实质性的东西却一样也不承认，这样或许才能得到她的谅解。也许你现在就要劝我这样做。但是我要告诉你：我不能！我不能再把自己糟践到这个程度，何况这里有悌忠。我没有权利为了我们家的事情，糟践这个工人家的子弟。

再回到那封信，写那封信的时候，我是十分冷静的。我确实以为我不再回家是解决问题的最好方法。在得到消息的反馈后，我一直没有中断过给家里的电话。尽管张阿姨接电话的第一句话是："你有什么事情？"态度极其冷漠，甚至很凶。我没有表示任何不满，赶紧说："没有什么特别的事，只是想问问你们的情况，想知道你们身体是否都好。"她即说："你爸爸不在家，和朱厚泽出去了。你有事吗？"我只好说："我没有事，你保重身体。转告爸爸我来过电话。"就将电话挂了。上个星期电话是爸爸接的，我告诉他我刚开会回来，爸爸只问了问我们身体是否都好，就将电话挂了。电话我会一直打的，不打电话，我也不会放心。毕竟年龄太大了，不知什么时候，会出什么事情。

至于回国时回家住，我不知道是你的感觉，还是张阿姨明确说：让小妹回家住。过去小玲子他们没有搬到隔壁单元时，张阿姨已经有很长时间不让我回家住了，理由是家里房间太少，年纪大了，我回去她睡不好觉。其实小玲子的姐姐从陕北来，从来都是住在 22 号楼的。我从未计较，与爸爸为难过。有时在朋友家住，有时就住在 22 楼旁边的饭店。后来小玲子他们搬过来了，张阿姨一直瞒着我的，是原来住在小玲子单元的阿姨非常高兴地告诉我："这回你可有地方住了。"我才知道的。因此我觉得张阿姨并不愿意我回去住。去年十月份回国时（高能所邀请我访问一天），爸爸让我回家住，我才住的。恰好满起不几天就生了病，住进医院。别人不说，我自己都觉得给人家添乱。最后一次是去年底回国，刚住进的第二天，还是第三天，又说小玲子生了病，张阿姨告诉爸爸说我吵得她不能休息。事情是巧合？那毕竟是别人的家，我的角色总是妨碍别人。更何况张阿姨的心里是不愿意我回去的。要不是她一再说："你不用回来，我们已经给你爸爸做过寿了，今年不做了。你不要回来。"后来吵架后，爸爸也说了三次："你四月份不要回来了。"我才彻底死了心，决定不回了。回到美国我前后确实想了很久，待心情完全平静下来，彻底想透了——不管我怎么做，张阿姨都不可能接受我，我爸爸对我做的事越满意，我在她眼里就越坏；这才写了那样一封信，表示了我的想法：摆正自己的位置。我真的不知道我哪句话说得不对。作为一个女儿，我确实做到了自己能够做到的一切，还要我怎么样？！我承认那些我没有做的坏事？我做不到。要我回家住？明明是心里不愿意让我住的，只不过我替她说出来了，就是不对了。不信，再回去住，肯定又是和我爸大吵，不会有好结果的。不回去住，只是让外人，不知情的人说我不好。或者像你这样的知情人，也会说我不好，但是起码张阿姨不会因为我而再和爸爸吵了。不至于每次我回去爸爸紧张，我也紧张。

　　信写得太长了。简单总结我的态度：爸爸的事情我继续在我的余生力所能及，全力去做；家我要回；电话我要打；张阿姨我继续尊重——无论她对我态度如何，还可以反复无穷地继续我的检讨。但是没有做过的事，我至死不会承认——当然以后爸爸再提起，我不会再那么傻，替自己辩解，想让他相信我没有做过那些事，我会保持沉默。家，我不会再回去住。因为我觉得你的感觉是错的，我太了解张阿姨了，我再也不回家住，是她的愿望和目的。她现在给这么多的人看我的信，无非是想告诉大家：小妹不回去住，责任在她，不在我。我给她买了新床单、新窗帘、给她做吃的；是她计较过去，不回来住（你不也相信了吗？）那我就担当这个"罪"，因为这样爸爸才能安宁，这一点我不会看错的。

　　信写得太长。我不指望你能够同意，能够说我好。但是我确实是这样想的，我不想不对你说真话。我也不指望爸爸能理解我的苦心，反正我的"不对"，能换来他的安宁，就行了。我从小就学会了委屈自己，替大人着想。没有童年的那种经历，我不会做到今天的一切的。试想想我身上若有十分之一的范元甄的基因，会是一个什么局面？

　　谢谢你一直的关心。悌忠也问你好！

小妹

2005.6.2

回到大陆无家可归

小妹：你好！

　　看到你"最后的想法"我只能表示遗憾。"彻底退出"并非善策！大的道理应该都懂，也不用多说了。我只觉得咱们不仅仅已是成人，而且已到了给父、母"养老送终"的年龄了（活一百岁也只有十多年了，一晃就过去了）。最大的孝顺是要"顺"，顺着老人的心意，比什么都强。我是直脾气、强脾气，也是随着年岁的增大才慢慢悟出这个道理。你的性格倔强，但对家务事未必都要这样，尤其对老人。所以对回家住的事，我还是劝你别一口说死！！顺其自然，家里说（不管谁说）让住，你千万别不住。家里没说住，你可以坦然地告知：有时回来晚怕影响大家，住外面也方便，泰然处之。我觉得这样处理对大家都好一些。你即便不住家里，家是一定要回的！！一定要多在家里陪爸爸，多亲近亲近，别让爸爸难过！！"北京的大家庭"是现实，承认现实，也面对现实，只有真心融进去了，才能相处好。祝你愉快！健康！

　　　　　　　　　　　　　　　　　　　　　　　　大妹
　　　　　　　　　　　　　　　　　　　2005.6.7（中国时间）

大妹：

　　谢谢你的长信。你建议我"换位思考"。我若换到张阿姨的位置，因为文化、思想的不同，其结果是：我决不会像她那样做事。

　　努力了廿六年，竟未有一事做对，且一再"错上加错"，使我终于想清：彻底抽身于那个"北京的大家"（那早已不应再幻想会成为我的家的家），对大家都好。"不回去住"——"叫人怎么看？怎么想？……至少面子上是过不去的"；"回去住"——"舅妈有气，不往舅舅身上撒又往何处撒？"这是没有可以"从头越"，"朝前看"的任何两全之策的。两害相权取其轻，只能务实不务虚——顾"老人不要再吵"之实，丢掉"面子"之虚。"使舅妈开心"——不论我怎么做，即便什么都不做，只要我这个人"存在"，她就无法"开心"；我这个人不存在了，就"开心"了。道理就这么简单。可惜我用了廿六年才想清，爸爸还没想清，你也看不清。

　　过去我从未主动提过那些所谓"旧事"，都是被动地应对，不过是想剖心沥胆让爸爸相信我。这次的"祝寿信"，只是寄给爸爸看的，未曾示人。以后当然更是一切不但决不会提，也决不会再解释了。

　　以我在美国的简单生活，越来越趋于美国式的"直线"思维方式，我实在无力应对那些敏感的人，敏感的事，那一大家子我根本不熟悉的人，再努力也搞不懂的想法和意识。除了彻底退出，别无善策。

92

既然廿六年的一切努力都无法被认可为"诚恳"（我那封信自以为用了自己最大的"诚恳"之心），就最好不要再"表态"了。我以后就按着：我已经彻底想过了，写了信，就照着信里说的做，就是了。

谢谢你的好心和劝说。

小妹

2005.6.6（美国时间）

小妹你好！

13号的邮件收到，得知8本书将由深圳特快寄来，我会注意收的，收到后会告你的。我妈妈的情况可以说是：每况愈下，下中有稳。妈妈不是病，而是整个功能在逐渐衰退……但头脑很清醒，熟悉的人也能认得，只是不说话了，闭眼的时候多。上周胖哥哥以及亦安的女儿、女婿（从英国）回来看妈妈，她都知道，他们走的时候，妈妈拉着手不放。我们姐弟轮着照顾妈妈，一方面是阿姨一个人顾不过来，必须要帮手，另外，我们也希望妈妈享受到亲情，只要她醒来，睁开了眼睛，就能看到儿女，总之我们的尽心尽力，就是不想留下遗憾。小妹，这一年来，我真是看到和感受到老人（尤其病中的老人）的无奈！我妈妈是多么好强的一个人，可现在一切都得靠人，真是无奈得很！我身体还可以，我会注意身体的，08年2月，我就要退休了。你们还好吧！这次回北京是住在家里吗？都好吗？甚念！

祝你们健康！快乐！问候悌忠及忙忙！

大妹 2007.11.16

大妹：你好！

不知我下次回去是否还能看到大姑姑。如果那时她还能认人，我一定去长沙看她。爸爸楼上的邻居金伯伯已经九十六岁，夫人也八十八岁，他们的女儿是我的好朋友。这几年目睹她们姊妹三人对父母的照顾和辛苦，我能体会到你们的不容易和一片孝心。大家都是快六十岁的人了，实际上是老年人照顾老年人，非常不易，希望你们在照顾好大姑姑的同时，自己一定要多多保重。

我这次回去先是住在高能所的招待所，后来悌忠回来就住在他家了。张阿姨没有提让我住在家里，爸爸也没有提，只告诉我张阿姨不知为什么现在一天到晚老骂我，说我们家最坏的就是我，说我比范元甄还坏。爸爸说她现在脾气越来越坏，老是不高兴。我理解爸爸的处境，当然不会要求在家里住。我回去了几次，每次都单独和张阿姨坐一会儿，谢谢她对爸爸的照顾。悌忠按爸爸的要求也做了。只是爸爸让我向张阿姨再作检讨，承认我过去对她不好，我没有再作了。过去我已经检讨过多回，一点作用都不起，她反而更到处说我的坏话。上次我纽约的朋友（给你们带书的王槿长）给我爸送完书，又应我爸的要求打过一次电话。张阿姨在电话里向他大骂了我一顿，历数我的"罪状"，全都是莫须有的事（过去说悌忠要打她的事不再提了，可能已经没人相信，这次说的都是一些过去没听说过的新事）。她也跟朱正叔叔和其他一些爸爸的朋友说了不少我的坏话，其实这样做对她和爸爸都没有好处，大家的同情挺明显的。我不想再向她作什么检讨了，我没有什么对不起她的地方，我已经检讨得太过分了，我所有的好朋友都骂我窝囊。要不是为了爸爸，念及她对爸爸身体的照顾，依我的性格，我不会让她这么到处糟蹋我的。

这次带回去已经做好的爸爸的日记的第一部分（1947-1954），爸爸十分高兴，同意让朱正叔叔校对，他自己也在看。如果张阿姨不从中作梗的话，应该在爸爸看完后，即可交同一家美国出版社出版了。代问全家人好！

小妹

2007.11.19

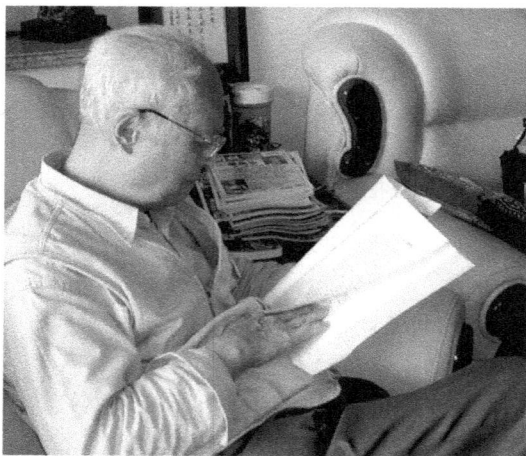

父亲在看我给他的录入打印好的日记
（2007 年 9 月 27 日）

小妹你好！

来信收到，得知你这次回来仍没能住在家里，真是遗憾！！却也无奈。为了你爸爸，你的处理是对的。

我妈妈的愿望是希望看到北京奥运会，但愿能顺利渡过这个冬天，我们会尽心尽力地照顾好，但愿还有见到你的那天。

舅舅的日记（47-54 年）出来后，记得给我们几本啊！望你们好好保重！年龄来了，不能加班太晚。

愿你健康！快乐！

问候悌忠与忙忙！

大妹 2007.11.20

大妹：

　　日记只要能够出来，我当然会送给你们和大胖子哥哥。

　　悌忠也问你们好。大家都多保重。

　　如果大姑姑清醒，告诉她我问候她，愿她实现自己的愿望。

小妹

2007.11.20

小妹你好！

　　今天上午我在家照顾妈妈，我已经告诉她了，你问候她好！说你明年回来看她。她明白，但一会儿就忘了，我问她胖哥哥以及王焱夫妇回来看她记得吗？她摇摇头，她已经不大说话了，但心里明白。

　　祝好！

大妹

2007.11.21

大妹：

　　谢谢你告诉我大姑姑的情况。亲眼目睹亲人的离去一定是一件非常艰难的事情，我从来没有真地经历过。

　　我们明天放感恩节假，我下个星期二回办公室。

　　你们大家都好好保重！

小妹

2007.11.21

　　那么这封惹了祸，而我自以为是"剖心沥胆"的"祝寿信"都写了些什么呢？所幸寄出前我将信扫描留了底儿，录在下面。仁者见仁、智者见智。我自己至今不以为这封信有什么错。

亲爱的爸爸：你好！

　　遵照你的嘱咐，四月份不回去给你祝寿了。但是心里是惦念着你的一切的。希望你过个快乐的生日。我们在美国也会吃碗长寿面，遥祝你身体健康、快乐地再多活几十年！

　　我其实是非常希望能有更多的机会和你在一起，和你更亲近些。这次回国，你是第一次告诉我你对悌忠很满意，对我能够自学英文、自学机械工程师，在美国的第一流国家试验室工作感到欣慰。我听了以后，心里是很安慰的。这个时代，这个时代的政治，这个时代造就的一些"老干部"，使我没能够在一个有正常父母的家庭里长大。"浩劫"过

95

去，也无法有正常的父母亲情，这是我生命中的遗憾。但是这又能迫使我始终自强、努力，在时代、环境的限制下，做到了自己所能做到的最好。我当然还会继续努力下去。你勤奋，活到老，学到老，做到老的一生，是我做人的榜样。

在读了你和我妈之间保留下来的所有信件后，我对你们那一代人所走过的路有了更深的理解。也同时知道了我两岁前在长沙和你生活在一起的日子，你对我是无为而治，任我登高爬梯，"胡作非为"，我是十分幸运的。我得感谢你对我儿时的放手和疼爱的方式，那奠定了我一生性格的基础，得以在非正常的环境中有个正常的人格，并且继承了你吃苦，有毅力，勤奋和独立思考的基因。在对待你的第二次婚姻上，我承认自己最开始没有足够的思想准备，那时年青，也不知如何处理好与张阿姨的关系。但即使在那个时候，我和悌忠绝对没有对她动粗，不讲理的念头。在搬出 22 号楼的时候，我们没有拿走一件不属于我们自己的东西，我们拿走厨房的炊具，是我和悌忠从陕西带回的有数的几件。我们那时月工资两人只有 80 元，只好把这些东西带走，张阿姨送给我的缝纫机我拿走了，忙忙出国前的衣服都是我自己给她做的，我很感谢她送的这件礼物。那时忙忙的新衣服都是奶奶、姥姥（大姨）买的，记得张阿姨也送过忙忙一条裙子，忙忙一直非常珍爱。我们自己则几乎没有给她从商店买过现成的衣服。

经过上次张阿姨和你的大吵，我想了很久。你这一辈子经历了很多坎坷，我又何尝不是如此。但是那个家是你和张阿姨的家，我住在那里使她感到不舒服、不愉快，我是不应该，也没有权力强求的。你和张阿姨有一个温暖、和睦的家庭，两人能相依相伴走完人生最后的旅程是最重要的。作为女儿，我只有希望你们生活得幸福、愉快。你们生活得好，就是我最大的快乐。我以后再回国，就不回家住了，否则每次回去都使你们不安。这不会影响我对你的感情。你是我的父亲，又是我最尊重的人，不住在家里，我也觉得和你是亲的。至于你的遗产，我觉得家里所有人只有我有能力继承下你的精神遗产。你的信、日记、龙胆紫诗集和那些来往信件，我会在我的余生和悌忠一起慢慢整理出来，公布于世。除此之外，我没有任何别的想法。忙忙是个在美国思想氛围下长大的孩子，她更不会想到去要你的任何钱、物。这点你放心，我们不会做任何有损你名誉的事情。我是李锐的女儿，忙忙是李锐的外孙女，悌忠是李锐的女婿，我们会珍惜这份情意和声誉的。

悌忠最近昏迷了一次，在完全无知觉的情况下摔了下去，造成颅内出血。住了几天医院。现已基本恢复，可以上班了。这件事提醒我们美国生活的压力和我们的年龄，要到小心身体的时候了。

你和妈妈的身体是我们最担心惦念的。行动一定要慢，看东西、谈话、接待客人要有<u>节制</u>。减少长途旅行。千万不要再出事故！

代问妈妈好！

小妹（并悌忠）

2005.3.26

发出此信之后，我和父亲家楼上金树望伯伯的小女儿小满有过电邮往来，也录在这里吧：

小满，4 月 13 日是老头子生日，我大概十天前给老头子寄了一张贺卡和一封长信。如碰到老头子，帮我问他收到没有。另外韦君宜的女儿杨团这个星期五从这里访问后回国，我托她给老头子带了一件礼物，也请跟老头子提一下，我怕老太太给"拦截"了。

多谢！

小妹 2005.4.7

4 月 8 日小满回信：

我已经问过你的爸爸，他收到了你的信和贺卡，他可能有话要与你说，但说过几天再告诉我，让我转给你。杨团还没有带来你的礼物给他，我当着你爸和张阿姨的面说的。所以我想不会有什么问题，杨团什么时候到京？

小满：多谢了！杨团 4 月 8 日到北京。——小妹

知道了，我将再过几天，周末？我去老头子那问一下，打着问给你回信的事情。

——小满 4 月 12 日 11:21pm

我也不用去问了，今天在电梯碰到你爸爸，他正好穿着你送的衣服，暗红色的夹克，对吗？他与我说这是杨团带回来的。——小满

你睡觉真够晚的。知道老头子按时得到礼物，而且穿上了，挺高兴！多谢！多谢！——小妹

看起来，老头子也挺高兴的。我马上就睡觉去了。——小满

4 月 30 日，小满转来父亲的回信。

回到大陆无家可归

（小妹：这是你爸写的信，其实你的 email 没有给张玉珍看，而且他看后，我就当场就拿回来了，但我不知道老头子为什么说，张玉珍知道了。老头子告诉她了？做一点说明。）

小妹：我的米寿过得很热闹。尤其《大哉》一书，内容和编辑极好。经人建议，我还写了四句赠玉珍：二十六春如一天，医生护士保安员。早波发现救啦命，伏案仍同青壮年。你寄来的长信，曾引起不愉快。望以后信件（包括电传）不要再提及往事。这次你回来，房间布置，买床单、沙发等都是玉珍上街办的（新沙发我搬到我的书房用了）。她胸怀较狭窄，你为我做的史料整理，《昨日书》等历史价值，她都不理解，眼睛坏了不能看书，但心地善良。望以后不要再谈旧事或发牢骚，使我万难。这几天她发高烧病了。

爸爸
2005.4.30

小满：

多谢传信，内情尽知。这封信的原件在你那儿吗？还是老头子拿回去了，如果还在你手里，请帮我留好。

我昨天打电话到家里，老太太接的。冷言冷语问我有什么事没有，我还直纳闷，怎么大面子都不让过去了。原来是老头子把我的信给她看了。其实我那信也没什么，只是说遵嘱不回去祝寿了，并再次声明上次老太太重复的我们当年要打她和搬家时将所有的东西拿走的事根本没有，让他放心。我以后回国不会再回家住，让老太太不高兴。

我不想给我爸回信了，没什么可说的，也没什么好说的。我九岁老头子就出了事，我妈一直将我当成李锐虐待我，发泄她的怨恨。我一直想找回自己的家，希望有个父亲，有个回国可以想念落脚的地方，这个幻想自此可以断了，也就没有什么想不开的了。

多谢你多年的帮助！

小妹
5 月 3 日（2005）

小妹：

别那么悲观，老人就是这样，总得有个伺候他到离世那天的人（指生活）。

信的原件还在我手中，留给你。其实我曾经想过，应该把以往的都给你留下，但因为我认为我应该尊重本人，还是都还给你父亲了。现在有你的话，我就都给你留着。将来可以出版一本书信。我不希望是一本生活的流水账，而应该是你父亲晚年的思想精髓。所以不要放弃交流、沟通，不要因为一个张玉珍搅乱了。　　5-3

小满：

　　谢谢你的开导，你说的有道理。等以后有了话题再托转信吧。老头子的信，以后就都帮我留着吧。

　　拜托、拜托！

小妹

2005.5.3

卡玛劝阻了我的一时糊涂

李锐与丁东（2005 年）

2005 年 10 月我因公出差回国，住宿费用美国实验室报销，顺理成章住宾馆。转过年，忙忙和她医学院的美国同学想去西藏旅游，我帮助她们安排了北京、西安和西藏的旅程，也向实验室请了假，计划陪这两个对中国事儿一抹黑的大美国孩子完成这趟旅程。一切搞定后，将在国内的行程告诉了父亲，没想到，居然接到了丁东的电子邮件。

南央：你好！

今天你父亲让我过去聊聊。除了议论时政，还说起你下月回北京的事。令尊托我向你转达他的想法：他之所以能够健康地活着，比周围同龄人精神都好，多亏张阿姨照顾。他很希望你这次回来时对张能有善意的表示。他说得十分恳切。我不敢耽搁。特向你转告。

祝你愉快，并向巴先生问好！

丁东

2006-03-27

我给丁东回了封电邮，他回复了，我又回了：

丁东：你好！

谢谢转达了我爸的意思。没想到我爸会让你给我做工作。

我爸也曾托楼上金树望伯伯，请她的女儿给我做工作，让我对张阿姨有所表示。金伯伯的女儿对她爸说："小妹还要怎么做？不让人住，人家就不在家住；让人给买东西，人家就买；让叫妈，人家就叫；人家早就表示了她爸的东西她一样不要。还要人家怎么样？这个工作我没法做！"

说实在，我真的不知道我爸要你转达给我的"对张能有善意的表示"，到底是让我做什么？

我早就明确表示过，我爸的房子、财产我什么都不会要。我爸要求我代表我哥对张阿姨也做个同样的表态，我过去是拒绝了，因为我不能这么做，我也做不到。

我尽力做自己能做的：每次回去都给张阿姨带东西，父亲在外发表文章的稿费，都是连收据每一笔都清清楚楚地列出交给张阿姨。我爸为她的女儿一家在隔壁借到一个单元后，我回国时住了两次（因为我爸告我，当初说好，有一间房是我回去可以住的）。最后一次住，张阿姨向我爸大闹，我就再也不回去住了，而且也没有什么不满的表示，对她态度依旧。我爸八十八岁大寿，我本要回去，她坚决不让，我爸很为难，告我不要回了，我也就没有回去，只托杨团给老头带了件礼物。这么多年，张阿姨不是说我"里通外国"，就是说我"用我爸的名义在外胡作非为，狼心狗肺，不惜用父亲的生命作代价，为自己求名利。"我都一笑置之，从未为自己辩解一句，也未曾在我父亲面前说过她的一句不好的话，只因觉得老头子一生不易，她对老头子照顾，我非常感谢她。22号楼的其他人家是如何议论张阿姨和我父亲对我的态度的，我从未对我父亲提起过一句，也未对旁人说过。（张阿姨是在我们搬入22楼后进的家门，之后不久我一家就被轰了出去，22号楼2门最初的住户都知道她的作为）。

这次既然我爸和你谈了，你看，今后若有机会看是否委婉地转达一下我的意思（你如果太感为难，不说也罢），这其实是一个非常简单的，和发生在普通人家一样的一件事：后妻容不得前妻的孩子，想占有丈夫的全部感情和财产，前妻的孩子无论如何表示都是没有用的。我爸看不透这一点，永远向我不尽的要求：称呼她母亲、给她买戒指、给她钱、给她带礼物，礼貌待她，不让在家住就不住……没有用的。苏绍智的夫人一语道破：她就是一个有了顶老干部帽子的农民，你们不在一个层次上，她永远理解不了你。你为你爸所做的一切文字整理工作，她永远不可能理解其中的意义。

以后我会像写《我有这样一个母亲》一样，写出这段故事的。共产党人不论其政治理念如何，很多人都有一个共同的缺失：革命、地位，吞噬掉了他们的亲情和人性，生活在这样一个家庭中的孩子是十分不幸的。

再次谢谢你的转达，感谢你的好意！如果能有机会帮我问清楚"善

卡玛劝阻了我的一时糊涂

意的表示"具体指的是什么，那就更好。谢谢了！

南央

2006-3-27

Nanyang，您好！

你的难处我都理解。我还特别向你父亲说明你对朱正的安排，表明你的为人[44]。具体的事情我也不知怎么办是好。

我想不妨来个难得糊涂。说些多谢你对父亲的照顾之类的话，大面上过去就行了。不知你以为然否？

丁东

2006-3-28 10:23:10

丁东：你好！

谢谢你的理解。本来是不该让你夹在中间为难的，还为我说了好话，真是感激不尽。糊涂也许是最好的办法，只要允许，我是会一直糊涂下去的。对前封简信，我和巴悌忠赞叹了半天：佳作一篇，足以显出"丁东"的极高水准 :b :b

南央

2006-3-27 20:06:39 (PST)

那时我已经开始着手父亲 1980 年前日记的录入工作。为了下班后有更多的时间干这件事情，我在上班地点附近一位美国老太太家租了一间屋子，只在周末回家。老板同意我每周工作四天，每天工作十小时。我在周末做好十二盒饭，悌忠四盒，我八盒。周一上班，将盒饭放在特地买了置于办公室的小冰箱里。晚上七点吃完盒饭，就开始敲键盘，有时干到十点，有时干到十一点收工。接到父亲通过丁东转来的信息，心中自然不悦。觉得辛辛苦苦为父亲整理史料，出了两本信集，又开始为他整理日记，不说

---

[44] 丁东在这里指的应该是那年由宋永毅先生在美国主持召开"文革研讨会"，我因为朱正先生帮助我父亲写了那么多的文章，又帮我校对父亲的史料，无以为报，就想借这个会的机会请朱正先生参加会后招待他在我家住几天，陪他在旧金山湾区玩玩。宋永毅先生告诉我会议经费有限，我说只要你出邀请信，来回机票和参会费用及旅行医疗保险全部由我支付。这样朱正先生向大会提交了论文，顺利成行。后来因为丁东一应人等被挡在中国境内未能参会，宋永毅事后报销了朱正先生的来往机票。

句好话也就罢了，怎么总是对我这样、那样地不满意。这次刚说要回国旅游，就请了外人来说项。思之再三，我动手给张玉珍写了封信，准备回国后在北京发出。

张玉珍女士，

这次我人还未回国，就已接到我父亲托人转来的口信，希望我回去后，能对你有个"善意的表示"。我已经不知如何才算"善意"了。

二十五年前你说我和悌忠要打你，水电部保卫处派出正、副两位处长到 22 号楼找悌忠谈话，这子虚乌有的事你一说就是二十多年，成了每次回国我父亲必提的话题。你无中生有的造谣不是不善意，而我逼不得已一次次地为自己辩解倒是不善意。

你和不止一个人说我里通外国，狼心狗肺，利用父亲在国外为自己捞名捞利。这又是我每次回国另一个要反复为自己辩污的指控。说出如此能把我送入监狱恶毒之语的你不是不善意，而试图为自己洗刷这无端罪名的我是无善意。

我的父亲为你的女儿一家在隔壁单元借到一套房间，有一间客房，你们告诉我可以在那里住，我才会回去住了两次。你的女儿嫌我影响他们休息，我遵照父亲的意思大冬天早上穿过寒冷的外廊到父亲书房对面阿姨的厕所洗漱，并未表示任何的不满，知道你对我入住不悦，去年十月回国，不再回家住，我还是没有善意。

父亲八十八大寿，我极想回家为他祝寿，你说八十七时已作过，坚决不让我回，说是八十八不搞了。父亲怕你不悦，让我不要回了，我遵命未归。虽然我明知不仅做了寿，而且办了两次。甚至有人问我如此大寿，为何不为父亲回国？我无言以对，却依旧是没有善意。

你担心我将来会提出分享父亲的遗产，对我一百个不放心。我多次当着你和父亲的面表示："我什么都不要，妈妈你放心。"还是善意不够。你究竟要我如何做，才算是善意？

你和我过不去也就罢了。大姑姑对我父亲是多么的好，恩重如山！对你也是多么地好！为了你，在我生完孩子刚刚坐完月子的当晚将我痛责一顿，以示对你的偏爱，我第二天一滴奶水都没有了。

大姑姑知你喜欢首饰，为你买了贵重的红宝石戒指。你又是如何对待大姑姑的？大姑爹去世，大姑姑打来电话，你说："哭什么丧，还让不让人过年？"我亲耳听到不止一次，你放下大姑姑打来的电话就说："讨厌！"

这次出版我父亲 1975 年到 1979 年的家信集，你竟然要求将纪念两位姑姑的话改成："纪念她们<u>当年</u>对父亲的亲情。"

你太过分了！

大胖子哥哥夫妇对你如何？没有他们当媒人，哪有你的今天？而你又是如何待他们的？

你说他们没有烧掉我父亲那些齐白石的画[45]，是后来拿到香港卖了，否则昂子在美国上学哪里来的钱？你有什么真凭实据？没有证据你凭什么如此血口喷人？退一万步讲，就算他们真卖了我父亲的画，又干你何事？那都是我父亲与你结婚前的财产，你若真像自己到处去讲的那么"高尚"，这些字画你根本就不该惦记，更别说伸一伸指头了。

我不想再举更多的例子，你不是跟我过去不去，容不下我，你是容不下父亲所有的亲人，容不下父亲心里尚存的那一点点亲情。你若真是对我父亲好，在他的晚年不会把事情做得如此过分，如此之绝！

我叫了你二十多年的妈妈，这是父亲的愿望，我认真地做了二十多年。你何曾有一天待我像你的孩子，或者哪怕有一点点像我父亲对待你的儿女那样对待过我？我多少次在文章中真心地感谢你对父亲生活的照料，也无数次当面对你表达这种感谢，换来的却是不断变换，越演越烈的指责和不满。为了父亲，我容忍了你二十多年中对我那些无休无止地诽谤和造谣，甚至对我女儿的无中生有的胡猜乱责。我的一忍再忍，一让再让，看来被你当成了软弱可欺。这次居然人还未进国门，逼迫的信息就已到了大洋彼岸。看来你是一天也不能容忍我的存在了。我可以满足你的愿望，现在就告诉你：我以后不会再来了。但我也要告诉你，我不会像公公、大姑姑及她的孩子们那样无限度地委曲自己，接受对自己那样不公正、不平等的待遇。人和人是平等的，不论你"革命"的年头有多长，地位、声望比我高多少，是我的长辈，我们在人格上是平等的。这次是我对你最后一次善意。我这次离开 22 号楼 2 门 12 号，再也不会进来了，我只会给父亲打打电话，回国时将父亲接出去见见面。你不应该再有任何理由为了我和父亲闹了。我以这次回国为界限，对你以前的所做所为不予追究。你今后好好待我父亲，好好与他和睦相处，老头子一辈子不容易，你让他有个安静的晚年，我便依然不改变我过去的承诺："父亲不在以后，我什么也不会要。"否则，我跟你新账老账一起算。你若走在我父亲之前则罢，你若走在他后边，我们法庭上见。从这次起，你若再因我的事和我父亲闹，你若再说出什么"李南央里通外

---

[45] "文革"初破四旧时因为怕抄家，二姑姑将父亲存在她家的画全部烧了。

国"之类的话，我是一定会知道的。人们对你的厌恶早已超过了当年对范元甄的厌恶。22 号楼的邻居，包括电梯工、传达室人员，家里来来往往的客人中，很多人是我的朋友，我会知道你的作为的。你逼我爸立字据也没用。那是胁迫遗嘱，法律效力如何不是你能说了算的。将来只要我想和你打官司，你就是找到一个加强连也不是我的对手。我是谁？我是李锐的亲生女儿!更何况我身后有着不止一位父亲的老部下、老同事，他们早就看不下去你的所作所为，早就对我说过，只要我将来决定通过法律程序维护自己的权益，他们会联名为我写法庭证词。父亲的房子，那些婚前财产，你转移了，你花光了都没有用，一分一毫我都会让你还出来的。**我都要用父亲的名义捐出去**。你已经让我父亲蒙受了太多的耻辱，对他的名誉造成了太大的伤害，我要努力为此做力所能及的修复工作。你若不信我的话继续胡搅蛮缠，那你就等着我吧。

你到处逢人便说，我父亲也逢人就讲的你的那些"救命之恩"帮不了你多大忙。你可曾听过楼上的王阿姨对人夸耀她对金树望伯伯如何、如何好，如何救了他的命，没有她的照顾，金伯伯早死了？你可曾听过安琳阿姨到处炫耀她对黄乃伯伯如何、如何好，没有她的关爱，一个盲人活不到那么大年纪？真的爱的情感在各自的心里，不会时时刻刻在人前张扬的。走到哪儿，吹到哪儿的不会是真的。人们眼睛看到的是你睡在向阳房间的大床，长你十五岁的老人睡在又吵又阴又不安全的北屋的一张小床，这比一切语言都说明什么是真实的存在。我父亲的朋友们都是何等的人士？他们都是当今中国顶尖的聪明人物。可是被你张玉珍几句喋喋不休永远挂在嘴边的自我标榜就能哄过去的？

不需再多说了，希望你好自为之，好日子好好过。

李锐长女李南央
2006 年 4 月回国

自《我有这样一个母亲》一文起，近十年来，小妹在工作之余，竭尽全力整理父母一辈人的日记与信件等。其间忍受心灵之煎熬，为的是尽历史、社会之责任。

对此没有丝毫的理解与支持也就罢了，何至于一而再、再而三地无中生有，恶意中伤？小妹忍辱负重，没有心思与精力去计较，只为争得抢救父亲那些第一手历史资料的机会，使之免于被当作垃圾扔掉。时至今日，小妹忍无可忍，正所谓忍耐到了极限。

卡玛劝阻了我的一时糊涂

事已至此，以小妹微薄之力，现已难以抢救这些资料。天意如此，无可奈何！

巴悌忠
又及

这封信没有寄出，是卡玛阻止了我。我是在卡玛拍摄《早晨八九点钟的太阳》时在父亲家见到她的，后来跟她成了好朋友。记得是因为她 2006 年的 4 月也要去中国，两人电话中约在京见面的时间。我就告诉她：老被诬蔑成利用我爸捞名捞利，我爸也摇来摆去的，已经好几次来电话让我把"龙胆紫"带回去，好像我真是要图他点儿什么似的。我不想干了，这次回国把两本"龙胆紫"还给老头子，以后绝不再干整理他资料的事儿，彻底摆脱那些没意思的吵扰，好好享受自己的生活。卡玛说：南央，你爸的资料太宝贵了，特别是"龙胆紫"你都带出来了，绝对不能还回去！那是文物，不能让共产党给毁了！你个人受点委屈算什么啊！你得以大局为重。

卡玛采访父亲时，见到过"龙胆紫"，后来还扫描过一些。父亲的日记中有记述。

2002 年 5 月 28 日（星期二）

五点前，楼上金嘉楠引 xxx 来，卡玛让他来扫描《龙胆紫集》在秦城的原件（小妹前天电话也告知）。上午出了一身大汗，才将《剩余价值学说史》与《列宁文选》找到。卡玛开了个清单，有《语录歌》及多篇诗名。x 的父母原在三机部工作，母亲在范的仪表厂工作过。自己是清华中学的，已 54 岁，1966 年当过红卫兵，很快就不干了。现在美国搞数字技术等。很想同我谈党史，对此有兴趣。

由于一直谈到六点一刻始送走（约定 6 月 3 日来取两书），玉珍很是不满，生了气（她脚肿，情绪不好）。吃饭时我也生了气。弄得很僵，下不为例。

2002 年 6 月 4 日（星期二）

找出《列宁文选》与《剩余价值学说史》，按卡玛要求，找出《语录歌》等诗篇所在处，一一夹上纸条。秦城生活又历历在前。前本被没收，又续记在后一本。当年记忆力真了不得，大概是思想高度集中之故。

我听从了卡玛的劝告，那封信一直封在信封内存放在文件柜内。写这本书时找了出来，拆开信封，上边录入的信是按原件一字不漏打入的。父亲在日记中记述了那次我们回家的情况，一切平和。

2006 年 4 月 10 日（星期一）

上午小妹、忙忙回来（住在大姨元坤家），带来《人民心中的胡耀邦》，苏绍智、陈一咨、高文谦主编，第一篇即我的《去世前谈话》，书名是我写的。海外人士都有文章，650 页，明镜社出版。值得慢慢过目。忙忙毕业了，在华盛顿一个医院就业，入了美国籍。要去西藏、尼泊尔旅游。带回一堆《争鸣》与《开放》，四月号没有等到，《开放》已刊我揭发邓力群的长文和两篇附录（网上已刊，顾健已寄来）。温辉和李洪林送《争鸣之音》（温辉文选）。

2006 年 4 月 29 日（星期六）

上午胜利来，手谈[46]中丁东来，随后小妹来。美国办的"文革 40 年会"被此间控制，丁东、崔卫平等都得到通知不准参加，损失机票补偿费八千元。拟控诉赔偿。做了"决议"的事也不让再谈，使人淡忘也。一起丰盛午餐。小妹下午返美，看了她的小照相机中的西藏风景（小机可拍 600 张）。谈到处垃圾，盖房破坏风景。

那一年的 10 月我们改造厨房，我留在家中"监工"，悌忠自己回国探亲。父亲来了电话，让悌忠将"龙胆紫"带回。因为知道父亲的电话是被监听的，我没有多说，只是"嗯、嗯"地回应。悌忠航班的前两日我写了一封信，让悌忠带给父亲。

爸爸：

"龙胆紫"我没有交悌忠带回，原因有三：

1. 我们还没有完成"龙胆紫"的拷贝，在正式捐出之前，自己的家庭应该留下一份完整的复制件以为子孙后代的纪念。

2. 现在带回很不安全。丁东的家刚被搜查过，人也被带走一天。家中书籍、电脑全被拿走，即没有搜查证，也没有其他法律手续。只缘他在为何家栋出文集。你的书目前根本不允许在大陆出版，我进出中国海关几次被检查（没有告诉你，怕你担心）。"龙胆紫"安全带出是想了

---

[46] 手谈：指下围棋。

以防万一的办法的，很难相信在"以古巴、北朝鲜为政治标本"的大陆现政治框架中，能有哪个部门不受此框架所制而珍藏文革文物。"龙胆紫"目前实在不是冒险带回的时候。

3. 我和悌忠都同意你将"龙胆紫"捐给国家的想法，百分之百地支持你这一意愿。但大陆现状全无法律保障"政治文物"不被销毁（国家图书馆就销毁了全套文革民间小报；巴金捐赠的书籍被馆员卖到潘家园赚钱）。你这样一个顶尖级"异议人士"如此无价的历史见证文物，目前交给中国大陆任何一个机构都是不能让人放心的：只有接受人或单位的允诺，而没制度的保障，上边一句话，一切允诺就一钱不值。

你日记的全套原件已存放在国家图书馆（其中访苏到去北大荒一段已遗失，估计是在出"李锐出访日记"一书时传丢的，或有人特意留下了）。这就相对保险些。你手中有全套复制件可供使用，我手中有光盘，万一原件出了意外，这些宝贵的文字是不会遗失的。而"龙胆紫"不同，她本身的价值远远大于其中所书写下内容的价值，原件是决不能被毁或遗失的。你当初交给我时是很高兴我能将她带走的，不知为何改变主意。还盼再思！再思！！一句话：目前中国一切政府机构都腐败透顶，无官不贪，没有一块净土可放下"龙胆紫"这一神圣之物而不被染毁。"将龙胆紫带回"之命我万难遵从。万一出了事，我将是历史罪人。这不是我一人的意见，是很多大陆有见识的人和美国朋友的共识："龙胆紫"先需保存在境外直到大陆结束一党专治，宪法治国时方能安全回归祖国。请相信我对中国的忠诚，没有这颗赤子之心，我和悌忠不会在繁重工作和巨大生存压力之下，全心在业余时间整理你的文字资料，平心而论，现在也难找到人能不计个人时间、精力，物质消耗，精心、细致，踏踏实实地尽心你的历史文字工作。盼能相信我们，支持我们。

祝：生活愉快，健康！你的思维、你的声音是中国的财富！

女儿小妹
2006.10.26

悌忠动身前，恰又收到了父亲的来信，我赶紧让悌忠从背包中取出已经装好的信，匆匆地划拉了几笔，放进了同一个信封。

小妹、悌忠：

两信都收到。关于宇宙之大、之小（粒子、质子等）我是全然无知。这方面恐怕还是美国最先进。

上次电话中讲过，《龙集》两本厚书，定要让悌忠这次带回，因为国内几家博物、图书馆等都要收藏。前天楼上嘉满送来你的 email，让我修正几个字，你带去的磨子潭和以前的日记本等，也定要全部带回交我保存。我将考虑如何统一处理（那次在办公室清走的东西，我都不清楚，是否还有信件等？）

我准备明年开始清理这些杂件。日记校样尚未看完，出版与否，多数人不赞成现在出，我当作最后考虑。

我们身体都还好。妈妈只是老病颈椎痛，糖尿病，经常失眠。

万事如意。

爸爸
2006.10.15

爸爸：

你十月十五日来信恰在悌忠动身前到达，匆匆补上几句：

日记：我曾托楼上小满转给你过一封 email，告知你全套日记的原件都存在国家图书馆的善本部，我一本没有带出来。我现在是根据善本部送我的扫描光盘在整理你的 1979 年以前的日记。你可与程学敏的儿子程真联系，去国家图书馆善本部存书库查看。

办公室清理信件：那些信件 2005 年夏天[47]回国时曾与奂青一起在你的办公室开始了整理工作。大概是第三天，你告知薛京讲有人认为我们两个非党人士在中组部大院工作不合适，就由满起帮忙全部拉回放到满起家的客厅继续整理。我每次回国都会请奂青帮助。去年十月回国和奂青一起将办公室搬回的信件全部整理完毕，均分门别类放在满起客厅书柜的顶上。你当时是过去看过的，奂青也在场。此事你可自己过到满起家查看，并向奂青证实。没有你的指令，我想满起是不会擅作决定，处理掉那些信件的。

我的原则底线：凡是你没有同意交给我的你的文字资料，我一件也不带出。将来是否能够被整理出版，下落如何，我绝不去想。这样我自己心情也不会太感自疚和沉重。凡是你交给我的资料，我都尽心尽力去做，而且均要让你看到成果。《父母昔日书》、《李锐像册》（两本及光盘），《李锐家书》你都见到了。你从来没有对我说过你是否对我做的这些事情感到满意。但是没有批评我就知足了。我现在进行的是你

---

[47] 这里记述有误，应为 2004 年夏天。

1979 年之前的日记整理工作。这部分现无出版商感兴趣，但是极具历史价值，又没有高层内部的敏感问题，你生前是可以出版的。我争取和悌忠两人尽快搞完让你见到成果。

"龙胆紫"：已写就的信中有详细说明，不再赘述。

爸爸，我能够感到你对我的不信任。我不能确知你是否也以为我所做的一切都是为了自己的名利。坦率地说，在"里通外国"，"为了自己出名不择手段"的帽子下进行这些本已十分繁重的工作，心情是极为不畅的。不是对中国历史的一份责任感，我和悌忠早就放弃了。爸爸，如果你的三个儿女都是鸡零狗碎，只看鼻尖下自己的那一小块天地，一小点私利，而全无为国为民的心胸，你真地会觉得很舒心吗？我想你比任何人都更能理解被误解、被诬陷的滋味……

悌忠该上路了，住笔。

盼你保重！

小妹

2006.10.27 匆

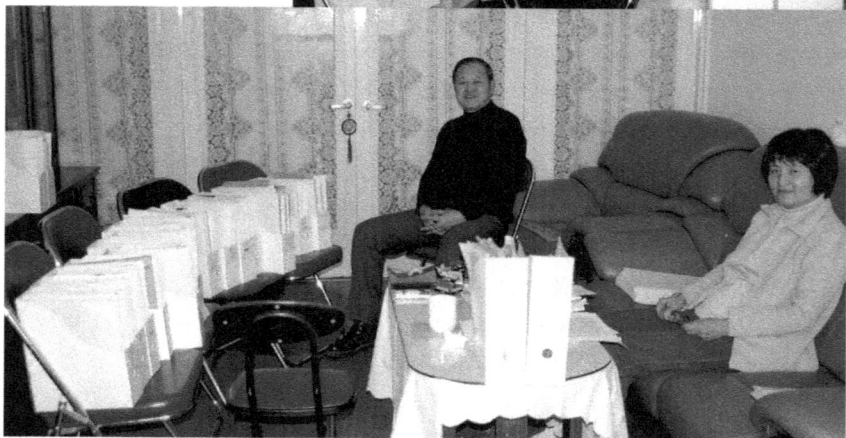

我和悌忠、奚青一起在钟小玲家（22 号楼 1 门 11 号）客厅整理资料

这里将父亲记有我带走"龙胆紫"和整理资料的两则日记录在这里，可清楚看出张玉珍的想法和父亲的态度。

2004 年 12 月 28 日（星期二）

上午奚青同小妹、悌忠一起整理我的旧资料和信件等。

下午游 600 米。腰背仍疼。奚青留下同玉珍谈整理旧杂件的意义，我已无能为力，小妹拟每年回来从事此事。**玉珍谈到原件仍留在国内**（"龙集"原件扫描要费很大功夫和时间，这次带到美国去，下次带回。）奚青帮助把一些情况谈清楚，还谈到过去"不懂事"等，以往就不必再追究了。

2004 年 12 月 31 日（星期五）

上午到隔壁，还剩下几捆没清理的旧档信件等，小妹找悌忠来，一起弄完，就只剩下我这边保存的旧档待自己整理了。

张玉珍继续着她令我防不胜防的挑剔和指责，每次探亲回家总是屁股还没坐稳，父亲就立即谈到她对我又有了什么新的意见，让我即去向她解释或赔礼道歉。后来竟然"新"到我女儿的头上，说忙忙对外公极为冷漠，身为医生，毫不关心外公的身体健康。父亲在两则日记里记了此事。

2009 年 10 月 31 日（星期六）

小妹一早来到，几乎漫谈了一上午。谈忙忙仍在进修更高专业，学医 8 年，继续进修 7 年，得医生最高称号共 15 年。读书时借贷近 20 万，到华盛顿工作买房等又 20 万，40 万贷款待还也。上次回家没有看我的病历是她看不懂中文说明（小学四年级即去美国了）（由此也使玉珍释怀）。

2010 年 10 月 1 日（星期五）

上午悌忠先到，同看《日记》的改正。玉珍从医院回来，谈忙忙情况（前次对我的体检表冷淡意见）。

这两则日记之间隔了差不多整整一年，显然地，我的解释并没有像父亲以为的："使玉珍释怀"。我后来学"乖"了，回家探亲不再事先打电话告知。这招果然很灵，一进家门便遭当头棒喝的"待遇"终于免了。父亲日记中屡屡出现的变成："小妹突然来到"，"上午小妹突然来到"，"小妹突然来到"……

2005 年之后，父亲家出现了一个叫赵来群的人。他的父亲是张玉珍的朋友，找李锐为自己的父亲解决级别待遇问题。这个人后来成了张玉珍的帮手，大大地提高了张玉珍攻击李锐女儿李南央的"水准"。2014 年 10 月 7 日，赵来群同另外两人奚青、黄与群，化名在五柳村网上发表了"李锐访谈录——关于《我的父亲李锐》一书"。这个"访谈录"被张玉珍提交给西城区法院，成为李锐不会将自己的文字资料交给李南央带回美国捐赠给胡佛所的证据[48]。在美国律师为张玉珍书写的向美国法院提交的陈述中，更是以这篇文章作为李南央是窃贼，李锐绝对不会允许李南央代表他做事的证据。我从父亲的日记中了解到这篇文章的起草和发表过程。奚青、黄与群和赵来群都认识我，前二者一直以朋友面孔与我交往，黄与群则以为其父黄乃整理资料的名义不断与我电邮往来。三人中无一人做了告诉李锐要做的事：文章"在香港发表并寄与南央"。

2014 年 9 月 9 日（星期二）

奚青来，看完了《我的父亲》，写了篇"读后感"，指出问题甚多，原书上都划出来了。

2014 年 9 月 10 日（星期三）

上午让玉珍看了奚青的文章，已让他寄香港（此事邵燕祥、朱正都有看法）。

2014 年 9 月 16 日（星期二）

上午赵来群和黄与群（黄乃儿子）又来，索取《我的父亲》，只好各送一本。赵似有些意见，嘱阅后写好给我（我出示了奚青的"读后意见"文）。

2014 年 9 月 21 日（星期日）

上午赵来群、黄与群来，谈《我的父亲》这本书有不少问题（我说没见过原稿），建议他们写出来寄给南央，奚青已经写了文章。

2014 年 9 月 23 日（星期二）

赵来群、黄与群和奚青一同来，谈《我的父亲》书中的问题，"这是一本作者抬高自己拿父亲做背景的书"，对我有很多不当处。奚青已写了一篇同我谈话批评此书的文章，薛京也参加，四人写成一文，在香港发

---

[48] 见附录"张玉珍起诉李南央案跟进报导（十）"。

表并寄与南央[49]。谈话时，奚青告知，邵燕祥等人，对南央写的母亲文都有意见。

2014年10月2日（星期四）

下午奚青、赵来群、黄与群三人来，谈南央写《我的父亲》中的问题，批评其人自我抬高等品德问题。看了《争鸣》文，奚青即指出乱言处（文章结尾）"打虎必败结局"，批评习如蒋介石等。奚青找出他同我的"访谈录"，赵来群写出许多错误处。赵还给我一首老同志批南央的一首诗。

2014年10月3日（星期五）

上午赵来群、黄与群来，赵拟了草稿，准备打印。

2014年10月7日（星期二）

南央一早来……《争鸣》第9期她文章末尾的两大错语，对习的悲观（不如蒋有台湾可退）评价。因为文中刊有我的照片，会令人怀疑父女通气。还出示一老同志看了《我的父亲》后的对作者四句评语："南央名秧实祸殃，厚生尊父亦虎皮。累牍连篇谁立传，喧嚣鼓噪几时息"。

下午奚青、赵来群三人来，陶世龙的五柳村网已接受奚同我的"访谈录"，立即刊出。

2014年10月21日（星期二）

上午赵来群又来，看完《口述往事》个别地方很有意见。我不同意（关于最后一条写习）。他夹了许多纸条，将书留下来（另外给了一本）。随即翻阅都是错字之类。

从父亲的日记中看到三名作者中有黄与群，我立即给这位"朋友"发了一封电邮：

Tue, May 26, 2015, 10:15 AM

与群，

从确切来源知悉，去年10月五柳村网站登出的"李锐访谈录——关于《我的父亲李锐》一书"是你和奚青、赵来群三人（昭然、亚平、席子言）去看过我爸爸之后写出的。

---

[49] 文章并未在香港发表，也未寄给我。

你手里有原稿和我爸授权给你们发表的原件吗？

谢谢！

南央

黄与群立即切断了与我的电邮联系，但并没有停止他的小动作。父亲在日记中记了：

2016 年 6 月 6 日（星期一）

上午盛禹九来……谈形势，把我抬得很高，同耀邦一样（由昨天黄与群指责：不应将网上流传语："毛病不改，积恶成习"写入文中）[50]。他不同意此种指责，同玉珍谈话。

2015 年 8 月回国探亲，在客厅里坐下同父亲刚聊了没几句，就见赵来群的身影掠过饭厅向单元门奔去，我立即起身堵住他，直视着他的眼睛问："你是认识我的，为什么有意见不当面说，搞那种名堂是什么意思？"他结巴着："我们再谈，我找时间跟你谈……"抱头鼠窜。跟在他身后从自己房间出来送客的张玉珍少有的一声没吭。

奚青呢，以前每次回国他都要跟我约了到 22 号楼见面。自此之后，我在国内时他再也没露过面。他向李锐指出的李南央"'打虎必败结局'，批评习如蒋介石等"的"乱言处"，是我发在 2014 年 9 月号《争鸣》上的"李南央状告海关案跟进报道（四）"中的一段文字，全文如下：

单说习近平的"打老虎"，这是 1948 年夏天蒋经国干过的事，国民党的"打虎队"打国民党的贪官，70 天后告败，一年后国民党败退台湾。蒋介石去世后，蒋经国的"换制"见识和才智得以显现，国民党上层产生"质"的变化，开放党禁、开放报禁，领导台湾实现了经济和民主的腾飞。跟蒋经国同属"接父班"的第二代的习近平现在也在"打虎"，共产党的中纪委打共产党的"老虎"，也是自己人打自己的贪

---

[50] 我在五月号《明报月刊》上发的"李锐期颐寿宴前前后后"文最后有句："父亲对我好几次提起新近出现在国内网络上的一句话：'**毛**病不改，积恶成**习**。'他说：'老百姓了不起啊，把中国的问题概括得这么确切！'"父亲后来还给我看了奚青在此句上加了涂黄，说："奚青对你这么写意见很大呀。"

官，就算主观动机足够真诚，其必败结局没有什么悬念。虽然习近平上台三年前，人们就知道他是铁定了的"一把手"，可是上台一年多，还没有让人们看到他"换制"的见识和能力，其行事仍如"地下党"，秘密布署，伺机动手；"打虎、拍苍蝇"背后的纲领、追求、目的，……得猜，猜不准。比起奥巴马上台三年前美国人就知道他当了总统后想干什么，可他能不能当上总统得等到最后一分钟见分晓，我想，后者"才是有力的政治"吧。只是毛泽东在呼吁建立"言论、出版、结社的自由与民主选举政府的基础上面"的"有力的政治"时，其实根本不相信这种政治，他真正崇尚的是：枪杆子、笔杆子，只要抓住这"两杆子"便可夺天下，只有继续牢牢抓住这"两杆子"，方可保共产党江山永坐。令人唏嘘的是，一生坎坷，却矢志不移地信守共产党"历史先声"的共产党员李锐的"口述往事"，到共产党的第五代掌权时，成了"禁止进出境物品"。掌门人习近平把毛泽东的"两杆子"当成"命根子"，绝不改制。但是却没有另一个台湾可供他败守了！共产党溃了结果如何，我不敢想。

这位一直以我的朋友面目出现，一直在"帮助"我的奚青，终于露出了马脚。父亲李锐去世后他在遗体告别那天的表演和此后极力怂恿张玉珍将我告上法庭的行为也就不足为怪了。

李锐的家人中也有帮助张玉珍的。父亲有这样一则日记：

2008 年 11 月 30 日（星期日）

玉珍很喜欢苗苗和觅觅，特上街买鱼，晚餐丰富。

2019 年 2 月 16 日父亲去世后，4 月 5 日清明节，他的末七之日，张玉珍的律师向我发出律师函，通知我张玉珍已于 4 月 2 日将我告上北京西城法院。5 月 1 日，哥哥范苗的女儿范可觅在香港《明报》发表了一篇题为《李锐孙女：别了，爷爷，请安息》的文章。实录其中有关日记及"龙胆紫"内容如下：

2 月 16 日晚间，爷爷刚去世的当天就传来消息，大姑关于要捐献爷爷的日记给美国的胡佛战争、革命与和平研究所（The Hoover Institution on War, Revolution, and Peace）并公开的采访摘要传遍网络。对于大姑的言论我们全家人都极度震惊。首先日记原稿大姑是以为爷爷"编辑整理"为名，于 2005 年分期分批偷运出国的。其次，尤其是《龙胆紫集》等手稿，被大姑拿走后，爷爷曾多次索要让她归还，大姑都以各种理由搪塞过去。再次，大姑近年来多次趁爷爷外出，未经爷爷及家里其他人知晓同意，潜入家里书房拿走大量书画、文献等爷爷的私人物品。张奶奶也曾与她发生过争执，要求她所拿物品必须经过爷爷同意，但最后的结果却还是被大姑偷运到美国了。爷爷的全部日记手稿，他本人和张奶奶及我们全体家人都没有过捐赠给美国方面的意愿，这完全是大姑的个人行为，却被她标榜为爷爷遗嘱的执行者，真是荒谬。当然，也许大姑手里持有爷爷的"遗嘱"，但是，我们全家所有人，都没有看到过，听说过。如果有，也希望大姑可以拿出来以正视听，封住悠悠之口。

逝者已矣，无论从什么角度，大姑都不应该再这样消费已逝的爷爷。作为孙女，我于心不安，更不敢想象爷爷的失望和伤心……爷爷，如果我向风里说一声：别了。您能听到吗？如果我说我一定会传承您真正的精神，您还会不会对我眨眼一笑？

2006 年之后，在张玉珍和她喜欢的那些人一刻没有停息的"噪声"中，我和悌忠保持住定力，再也没有中断过整理父亲日记和资料的劳作。现在回想起来，真是要感谢卡玛的眼界，否则李锐的日记和资料，随着他的离世也就灰飞烟散了。

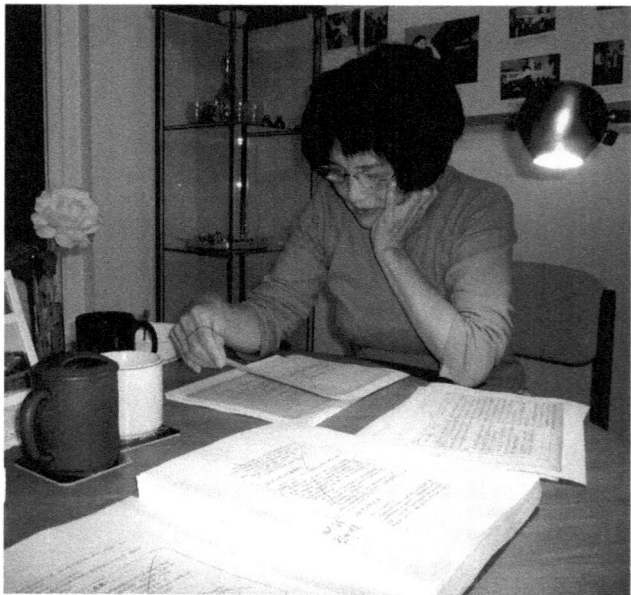

校看父亲日记（2006 年 8 月）

整理李锐日记的曲曲折折

父亲去世后，张玉珍将我告上法庭。有朋友说：你应该把整理你爸资料的过程写出来，让大家知道你和巴悌忠有多么的不容易，否则不知内情的人总向着张玉珍，你也太冤枉了。我回答说："反正那些资料都在胡佛了，这是最重要的，别人爱说什么说什么。我不在乎。"但是既然张玉珍诉我的案子被北京西城区法院判定张玉珍胜诉，那么这就不是"别人爱说什么说什么"的事儿了。回顾整理父亲的那些资料，特别是日记期间的曲曲折折，也是留下一份史实。

张玉珍诉案审判长张涛在判决书中认定的张玉珍提交"证据三"是李锐的一份上网声明，判决书中只断取了一句"……未经我授权，任何人不得擅自发表和出版我的日记（或使用其中部分文字）……"现根据中领馆通过美国联邦快递转给我的张玉珍起诉司法文件中所附证据"李锐声明"（2016 年 7 月 5 日）录入于下（错别字照录，用加黑、下划线标出）：

请世龙同志在网上发表。
李锐 2016.7.5.

李锐声明

十几年前（2003 年？），我同王建国先生签订一份出版本人多年日记（1946 年至 2003 年）的协议。据此，王建国复印了全部日记，进而录为电子版，打印成稿。期间（2009 年？）我曾将仔细校注过的日记（3 年）打印稿寄给王建国，王竟称没有收到（此系挂号邮递，未送达收件人是必退回）。此后，因我精力不足，无暇日记校注等原因，该协议难以实施，自行中止。

由于年迈失忆，我一时找不到协议文本存放在哪里，故多次要求王建国复印一份给我，以便双方正式签署一份终止日记出版的文字（明确已超过日记规定出版期限，原协议废止），王建国始终不予答理。鉴于王建国手中握有上述全部日记的复印件和电子版打印稿，我郑重申明如下：

一、上述出版本人日记的协议，早已失去法律效力，自行废止。

二、王建国不得以任何名义发表和出版我的日记（部分或全部，已经审校和尚未审校的）。

三、王建国须将印制上述日记的一切资料，交还与我。

四、为出版上述日记，一位知我、敬我的企业家张淼，曾向王建国捐赠人民币 40 万元。既然日记出版协议终止，王建国应归还张淼大部分捐助款（扣除复印、录字、印稿等少部分开消）。

五、未经我授权，任何人不得擅自发表和出版我的日记（或使用其中部分文字）。违者当受法律追究。

六、2008 年，女儿李南央编辑《李锐日记》3 册（1946-1955；1960-1965；1966-1979），由美国溪流出版社出版，是我认可的。此前，我曾坚持亲自审校这些日记的清样，但终因年事已高(91 岁)，后又发生心绞痛住院等原因，未能如愿。

七、关于日记发表和出版事宜，我会在谢幕人生之前另作嘱托。如果王建国先生见到此声明，望能主动与我联系。

父亲要就与王建国的协议发公开声明的事儿向我提起过多次。第一次听到，我就立即向丁东询问了那 40 万元的资助是怎么回事。丁东回复了：

南央：你好！

关于王建国和李锐日记一事，时间应在 2002 年，我和李老在宽沟招待所做口述历史的时候，王建国有一好友，愿意出资在香港出版李锐日记，预算可能是 40 万元。当时我将王建国引见给李老，他先期交给李老两万元定金，要和李老签订协议。此前已有人将部分日记用简体录入存在我处，我将电子文本交王建国，他转换成繁体字排出书籍清样。当时想请朱正、许医农等帮助核校。但朱正看了清样以后，感到错误太多，一是录入者有误植，二是电脑软件简转繁造成了更多的错误，一页纸上的错误多达几十处，技术上无法进行。加上日记内容敏感，李老对此时出版也有顾虑。踌躇再三，这个计划只好终止。他们在深圳排版、出清样花出的经费或许有几千到几万元，绝不会达到十万元。经费方面我完全没有经手。王建国也是正人君子，热心出书完全是为了抢救历史。他后来因为协助出版与高官相关的重要回忆录，遭遇过警方压力。此事如果诉诸舆论，会对他产生不利影响。

这就是我经历和了解的情况，希望可以澄清某些传言。

丁东 2015 年 6 月 19 日

2015 年 10 月回国，我向父亲和张玉珍转达了从丁东那里得来的信息，张玉珍一口咬定王建国就是拿了那 40 万元。我心里非常别扭：王建国拿没拿我不知道，我可是亲眼见你从张蓉手中接过预付款，往纸钞上吐着唾沫点数的。

我还保留了另几封就此事同丁东、他的妻子小群的来往电邮，录在下面。当时我们不知道父亲的声明已经写好，一切已于事无补了。

Jul 14, 2016, 5:13 PM

丁东说王建国并未坐过牢。只因出书被约谈过。日记事应找王建国说一下，没有必要发声明。——小群

Jul 14, 2016, 5:46 PM

我没有王建国的联系方式。如果丁东能跟他说一下，并请张蓉跟他一起去看一次我爸，当面说清是最好的方式。 ——南央

Thu, Jul 14, 2016, 6:22 PM

南央，你好！

王建国电话是 xxx，手机 xxx。

这件事前后你我都清楚。王建国要出日记出于善意。搭了钱，搭了时间，没出成，人家也没说什么。再猜疑人家就不合适了。王因参与出书，被约谈过，所以现在行事特别低调。我在炎黄特殊时期和他通话，恐无益。将来你有机会可争取与他面谈。他常住深圳。

——丁东

我想，即使非法界人士，也会很容易地看出张玉珍提供的证据"李锐声明"是针对王建国而非李南央，拿这份声明作为起诉李南央的证据是很荒唐的。

那么，王建国与李锐之间出版日记的协议又是怎么回事呢？我还是用原始文字予以说明，下面是我同大表姐和楼上金树望伯伯小女儿小满之间的来往电邮：

小妹你好！

……只有几天就要过大年了，到处已是过年的气氛了，明天我就回家，年后（初七）才回来。因此提早给你们拜年了！祝你们全家新年愉快！身体健康！

舅舅 47-79 年的日记你开始整理了吗？天天还是那么加班？！千万

要注意身体！不能干得太晚，睡得太晚，望你百忙之中保重身体！对了，你说舅舅 82-2003 年的日记已与香港签定合同，合同对舅舅不利，而且李普与朱正是反对出版的。我觉得这事非同小可！！舅舅 82-2003 年的日记是由谁整理、编辑的？82-2003 年的日记是近 20 年的人与事。有些牵涉到国家与高层人物的大事与个人隐私是不宜或不能公开的，这关系到舅舅的声誉与晚年的安危。李普与朱正反对的原因是什么？李普与朱正可是舅舅的真心朋友呀！我想如果不是因为对舅舅非常不利，他们是不会反对的。舅舅的看法呢？你的看法呢？你要和李普与朱正沟通、交换意见。如果李普与朱正的看法是对的，是有利于舅舅的，那么你要与李普和朱正联合起来，一起说服舅舅，宁可毁约不出版，决不能对舅舅带来不好的影响。舅妈是怎么看这事的？这事让我很不安啊！趁生米还未煮成熟饭，一定要好好处理好这事，拜托了！

　　问候悌忠与忙忙！

大妹

2006.1.24

大妹：你好！

　　也向你们全家拜年。今年春节恰好是周末，我们约了朋友大年三十来吃饺子。

　　李普和朱正反对的理由是时间太近，很多事情太重大、太敏感，许多当事人和他们的子女都还在世，公开了麻烦太多。我爸认为可出删节本。但是李普和朱正认为，这样日记价值将大打折扣。李普的态度是：你为什么一定要生前出，完全可以留给南央，让她在你身后整理出版。去年十月份回国那次，我试图以出版商的人品问题（老三届的男八中毕业生[51]）说服我爸，终止合同，并约了丁东和薛京一起来谈。但是丁东他们坚持出，认为只要出了，就有影响。不要计较出版商的问题和是否删节了不好的问题。我爸还是想生前见到日记的出版，听了丁东他们的意见，并且说妈妈已经拿了人家的预付款，不出书就不合适了。后来我爸将他自己已经最后校好（做了删节处理和注释）的一部分日记交给我，让我拿到美国做最后的勘校。我答应了。一方面想了解日记到底有哪些内容（我没有看到过这部分日记），哪些内容现在发表了会有不利影响；另一方面也想用拖延的方式，将此事拖下来。但是我爸交给我此

---

[51] 即"李锐声明"中说的王建国。

事的第二天早晨，就急急打电话来说此事不让我插手了，说让我在美国做此事不合适。我感觉是，张阿姨的态度是不让我手中掌握一点有关我爸的文字，坚决不让我再插手一件我爸的文字整理工作（作家奚青告诉我，张阿姨对我那封信中所说：家中所有孩子中只有我可以继承父亲的精神遗产，会尽自己最大的努力在余生为爸爸做文字整理工作，最为反感。对他痛哭流涕地说：凭什么只有她能够继承遗产？我觉得她根本就没看懂我的信，我的意思是对物质的东西根本没有兴趣，只希望能够把爸爸的精神遗产继承下来。也确实只有我会不计报酬，没有任何功利之心地认真将此事做好）。在张阿姨面前，我已经是无能为力。她抓住一切机会向我身上泼污水。不知道你是否看完了《早晨的太阳》那部电影。去年十月份我和爸爸一起在家看的。第二天爸爸当着来访的丁东和崔卫平对我说："妈妈昨天说，你在电影里承认自己在文化革命中也打了人。"我当时都不知道该怎样回答了。我说："她听错了，我讲的是我一个好朋友打人的事情。"幸亏看过这个电影的崔卫平在一旁帮了我一句："张阿姨搞错了，南央确实说的是她的同学打人的事。"我爸接着说："对，对，你那时是狗崽子，没有权力打人。"我每年和爸爸接触的时间只有那几个小时，可是张阿姨和爸爸是天天在一起的。这种无时不在的对我的随时随地的泼污水，我是完全没有能力抵御的。对于你们我还可以讲一些实事真相，你们最终也相信了我。可是对外人，我无法解释。因此能够得到的支持太有限了，太无力了。我要替爸爸做事，比如日记和信件（悌忠和忙忙回国时，都帮助我一起按类别整理过爸爸的信件），张阿姨当着爸爸和我指着那些我们辛辛苦苦整理好的信说（放在小玲子单元客厅书柜的顶上，用我从美国带回的文件盒整整齐齐地归类放好）："你留着这些信有什么用，别人早就把这些东西扔了。弄得家里到处都是，没有地方放。"我本来想把整理好的信带到美国，慢慢打印，整理出书。可是张阿姨看得很紧，我根本不可能拿走。爸爸说："妈妈认为你把这些东西拿到美国是里通外国，是为了自己成名。"上次爸爸将"龙胆紫"送给了我，现在每次长途电话都向我要，说是国内有单位要保存。我问是哪个单位要，爸爸又支吾地不告诉我。

　　说了这么多，只想说明一个问题：我的任何话，爸爸都会告诉张阿姨的，她都会认为我有什么不好的目的。因此所起的作用都会是相反的。李普和朱正的意见都已经向我爸表达得很清楚了。还有作家奚青也是反对现在就出日记的。但是丁东、出版商、秘书都认为应该出，再加上张阿姨拿了人家的钱（有一次我在，出版商说今天要给老头子预付稿费，我说：这不合适，我爸他不会要的。但是出版商给了张阿姨，她立

121

即接了过去。我当时简直不能相信和接受这个事实），我没有办法。你还记得那个湖南的女人汪霞[52]吗（好像是这个名字。记得上次去长沙，王敬之说过这个女人的事情）。她为了她的香港老板和湖南的官司，在我家住了好几个月，并认了张阿姨和我爸做干妈和干爸。要知道我回国是不能住在家里的。家里客厅里那套蓝沙发爸爸说就是她送的，现在给了胜利。但是我想这个女人能够长期住在我家，张阿姨能够认她做干女儿，她绝不会只给张阿姨这一点好处。那次从长沙回来，我提到你们说这个女人挺复杂的，对爸爸说："你不是一直提倡法治吗？那你就应该遵守法治程序，不要干涉当地的司法程序。有问题，让他们通过司法程序解决。你根本搞不清楚是怎么回事，以后不要再管这类事情。"张阿姨倒是说："以后这种事情不要管。"我爸说："是你又认干女儿，又让她叫干妈、干爸的啊。你积极得很啊。"张阿姨也无话可说。我爸当时倒是答应了：以后不管闲事了。

我现在唯一的希望是，没有人认真帮助我爸最后做日记的勘校，注释，这件事也就无限期地拖下去了（去年十月，我爸说：你要是能够回来两个月帮助我把日记搞完就好了。我说：太难了。我只能拿回去帮你做。但是第二天爸爸又变卦了）。

也许你在张阿姨那里还有些好印象。如有机会到北京，你再劝劝我爸，或可起些作用。我知道朱正现在长沙，你是否找他一谈，听听他的想法？

还有一事。去年十月我回国，一天大胖子哥哥打来电话，我正好也在。他问我爸 22 号楼的邮编，说是要把五十年代爸爸放在他那里的老蔡司照相机寄还给我爸。我爸当时似乎很不高兴，说："不要寄了。我现在也不照相。"但是大胖子哥哥坚持要寄，我觉得这里肯定也有什么问题。你可以问问大胖子。张阿姨不止一次说过张丽要挂在客厅里的那幅吴作人的"饮清流"，说张丽说是舅舅答应给她的。我爸就在旁边说："我从来没有说过这话。"爸爸还对我说过不止一次，张阿姨认为那些齐白石的画文革中根本没有烧掉，是张丽和大胖子拿到香港卖掉了。要不小昂子哪会有那么多钱到美国去上学。如果大胖子和张丽这两个张阿姨的媒人最后都得不到她的好话，我在她那里不是好人，就一点都不奇怪了。我只希望张阿姨对钱的贪欲在我爸生前有所节制，不要毁坏我爸一世的英名。但是我的力量太有限了。

---

[52] 这里记忆有误，应该是雷霞。

我 4 月 9 日和忙忙一起回国，会住在北京一个朋友家。一个星期之后去西藏旅游（先不要对我爸提起）。到时在电话中谈吧，很多事情，信中写不清楚。

我担心的事情非常多，心里一刻不宁。但是我没有办法。我一直不愿意将很多事情对你们说，过去是怕你们不相信我，会认为我是在和张阿姨争什么。现在是怕你们过于担心，但是没有办法的担心只能徒增烦恼。

不多写了。这一切不要告诉大姑姑，不要让她伤心。

希望这封信没有破坏你的节日心情。一切听其自然吧。"性格决定命运。"这话，即使我爸这样的人也逃不脱吧。

节日快乐！

小妹
2006.1.24

小妹你好！

春节放了长假，直到二月中旬元宵节后才正式上班（开信箱），又忙忙呼呼，一直没能静下来，故回信晚了，抱歉！

的确，看了你的信后，心情有些说不出的沉重，我考虑了几点：

1. 李普和朱正反对的理由是对的，我非常同意。

2·对这点（现在就出日记）她的意见是什么？是要出还是反对出？

3·对这点（现在就出日记），你的态度是什么？你是否当着舅舅与舅妈的面明确地表示过你的态度？她知道你的态度吗？

4·看来她是不信任你，"认为你把这些东西拿到美国是里通外国，是为了自己成名。"因此不让"我手中掌握一点有关我爸的文字"，不让你再插手舅舅的文字整理工作。信任的问题，可以用时间来证明，让事实说话，让实践来证明是非曲直。但舅舅的文字整理工作确也不能停顿啊！你是有这个能力的，会尽自己最大的努力在余生为爸爸做文字整理工作，真希望你能够把爸爸的精神遗产继承下来，完成好这非常重要而艰巨的重任。所以这里有个矛盾、关系的处理问题。你不要放弃努力，尽力而为吧！可能时，我会尽力帮的。

《早晨的太阳》非常好。我们是那个年代的经历者，现在回过头来理智地重新思考，非常有意义，值得保留。现在在同学中广为流传，我们家也每人一份。

我3月6-9号到北京开会，今年4月13日（？）是舅舅九十岁大寿（男做进），不知家里都有什么打算？安排？你正好在京，是特意这个时间回来的吧？要有准备。

祝好！望多多保重！问候悌忠与忙忙！

大妹
2006.2.28

大妹：你好！

十月份从北京回来就已开始爸爸1947至1979年日记的整理工作。遇到一些问题，都是通过爸爸楼上金树望伯伯的小女儿向爸爸询问。下面是最近她发给我的一封电子邮件。从中你可看到，有人替我说说话有多么重要。否则我做事的阻力太大了。

小妹，今天收到你的来信，我下楼去问了你的父亲，他说红笔和铅笔不知道是谁写的，应该是文革交给组织后，什么人看的时候批注的。

还有你父亲谈及你把日记拿走的事，看起来有点情绪，我说实际上小妹很了不起，做了一件非常伟大的事情，你父亲也点头认可了，我说真的是一件很有价值的事情。老头还挺高兴。

小满
2006.2.24.00:05:55 (CST)

小满：

多谢！多谢！

下次如再有机会谈及此事，可告诉老头，我拿走的是CD盘，原件还保存在国家图书馆的善本库内。

小妹
2006.2.23. 08:23:28

好的，有机会我告诉你们老头子日记的事。

小满
2006.2.24. 08:03:45 (CST)

其实我早就放弃"用时间证明"的想法了。我想的和张阿姨所想的根本不在一个层次上，她永远都不可能理解我。我只是希望能够得到我爸更多的信任和配合，在他生前能尽可能地对日记的内容作出注释。说老实话，我对爸爸能够那么轻易地就相信张阿姨说我的坏话是很伤感和失望的。如果爸爸自己亲生的三个孩子都和他很疏远，都是自私自利，一心只想怎么从他那里搞钱的人，甚至"里通外国"，这样到处对人去说，对李锐又有什么光彩的？

上个周末给家里打电话，爸爸说他现在就是大声疾呼三件事："一定要搞清楚三个问题：把历史搞清楚，把理论搞清楚，把这个党搞清楚。"作为李锐的女儿，我愿意呼应他的疾呼。但是作为一介平头百姓，以自己羸弱的学力，我不认为自己有搞清楚的本事，但也并不因此而觉得参与进"搞清楚"是不自量力。要我说，其实看清楚，也就完成了搞清楚的一大半。我已经整理完那本《父母昨日书》，现在开始着手整理 1947 年到 1979 的日记。这些没有任何粉饰的文字让我从一个视角看到了那段历史、那个党，那个党的理论的原貌。希望有一天有更多的愿意参与"搞清楚"的同代人一起与我分享这些资料。我们毕竟曾经天真浪漫、真诚执著地相信过这个党，相信过这个党所编撰的历史，相信过这个党所倡导的学说。不把这三个问题弄个明白，不弄清楚人的生命与任何政党的事业和利益相较孰轻孰重，岂不活得太糊涂、太冤了？

因此，我不会因为张阿姨说我"里通外国"，或者爸爸也认为我有什么"个人目的"而放弃这项工作的。我做这些事，是为了我的良心（我不敢夸口说是"为了国家"），我会在余生尽我最大的努力认真做好的。但是那些没有拿出来的资料（爸爸的来往信件），我是无能为力了。如果你能说服爸爸相信我，将那些资料交给我，当然好。否则只好放弃了。我曾经很不甘心过。但是后来也想通了，再勉力从爸爸那里拿走更多的资料，也许连现在的事情都无法做好了。我一个人的力量太微弱了，我已经尽了力，不必对自己太苛求了。

上个周末我和悌忠出去，已经给爸爸买好了生日礼物。回国时，送给爸爸就行了。本想《李锐家书》1975-1979 那本书能够出来，也算是一份生日礼物。但是编辑最近来信说省里要求必须送审，没有办法，现在正在省宣传部（弄不好还要送中宣部）审查，也许赶不上生日了。这也是无可奈何之事。至于生日如果摆宴的话，张阿姨让我去，我就去；不告诉我，我也就不强问。上次爸爸八十八生日，我说回来，张阿姨说八十七已经过了，这次不过了。我说了几次，张阿姨都说不过了，你不要回来。临走时，爸爸也最后嘱咐："我的生日就不要回来了，打电话就行了。"这才引出我写了那封信。没想到会是那样的结果，除了你，爸爸还给王申生、奚青看了，引来对我的连番批评；没人想想我在那个处境下，说了那番话，就没有一句可同情，可理解的？说实在，那封信我后来又反反复复看了多次，我不知道哪句话说错了，我不知道还要怎么做才算对？现将那封信的复印底稿发给你。希望你现在再读，会有一些不同的想法。

回答你的问题，

2·对这点（现在就出日记）她的意见是什么？是要出还是反对出？

她已经拿了人家的预付款，还有什么可说的呢？

3.对这点（现在就出日记），你的态度是什么？你是否当着舅舅与舅妈的面明确地表示过你的态度？她知道你的态度吗？

我没有当着两个人的面表示过，但是当着爸爸一人明确表示过我的态度，而且上次回国还曾努力过终止合同，记得以前给你的信中提过。但是因为丁东他们坚持，后来爸爸电话中也跟我说："张阿姨已经拿了人家的钱，不能不做，这件事你就不要管了。"如果李普、朱正的意见都没办法阻止的话，这件事情也只能这样了。唯一的希望是爸爸没有得力的人认真帮助他做（他上次甚至说："你如果能够回来两个月帮我就好了。"），此事可能要拖下去。只是每次爸爸校后的稿子都交给了出版商，那人是绝对不会再交出来了。这本书以后会做成什么样子，不得而知，只能希望不要做坏了。

祝好！希望你北京之行顺利！

小妹

2006.2.28

小妹你好！

来信收到！你为爸爸的日记做整理绝对是一件非常有价值、有意义，同时非常重大的事。做好这件事，是一种责任，是一种使命！我非常理解，也非常希望这件事能顺利圆满地完成好。

对现在就出日记，她的意见是什么？据我所知，她是反对的，并邀请李普、朱正、宋晓梦等舅舅的友人来家里共同说服舅舅，并且这事舅舅已经同意暂时不出了。（但我原来不知道她已经拿了人家的预付款！现在又怎么处理呢？）

同时对这事，她认为你是属于同意出的。殊不知你为了这件事的延缓也在努力。所以就这件事你们之间是误会？还是其他什么？我不知道。很遗憾！都是舅舅的亲人，都为了舅舅却不能好好沟通。

她对你是有看法的，恐怕源于六四时期你在香港遇到大胖哥哥时所说的话。这是一个结。解铃还得系铃人。在这里也说不清。在当时那个时候你写的那封信作为"祝寿"是不大妥当的，加之她的敏感事情就变得大了，复杂了（我们可能就不会觉得有什么不得了）。对此我也并非"没有一句可同情，可理解的"，但对这个事还只能从全局、从效果来看。我劝你不要再耿耿于怀了，真的，不利于健康的。

《李锐家书》1975-1979 那本书就是《云天孤雁待春还》吧？还在送审？！那本书确实是最好的礼物！

我明天的火车去北京，我会尽力的。

你四月到北京为爸爸的生日是主要的原因，还是力争住家里吧，只要舅妈开了口，你就不要拒绝了，这对大家都好。

暂到此！问候全家！

大妹
2006.3.4

大妹：你好！

其实反对这件事，当出版人把钱交到她手里时，一句话就全解决了："这钱我不能收，这件事情我根本就反对现在做。"根本用不着事后找那么多人谈。拿了钱，而且我知道就有两次（赞助人张蓉我认识），对于你说的"误会"，我无话可说。

至于"看法"，不同的时期有不同的"源于"，不断更新，不断变化，我也无话可说。

以后我们不再提这件事了吧。

祝你北京之行愉快！

小妹
2006.3.4

小妹你好！

回到长沙后，看到你的回信，我只能十分遗憾！

我这次去北京，舅舅的精神与脸色不如以前，年纪大了，肺功能差了，每天输氧，却抓紧时间思考、写作。对你的整理他是欣赏与理解的。关键是你与舅妈之间的理解、沟通，太难了！还是那句话"解铃还得系铃人"！

不多说了，愿你一切顺利！

大妹
2006.3.13

为了理清父亲与王建国签署协议出版日记的来龙去脉，在录入日记的过程中，我特意将凡提到有关王建国协议出版日记叙述的日期捡出存成一个单独文件，取名"李锐日记中有关王建国办日记"。现将日记中与王建国办日记无关的部分删去，集录在这里。

2002 年 8 月 16 日（星期五）

十点多，丁东与王建国来，谈我的日记出版事。王在香港从事出版，来往大陆之间，钟沛璋《与江一席谈》即由他经办。16 开本（现在时兴），印得很精致。谈版税 10%，但只能按批发价付，只 6%也。篇幅限 100 万字。太多价高（超过 200 元一本），香港不易销售。准备印5000。这些只好都答应再说，总比无人问津好。

2002 年 9 月 21 日（星期六）

九点，丁东和王建国来，谈日记出版事，即时同在深圳的毛卫平通了电话，他同意出五万元帮助。这样就可全部出齐。

2002 年 12 月 9 日（星期一）

丁东取走九十年代日记 12 本，王建国即来京，抓紧复印后校对。

2002 年 12 月 12 日（星期四）

上午丁东、王建国来。还我 12 本九十年代日记，已全部复印。看到我的日记稿费账（20 多万也）。准备这 20 年，5 年一本。有些太敏感、个人事要删去（如富春生活事）。

2003 年 2 月 28 日（星期五）

丁东和王建国来，谈日记事。毛应平资助五万元尚未到手。还听说平江的电视片有关我的一段，"要慎重"的传闻。日记原本 1982 一本缺。2002 也要补上。估计将有 200 万字。

2003 年 7 月 17 日（星期四）

两点出发，接薛京、丁东，从北四环转上机场道。下午近四点到宽沟。……三人谈定工作，先把日记搞好，王建国即交九十年代，想在国庆前后出版。很看中这部书。朱正称，乃当代《翁同和〔龢〕日记》也。

2003 年 7 月 30 日（星期三）

开始看 1985 年日记（丁东已看过）。

上午满起接来王建国和张蓉……王带走 1982、83、84 三本日记，今早又过一次，丁东也过一次。由王、张等经手出版，先付一万元稿费。丁东让接受这个手续。200 万字，先 2000 套，1982-2002，当代情景也。

2003 年 9 月 11 日（星期四）

上午王建国带来 91—94 年日记二校清样……

2003 年 10 月 8 日（星期三）

上午王建国来，交 1995 年日记二校清样。其他 90 年代正交两位熟人细校。"欣赏之至"，细节太多也。

王希望日记年底能出版。

2003 年 11 月 27 日（星期四）

王建国来，又交九十年代日记两年。

2003 年 12 月 28 日（星期日）

王建国一早来，聊到十一点多。……《日记》原准备年底出来，催我快看清样。九十年代送来几个月了，一直没顾上看，如何是好。

2004 年 2 月 4 日（星期三）

下午王建国来，送 99、01、02 三年的日记清样，希望上半年看完。明年能出。逼得将 03 年取走。

2004 年 2 月 19 日（星期四）

下午王建国来，送回 03 年日记本和 2000 年清样。我正式提出，复印件和清样最后都退我，以防散失引起麻烦。谈到八十年代最丰富，以后就差一些。王原来在水电总局工作过，负责过龙羊峡的基础处理。父亲和岳父都是四方面军的。说看过清样的，都认为我是个思想家，国家大小事都关心。应有人来整理我的思想。

2004 年 2 月 28 日（星期六）

上午九点前，奚青、朱正、丁东先后来到。谈我的 1982—2003 日记出版事。奚青有个书面意见。关于价值，都认同有很高的历史及政治思想意义，研究这改革开放 20 年珍贵史料。关于删改，同出版时间有关。如推迟出版，则基本原貌；如急于出版，则有不少必删处，尤其有关人事或某种"隐私"，臧否人物甚多也。丁东趋向早出版，可作些删改。奚青则认为推迟为好，朱正似在两者之间，强调史料价值（如《翁同龢日记》，他读过许多名人日记）。十点，李普来，参加会谈，赞成基本不删为好……95—03 年的，平分与朱、丁看清样，奚青因颈椎病看不了了。玉珍也参加讨论，她是不赞成急出的，总担心我惹麻烦。

2004 年 3 月 31 日（星期三）

四点王建国来，将全部初校"日记"稿与复印件交我。只差 03 年的。

2004 年 4 月 20 日（星期二）

三点多，王建国来，交 03 年日记打印稿，如何得了，什么时候能看完清样呢？恐怕得到宽沟了。

2004 年 7 月 24 日（星期六）

同朱正电话，《日记》印件他找不到了。同程真电话，《日记》原件扫印得一个多月。

2004 年 11 月 18 日（星期四）

几乎同玉珍大拌嘴。晚上朱正送来 95-98 四年日记清样，丢了几个月终于找到，大家高兴。

2004 年 11 月 25 日（星期四）

上午还将《日记》清样等清出，准备看了。

2004 年 11 月 26 日（星期五）

六点起床。开始看《日记》清样，必须坚持下去。前一阵看 1990 年的一本，继续看完。这是一个又容易又不容易（遇到"麻烦"处或难订正处）的大工程。

2004 年 12 月 1 日（星期三）

谈《日记》事，希望明年上半年交稿，包括 2004 年。说杨尚昆1966——去世前日记已准备出版了（玉珍听进去了，也同意我的出版）。

2005 年 1 月 7 日（星期五）

上午王建国来，谈日记事。杨继绳书出来后，最尖锐问题端出来了，日记就更不必顾虑了。将 2004 年的交他。

2005 年 1 月 26 日（星期三）

下午王建国来，还 2004 日记本，送我杨继绳的书，希望上半年能定稿也。

2005 年 1 月 31 日（星期一）

丁东催我将《日记》快审完，别的事少管。

2005 年 2 月 23 日（星期三）

上午奚青来……我的日记他已看过 90 年后几年，说定三月份来帮忙，劝我不要看报了，抓紧办好自己事。

2005 年 2 月 26 日（星期六）

上午王建国来，谈出版事。……日记事，三月后开始。

2005 年 3 月 17 日（星期四）

翻查资料，找出 1991-93 三年日记清样并复印件，交薛京校对。

2005 年 4 月 26 日（星期二）

上午薛京来，91、92、93 日记清样算是看完了。一起清理全部清样，还缺几年，带走 94、95、96。

2005 年 5 月 22 日（星期日）

十点前，许医农、韩钢、朱正，宋晓梦先后来到。他们四人曾经为我的米寿送大盆开花的君子兰和寿联等。今天约来到平江办事处的湘菜馆去聚餐……

让医农一起回来。下午帮着整理那一大堆日记的复印本与排印本。愿意帮作校对，带去 1989，90 两年。

2005 年 6 月 16 日（星期四）

丁东催我将日记等能尽快校外，关于我的"口述历史"，他处已有 50 万字，希望暑假能外出，一起来校定。

2005 年 6 月 28 日（星期二）

朱正、许医农来，他们得以相识。韩钢来（他们都参加陈琼芝告别）。薛京早来，五人一起谈《日记》问题。由于人事、敏感过多，宜等待时机成熟时出版，先校订放下。许写了个书面意见，二校错误甚多，有的难以卒读。有的简语，只有本人才知晓。许还想过物色校订人才。我趁此推向薛京：责任在你也。

2005 年 7 月 6 日（星期三）

王建国、王建勋来……建国希望《日记》年内出来，支持者都主张出（谈到陈小鲁等对我的看法）。

2005 年 7 月 27 日（星期三）

薛京来，将带走《日记》的排印件与复用件装了一大口袋：许医农校订过的二年，薛看过的几年及续看的几年。九点动身，市内走了近一小时始走上机场路。十点半到宽沟。

……

下午即开始看许医农校过的 1989、1990 两年。89 年访美日记已全部插入。

2005 年 7 月 28 日（星期四）

整天看 89 年《日记》清样，许多字和人名，许医农当然弄不清楚。

2005 年 7 月 30 日（星期六）

除了晚上观电视，白天集中校正《日记》，速度快不了，而且要用修正液、错改贴白纸块，还用橡皮也。

2005 年 7 月 31 日（星期日）

六点多起床。即校正《日记》。

2005 年 8 月 1 日（星期一）

《日记》1989 年只剩尾巴了。难怪许医农看得慢，人名多而难认，事情太杂了。

薛京和满起回来，说回去只是为取辞典等。定要抓紧校，每天不少于六小时。两天同我校对难认处一次，以便提高效率，不抓紧不行。

2005 年 8 月 2 日（星期二）

1989 年尾端有一"十年总结"写了十条，很是得当，完全忘记了。只加了离休后一项重要工作，定编《中共组织史资料》。

下午没游泳，全部时间用于校订。

2005 年 8 月 3 日（星期三）

1990 年日记，好像过去看过一部分。

2005 年 8 月 6 日（星期六）

到下午四点半，将 1990 年日记校订完毕。

2005 年 8 月 7 日（星期日）

开始看 1991 年《日记》清样，两个月的。很难快速。

2005 年 8 月 8 日（星期一）

看完了 1991 年 1、2 两个月，这几年薛京看过。速度快不了，比文章麻烦得多。

2005 年 8 月 9 日（星期二）

今天进度慢，只看完三月一个月。

2005 年 8 月 10 日（星期三）

进度慢，只看完四月份，一个月（又多几天）。

2005 年 8 月 11 日（星期四）

只看了五月份一个月。没有散步。

2005 年 8 月 13 日（星期六）

仍挤时看完 8-9 两个月。

2005 年 8 月 12 日（星期五）

仍挤着看完 1991.6-7 两个月。有的地方薛京应当看出而漏过了，向他点出。

2005 年 8 月 13 日（星期六）

仍挤时看完 8-9 两个月。

2005 年 8 月 14 日（星期日）

只看完 9 月份，10 月开了个头。下午基本休息。

2005 年 8 月 15 日（星期一）

十一月份开了个头，只看了一个月。下午几乎全休息，观看电视。

2005 年 8 月 16 日（星期二）

午餐后，薛京同他们一起回城。只看了十一月。

2005 年 10 月 11 日（星期二）

到办公室同薛京一谈，要他抓紧《全集》和《日记》事。

2005 年 10 月 12 日（星期三）

晓梦十一点来，医农随后来……医农谈我的《日记》问题，不同意丁东意见，认为必须等待几年，看形势发展如何。此事反正不能急办，全部校正也须时日。

2005 年 10 月 26 日（星期三）

九点前后，小妹、薛京先后来，清查《日记》，82-89 清样看好后，已交王建国，其他我已看过的，小妹带走打印成书。其他由我续校。程真已复印全部（包括 47-80 前），多余的由薛京带去销毁。

2005 年 10 月 27 日（星期四）

上午九点，小妹、丁东、赵诚、崔卫平、奚青先后来，先谈《日记》问题，还是由王建国负责到底，已有人捐款 40 万支持。所以拖了几年，是由于本人迟迟未能校好清样。作必要删节出版为好。现在哪种好书没有删节？

2005 年 11 月 24 日（星期四）

王建国送来四年日记的打印本（原件找不到了）。谈我的特殊身份与经历，"特殊的史料价值"。《日记》早出为好（还有一派从缓，"百年之后"）。我谈到可印少量未删节本，此事再从长计议。一直谈到十一点半。

2005 年 12 月 2 日（星期五）

下午游 600 米。到办公室，嘱薛京抓紧看《日记》等。

2005 年 12 月 13 日（星期二）

宋晓梦来……带去九十年代三年日记。

2006 年 1 月 3 日（星期二）

上午九点，朱正、晓梦、医农、韩钢先后来到。让他们先看我文章，朱正改了几个字。他们是约好来谈我的《日记》出版事。一致意见是当前决不能出，牵连种种人事太多，尤其上层交往，关系国家和党务，尤不能公开。晓梦先谈，她看过的 1982 年，许多具体人事打问号，尤其相互间优劣，为人等等议论，本人不在，晚辈们见到会追问。韩钢认为凡人事具体议论，许多隐私，不能公开谈，容易伤人，评价多私房话……30 年内不能出。说我非一般人，乃是有名公众人物，介入政坛核心。许医农讲得很激动，牵涉人事太多，后代都会有意见。私房人事评价不可能都公正，关系党国人事太多，"你负不起这个责任"。必须件件订正，不见得都公正，人的记忆都有限，也可能判断错误。当前绝对不能发表。可保存几份，规定何年出版。都谈到罗曼罗兰和普列汉诺夫例子。大家谈到党史之不可信，西路军事件电文都可改动。我谈到有关罗章龙一案的书已编写好了，等待出版（让我作序）。这个类似帮会的党必须尽可能在当代弄清楚，尽量公布内情、事实，应当胆大一点。谈到《廿一世纪环球报导》访谈论事件。这次《十二个春秋》出来是极大好事，藉此可大做文章。

2006 年 1 月 5 日（星期四）

上午薛京来，清理《日记》复印本与铅印本，带走三年他还没看的。

2006 年 3 月 30 日（星期四）

上午王建国先来，催《日记》也。知道我的情况，赞成要害涉私人隐秘者删节。

2006 年 4 月 15 日（星期六）

上午宋晓梦来……还 82、83 年日记。她也是主张"百年后"面世的，涉及人事太多。

2006 年 4 月 17 日（星期一）

奚青来，谈到日记问题，他同玉珍单独建议：找两个人一起校正（付款），从王建国处收回版权。同朱正、医农开次会。

2006 年 6 月 22 日（星期四）

上午王建国来，谈日记事，人事麻烦处可 xx 代人名，还是出版好。

2006 年 7 月 27 日（星期四）到宽沟避暑

五点起床。清理要带走的资料、书和杂物（《日记》已由薛京装入大袋）。

2006 年 7 月 29 日（星期六）

开始看 1996 年的日记。

2006 年 7 月 30 日（星期日）

开始对照原本（复印）校刊日记。

2006 年 7 月 31 日（星期一）

96 年日记还只看到四月份，进度太慢。

2006 年 8 月 1 日（星期二）

六点起床。整天看日记，只到六月份，进度慢。许多人事，有的太敏感，必须删去，如刘青山案的牵连，还有那个泰安判死刑的书记。

2006 年 8 月 2 日（星期三）

六点起床。今天进度较快，看完七八两个月。关键事太多了，人事也太多，许多人名得删掉。

2006 年 8 月 3 日（星期四）

六点过起床。看完 9、10 两个月。

2006 年 8 月 4 日（星期五）

六点起床。校订完 1996 年，97 年看完 1 月。

2006 年 8 月 5 日（星期六）

六点起床。校正日记，1997 年 1、2 两月毕。

2006 年 8 月 6 日（星期日）

97 年 3、4 两月毕。

2006 年 8 月 7 日（星期一）

《日记》5、6 两月毕。

2006 年 8 月 8 日（星期二）

《日记》看到九月半。许多要事都忘记了。

2006 年 8 月 9 日（星期三）

《日记》只看到十月下旬。

2006 年 8 月 10 日（星期四）

《日记》1997 年算是校完。

2006 年 8 月 11 日（星期五）

《日记》看得慢，1998 年只看完了一月份的。确记了许多重要的事情，与自己的思想、观感。

2006 年 8 月 12 日（星期六）

《日记》只校完二月份的。

2006 年 8 月 13 日（星期日）

上午校看《日记》不到两小时，觉气短，喷一次。

2006 年 8 月 14 日（星期一）

看《日记》到四月初。

2006 年 8 月 15 日（星期二）

校订《日记》进度慢，只看了一个月的。98 年 3 月 16、17 两日未排印出来，补写了两页。

2006 年 8 月 16 日（星期三）

《日记》看到七月中旬。

2006 年 8 月 17 日（星期四）

《日记》校看到九月下旬。许多要事，一点都记不得了（如奚青谈江、曾对我的评价）。

2006 年 8 月 18 日（星期五）

《日记》校看到十一月上旬。

2006 年 8 月 19 日（星期六）

1998 年《日记》全部校看完毕。

2006 年 8 月 20 日（星期日）回到北京

将 98 年《日记》最后一天即附录校完。

2007 年 2 月 21 日（星期三）

九点，韩钢先来，随后许医农、宋晓梦来。开始漫谈……他们三人都不同意我的日记出版（要学吴法宪）。

2007 年 6 月 16 日（星期六）

上午王建国来……关于我的《日记》，我表了态，力争细审，或用"删多少字"，以求出版也。

2007 年 9 月 14 日（星期五）

上午薛京来，让他看潘的信等。关于日记王建国仍拟出版（作些删节）。

2007 年 11 月 16 日（星期五）

王建国来，谈定出书。麻烦处（空若干字），如《金瓶梅》。

2008 年 6 月 15 日（星期日）

上午朱正夫妇和许医农来，看望这个出院后的老夫也……留他们午餐，想请许续校订我的那套日记，她事忙未应允，只是感到"人事太复杂"。

2008 年 6 月 17 日（星期二）

薛京来，将全部日记分年同复印本配套理出，以备修订定稿。

2008 年 11 月 11 日（星期二）

薛京上午来，谈日记王建国不干了。那八年校本无下落。

2008 年 11 月 14 日（星期五）

上午薛京来，谈《日记》事，还是告王建国，原安排不动（小妹曾同赞助者联系改约）。已看好的八本王没有收到，是一大怪事。

2009 年 9 月 6 日（星期日）

小妹电话，收到郭全胜带去的《上书集》，西洋参由她买了带回。八十年代后已看好的 8 年日记，她没有参与其事。

这跨越了七个年头，共九十七则日记摘录，是可以还好心人王建国一个清白的，这些记述厘清了他经手日记的出版是如何无疾而终的。

那么《李锐声明》第六条说的经他认可，2008 年由美国溪流出版社出版的"女儿李南央编辑《李锐日记》3 册（1946-1955；1960-1965；1966-1979）"又是怎么回事呢？

2004 年 7 月回国，我知道父亲将他的日记原件散落在奚青、朱正、丁东等人的手中，请他们帮忙校对王建国交付的打印件。我觉得这种做法太危险，万一原件失落就糟了。离京前一天，我将悌忠的中学好友，任国家图书馆参考部信息咨询中心主任的程真请到父亲住处。我跟父亲说，所有的日记原件立即交程真带往国家图书馆善本部存放（不是捐赠），由他申请经费将全套日记扫描后打印成册交给父亲。所有帮忙校对王建国提供录入日记文本的人，均统一使用程真制作的扫描文本对照校对，将王建国以前用复印机印制的纸文本作废。

程真的父亲程学敏先生是水利工程专家，是父亲上世纪五十年代从事水电事业最得力的助手之一，又是三峡工程坚定的反对派，两人同年同月生，生日只差一天，惺惺相惜。程真特殊的家庭背景让父亲信任他，点头同意了我提出的这一做法。我一刻不敢迟疑，立即叫来满起，请他开车从各家取回了日记原件。此时奚青也带着他手里的日记原件到了。父亲、程真、奚青和我四人一起将这些从四处归拢来的日记本一一清点，由奚青列出清单，一式三份，程真、父亲和我各存一份。当我和手提满满一箱日记的程真一同走出 22 号楼时，心中的一块石头算是落了地。父亲在日记中有记述：

2004 年 7 月 15 日（星期四）

王建国和薛京、小妹、奚青、程真来。他们谈定《日记》推出事。将 1982-2003 共 27 本及之前的 11 本原件（从丁东、朱正处取回几本），全部交程真扫描印出（王建国原印出的边角漏字）。

父亲在日记中没有说明年份的 "11 本原件" 是 1946 年至 1979 年 1 月的日记，就是 "李锐声明" 中认可我编辑，在美国出版的三册《李锐日记》。日记的录入是根据程真提供给我的扫描光盘完成的。我保留了当年程真和我们之间的两封电邮：

巴悌忠、李南央：你们好！

李南央今年何时回京，请告我。李锐日记已经全部扫描完毕。

程真
2005 年 8 月 2 日

程真：你好！

谢谢你和你的同事做了这么一件大事。我还在争取今年的九、十月份回去一次。现在老头子那里找人帮忙十分困难。秘书太不得力，可以做的人又有一摊子自己的事忙于先做。我回去后，会帮老头子把最后到底如何做，和找哪些人帮忙，定出一个计划。你手里的这些，一时半会儿还顾不上看。拖到我回去一点问题也没有。

李南央
2005.8.2

2005 年 10 月回国探亲，程真交给我一套完整的 1946 年至 2003 年日记扫描光盘，我开始了 1946 年至 1980 年日记的录入。没有资助、不用求人，只需每天下班后坐在静静的办公室里敲击键盘，文件直接储存进自费购买的外接硬盘。

后来在张玉珍的压力下，父亲在 2007 年 4 月 25 日从国家图书馆取回了存放在那里的日记原件。我得感谢张玉珍对悌忠好友程真的不信任，否则李锐去世后，用不着打官司，当今一句话："给我交出来"，国家图书馆的头头们是决计顶不住的。还是将我同程真的来往电邮和父亲日记中的记述摘录在这里，比我的记忆来的准确。

程真：

关于日记，我早就跟我爸说过，悌忠去年回去也再次说过，日记在国家图书馆，我们不会带到美国。问题是在张的"枕边风"下，我爸不相信这些话，因此我再说也没用，还可能适得其反，反而让他觉得我们之间联系密切，"穿一条裤子"。

最好的办法是，你自己和李 xx 一起立即到我家去一次，说明日记存入国图，除了我父亲本人，任何人，包括李南央在内都不能取走。如我爸还是要取出，就当面约定取日记的日子（最好当时就去），并且一定要让他同意在取的当天陪他参观善本库和他的日记的保管。如果参观完了，他还是坚持要取走，只有让他拿走了，很显然是另外有人惦记着了。一定要当我父亲的面点清册数，由他亲自签收！！！！你们千万要保存好签收条，并请替我复印一份。

日记的事并不孤立。我爸 4 月 13 日九十大寿，坚决不要我回去，说是老太太说"男做进，女做满"，九十不作寿。我姑姑一家本来都和我爸说好了，准备了贺礼，结果也让老太太给推了。老太太将我爸和自己亲人坚决隔开的态度已经越来越明显，手段也越来越坚决。

等待你的消息！

南央
2007.4.14

2007 年 4 月 25 日（星期三）

早餐后薛京来，九点一起到北京图书馆，1987 年盖的新址，程真在门口等待，同我一起来到善本收藏处（似是地下层）。由张志清主任和一女同志接待作介绍，让看最珍贵件：司马光手迹、马克思、恩格斯两页短信，聂元梓的大字报（共六张，展开首尾）等。最后到四库全书藏馆，谈四库还有三套，台湾、兰州各一，全书共八亿字，当年有二千多人抄写。我的卅八本日记，放在鲁迅、梁启超等书稿收藏柜处。（让看了鲁迅等原件）。边看边谈，我讲了些于此有关往事。如烧焚两案中周的手迹等。他们用一只箱子让我带回全部日记，写了个"暂收回"收条。

Thu 4/26/2007 7:36 PM

Hi Nanyang,

Wednesday morning Lirui came to our library with Xue Jing, they visited the rare book stack, talk with the head of the department and Li Xiaowen. And took the 38 dairies back to home.

Best,

Cheng Zhen

（星期三早晨，李锐同薛京一起来到我们图书馆，他们参观了善本部，与善本部主任李小文谈了。将 38 本日记取走带回家。——程真）

父亲那边，对王建国出版日记异议纷纭，反反复复，拖拖拉拉，不见成果……我这边，2008 年 5 月《李锐日记》一册出版，6 月二、三册出版。这套日记的第一册清样父亲是看过的，我至今保留着他校订过的那些印页。后来我看他实在看不动了，就对他说，1980 年前的日记都是你不在高位时写的，你既然同意我的原则：不删、不改，就不用非自己再看了，你相信我就是。父亲同意了，他在那份"声明"中重复了他当年的态度。我真是觉得只有脑袋高度进水的审判长才会将张玉珍提供的自打脸的《李锐声明》作为判决证据。父亲的日记中有这样一则记述，录在这里，以为史证：

2007 年 10 月 7 日（星期日）

翻看小妹编印的《李锐日记（1）1946-1954》大 16 开，封面用朱维民画的头像，注解很详细。真是不容易。好些人名她弄不清楚，非对照原本不可。

其实对这三册日记的出版，父亲的态度也是翻来覆去，一会儿同意，一会儿又不同意了。我坚持着自己的录入工作，任你万变，我不离其宗。这期间，王建勋对我的帮助至要、至重。建勋是 2016 年 6 月 23 日因病去世的，如若他在，父亲去世后我的处境不会如此的艰难。现将我和建勋的几封来往邮件放在这里，纪念他对"李锐日记"和"李锐口述往事"的存世给与我的帮助，感谢他在父亲那里为我做的工作。另外还有一封程真的电邮也夹录在这里，算是还原当年的"实况"。

南央：

你发过来的 10 篇文章和在你老爸病房里你为我们照的照片，今天收到了。《从"残酷"说开去》中说你老爸的那句他什么时候能"把白手套也掷向自己的面颊"，说得真好！记得 20 日中午请你吃饺子时你曾说过这句话，不过当时不得要领，看了此文才完全懂了。就《从》文题目，贡献两点意见：一，"从 xxx 说开去"一类的老套话语，已被人用滥了；二，这个题目适用于较严肃的杂文，与你的散漫悠闲的散文笔法不对路，给我一个身穿休闲服却戴了顶红五星绿军帽的滑稽感。《邻居的老爹》，结尾那句"白、黑、黄，全齐了！"写得真棒，神来之笔！希望以后能常读到你的大作。无以为报，奉上我前天刚完成的一篇习作，见笑了。

今天上午给满起打了一个电话，得知你老爸这几天精神不错，嚷嚷着要出院。但因会诊尚未进行，恐怕还得住一阵子。你嘱我的事，再次向你表个态：待老头出院回家，我会努力去试试。《李锐日记》绝对是个好选题，你一定要把它做好。事毕之日，你将功德无量！

春安！

王建勋

2008.3.26

整理李锐日记的曲曲折折

建勋：

　　谢谢你认真提出的意见，那个题目确实不好。如果改成《革命的残酷、残酷的革命》你看如何？此文在《争鸣》发时，他们就将题目改了。可见都觉得我的题目不好。我过去是太不注重文章题目，这个毛病得改改。待《李锐日记》出版时，希望此文能同时在大陆发表。

　　"把白手套也掷向自己的面颊"，你认为"说得真好！"我真心感谢你的理解和认同。可一个姓顾的人恰恰就是就这句话告诉我爸，说我这么说给我爸造成的影响极坏，说我今后为了得名、得利还会继续做下去，说："我看她是受了某种势力的利用。"我爸拿着顾写有批语的从网上下载的文章给我看，特生气。我这次回去与我爸聊天，感到"白手套"和"纪实引起的麻烦"一文中我对他的"批评"，令他非常耿耿于怀。他明确告诉我："身后的所有文字留交朱正、许医农、宋晓梦（我爸原话："你并不了解我，宋晓梦了解我，她写那本书采访了一百多人，她就像我的女儿。"）和韩刚四人，他们谁身体好，谁愿意整理我的文字，就全权交给他／她处理。"我整理好的 1947-1979 年的日记，是费了很多天的说服，他才最后同意出版的。他的"口述历史"因为实在没有精力整理了，也同意由我帮他弄出来。当然，张阿姨的态度对我爸影响也很大。她认为我不是党员，人又在美国，一直对我整理的《父母昨日书》，《云天孤雁待春还》和继续整理《李锐日记》持坚决反对态度。我觉得，这里面没有她，没有她的照片，"昨日书"中有我母亲的照片也是令她不满的原因之一。我爸让将《云天孤雁待春还——李锐 1975-1979 家信集》原扉页题词："亲情是水、是阳光，是蓝天白云。谨以此书献给我的两位姑姑，没有她们，我的父亲不会活到今天。"改成"……感谢她们过去对我父亲的亲情"，并在序言中加入感谢张阿姨的话："没有她的照顾，我的父亲不会活到今天。"并在书中加入张阿姨的照片。张阿姨是在我爸平反复出后和他结婚的，我整理父亲史料的一贯原则是：尊重史料的本来面貌，不删、不添、不改。我没有接受我爸的意见，只是将"没有她们，我的父亲不会活到今天"一句删去，尽管十分地不情愿。你知道这些情况，大概有助于你"对张阿姨做工作"时如何选择切入点和斟酌话语。

　　你的文章是否将刊在"领导者"上？文字上提了点意见，供你参考。（见附件，还有那篇让我爸不高兴的文章）。朱正先生一定会赞同你的观点的。

能够交上你这样一位新朋友真的很幸运。

祝好！

南央

2008.3.26

南央：

昨天去看你父亲，他恢复得不错，还兴致勃勃地把他自创的一套保健操做了一遍给我看。为了再现实境，他甚至跑到阳台上去做，叫我在室内隔着玻璃看。可惜只能看到背影。九二高龄的老翁童趣天然，可爱天真。张玉珍也在座，我就把话题转到《日记》上来。你父亲说：1982年至今的日记已整理、打印好了，何时出版，目前有两种意见：一、现在就出；二、待我死后再出。我还没想好。我问：那就不用再麻烦南央了？你父亲和张玉珍均未正面应答。今年春节你临走时托我之事，就是这个情况。

从新来的《炎黄春秋》上读到你的大作《摘记》。金敬迈的这本书，徐跃也送给了我，我是一口气读完的。你在文中的若干感想，我也曾心有戚戚焉。三篇近作一并发给你。

夏安！

王建勋

2008.6.15

建勋：

谢谢你还惦记着。说是已经整理好，打印了，那是托词。我在北京时和我爸聊到 1982 年后日记，他还说出院后自己校对打印出的那些东西，进行删改，不需我做。此事只能是如此而已了。1947 年至 1979 年《李锐日记》，80 余万字，1、2、3 一套三册七月初可望全部印完。还是《云天孤雁待春还——1975-1979 李锐家信集》的美国出版社：溪流出版社出，小批量印刷。第一册两本样书将由 6 月 23 日回国的一个朋友的孩子带给老头儿，余下二册再设法托愿意帮忙的朋友陆续带回。现在托运行李限制，还要加付托运费，不大好找人托带书了。希望老头儿看到这三册书后高兴，也许因此能让我接手他以后的日记。不过这是听天由命、顺其自然之事。

知道老头儿能够顺应身体现实，用健身操代替游泳，十分欣慰。谢谢你转来的好消息。

我那篇"金"文，删了很多，有些接不上气了，也是无可奈何之

143

事。我已是非常感激吴思能答应刊出了。大概大陆也唯"炎黄春秋"敢如此刊登吧。

谢谢发来文章。一定认真拜读！

南央 2008.6.15

程真：你好！

其实我和我爸的关系从来就不取决于我爸，只和我继母对我的态度有关。我做的事情越多，我爸越高兴，她就越要说我的坏话，我爸就只能跟着她的意思说。现在我爸身体越来越差，也不能游泳了，更要老太太照顾。这次我爸心肌梗塞住院，我赶回去在医院陪了我爸两个星期，老头子最后说："我知道你对我好，可是我必须要张阿姨来照顾我，这是没有办法的事情。"事情只能这样。所以你说的那个"关系能好些"是根本不可能的事情。老头子这次能够同意将这三册日记出版已经很不错了。开始并不高兴，也很紧张，待结果出来，杜导正、朱厚泽，一些老人都说我的文章写得好，事情做得好，老头子才真正高兴了。在医院我爸同意在美国出版 1979 年前日记时，曾一再追问我 1982 年后的日记我是否有光盘，我告诉他没有，他一再严厉表示绝不让我插手此事，说要让朱正、许医农、韩钢、宋晓梦四人管。朱正、许医农、韩钢其实早就向老头子表示过多次，这事只有南央能做，我们做不了……此事也只有等老头子百年之后再说了。

我总觉得你没有体会张阿姨对我爸的控制能力，总以为我爸那样水平的人，怎么能够让张这样的人控制了。其实看看他和我妈妈在一起时，就因为我妈反对，结果就不让自己的母亲进门，老太太一辈子就盼着能在儿子家住一天，最后没能实现这个愿望。从本质上说，我爸他们这种共产党的高级干部是很自私的，习惯了所有的人都是为他服务。张阿姨伺候他的生活，我为他做文字工作。其实我更是为了历史，为了我自己自觉承当的责任，不是为了我父亲如何。

南央
2008.7.12

南央：

今天上午去锐老处将他最后的改定稿取回，现发给你。老头上午很高兴，谈了两个多小时，又拉我去书房，从写字台的抽屉里取出一件又一件文献，说"我有许多'宝贝'。"原来他是想让我帮他整理。被我婉拒了，我推荐了许医农。老头抬起头来向我翻了几下眼睛，兴致立减不少。吴思同意 28 号下午在《炎》见面，但提出待你落地后，把尽量准确的钟点电话通知他和我。

等你回来。

王建勋

2009.10.14

建勋：

没想到你竟然真地催要到了。多谢！多谢！老头子改的几处都很好，说明他脑子还是十分清楚。

左起：一青、安泰（黎澍的女儿）、李锐、一青丈夫、邓伍文、王建勋
（2013年10月11日在父亲家）

你为什么不答应帮助老头子整理呢？老头子身边真是没人帮忙。他曾欲将日记交许医农编校，结果许医农看了几页便给我急信，说这事应该由我做，她实在是做不了，事情和人名都不熟悉。除你之外，奚青也多次劝说我爸将他的资料悉数交我，说只有南央能够尽心尽力整理好。我爸明确地告诉奚青，不让我帮助他整理资料是薛京和张玉珍的意见，并且态度十分地坚决。老头子其实应该明白，这就是中组部的意见，他们不过是执行党交给他们的任务罢了。但是看来老头子并不死心，绝不想交给薛京（这是薛京一直想得到的）。不知你是否能够改变初衷，接下这件事情。老头子能这么相信你，也表明你在张玉珍那里是个通得过的人物。抢救下老头子手里的宝贵资料，不要被日后拿到潘家园卖钱或者被上交中组部毁掉，是太重要了！切盼你能再思量思量，接下这件事情吧！哪怕先拿到资料复制一套留在手中也好，对于咱们这些人来说，老头子手中的东西，文献价值远远大于"文物"价值。祝好！

南央

2009.10.14

南央：

吴思恐怕不能在 30 日下午与你见面了，彼时他身在广州。你策划的 30 日下午的见面会，三缺一，时间和地点你来重新考虑、安排吧。

至于替锐老整理文献事，感谢你对我的信任。基于责任重大和时间太长这两个原因，我真的难以胜任。失去这个极好的学习机会，我也很遗憾，愧对老人家。

秋祺！

王建勋

2009.10.17

建勋：

我理解你的考虑，有时很替我爸伤感，两次婚姻都很不幸。我是很愿意为他多做些事情的，也相信能够做好，却无能为力。怨不得别人，是他自己的选择。

祝好！

南央

2009.10.18

《俞润泉书信集》和《李锐口述往事》

2008 年 6 月《李锐日记》三册出版后，我与同一家美国出版社谈好，出版《俞润泉书信集》。编辑这本书时，我感到父亲的态度有了很大的转变，积极配合，几乎是有求必应。有一次回国，他拿着书真诚地对我："你这本书编得很不错，很好！"这里摘录下几则父亲在日记中的记述：

2008 年 6 月 23 日（星期一）

从窗下那一大堆资料中，清出俞润泉 1999 年的几封信（编《诗词本事》）。南央正需要这些信件，为俞出书。

2008 年 7 月 4 日（星期五）

上午薛京来，将找出的俞润泉的信已交他复印，却忘记了，仍继续找。因南央来信（楼上传的 Email），此事由朱正和她负责编辑出版。今天又找出两封交薛京，让薛到满起家，从南央过去整理的文件、信件找出俞的信并王元化的信（薛说过去复印寄出过）。

2008 年 7 月 8 日（星期二）

五点半醒来，六点起床。翻看《日记》(1)，许多人名我都忘了。

上午薛京来，让处理信件，让看《日记》等。他取走《领导者》22 期。俞润泉的信件已复印，连同照片，让薛寄与朱正。小妹为此事有信。

2008 年 8 月 26 日（星期二）

上午作字二个小时。为钟勤昌写《路魂》、《上古神话演义》剧名（写了二三副）并诗条幅，为南央要的《俞润泉书信集》写书名，为韩钢写条幅。

2008 年 8 月 27 日（星期三）

昨天为韩钢写的条幅和为《俞润泉书信集》写的书名，不知玉珍塞到哪里去了，遍寻不得，只得重写。

2009 年 2 月 22 日（星期日）

真没料到，小妹和忙忙回来了。昨天到的，住在大姨家。带来 250 磅书，安全过关。她不敢打电话，怕有窃听，过海关麻烦。《俞润泉书信集》印得很好，大 32 开，380 页。我将又找出来的一叠俞信又交与。

2009 年 8 月 5 日（星期三）阴

上午清部分资料，又发现俞润泉一封信（大概 95 年），读我三峡文流泪了。

《李锐口述往事》一书源于 2002 年 3 月至 8 月崔卫平和丁东完成的采访，丁东将根据录音整理出的记录稿交给父亲后，他只整理出一篇"上学"，以后就搁置了。完成了《俞润泉书信集》后，我试着跟父亲说，他的"口述"是否由我整理，这件事拖得太久了，再拖下去可能就要彻底黄了。父亲痛快地答应了，这是从未有过的事情。没再说：这事儿不用你管，有韩钢、宋晓梦、许医农……大概这么多年，他看出来了，只有我这里源源不断地完成了一本又一本他的史料集"昨日书"、"相册"、"家信集"、"日记"三册，还为俞润泉先生完成了一本"书信集"。不需要任何财力资助，没有给他带来任何麻烦。录一则父亲的日记于此，他记了我为他整理的照片派上了用场。

1998 年 6 月 21 日（星期日）

下午三点晓梦先来，传稿清样中多处为责编缺历史知识误改，得一一纠正过来……《传记》照片近 20 张，是小妹复制的。封面不错，名字乃本人书写体。

父亲接受了我在《争鸣》杂志连载的方式，答应他一定按时完成对我发给他稿件的审阅。为了这件父亲愿意做的事能够顺利进行，我跟丁东商量："咱们要想将事情做下去，一定要取得张阿姨的支持才行，她若从中作梗就不好办了。能不能把每期的稿费都给张玉珍，你、我都不要。我知道作为女儿为父亲做事是天经地义的，对你这个外人，花费了那么多的功夫进行采访和将音频文件转录为文字文件，这样要求是很不公平的。"

丁东连磕本儿都没打："好！就按你说的办。你整理好一篇就立即传给我，我看过即给李老送去。"

当我回国将得到的第一批稿费交给父亲时，父亲问我："稿费给了丁东没有？"

我说："我跟丁东说好了，稿费全给你，我俩都不要。"

父亲立即说："这不好，丁东的一定要给。"

我说："丁东没意见，同意都给你。"

父亲更加坚定地说："这不好，丁东的一定要给。"说着，将装稿费的信封退回给我。我的眼眶湿润了：老头子是个好人！

我当着父亲的面取出一半，将信封送回给他。他冲着张玉珍房间门努努嘴，小声说："你拿去给她。"我照做了。从信封里拿出《争鸣》的稿费收据给张玉珍看，说："这是我爸在《争鸣》上发表文章的稿费，他说让给丁东一半，一半给你。"张玉珍收下了信封，什么也没说。隔日见到丁东，我将他的稿费给了他，说："老头子一定要给你的，你收下吧。"

丁东问："你拿了吗？"

我说："我不该要的，你和我爸对半。"

丁东二话不说，打开信封数出了一半的数额塞给我："咱们三一三十一，一人一半。别争了。"

待《争鸣》连载完，交给了张玉珍最后一笔稿费。一天父亲悄悄地对我说："她说没有拿到多少稿费。"我愣了，不知该如何回答他。

父亲摆摆手："算了，随她去。"

我看出父亲没有不相信我的意思，就和他聊开了别的。写这本书时，我计算了一下《争鸣》连载"李锐口述"的稿费，总计56 期，36,560.46 元港币，张玉珍得 18,280 元港币，我和丁东各得 9,140 港币。我的《我有这样一个母亲》上海版稿费是 2300 元人民币，香港版稿费 56 美元；美国溪流出版社出版的三卷本《李锐日记》，《云天孤雁待春还——1975-1979 年李锐家信集》，2008 年至 2019 年十一年间，总计得稿酬 806.37 美元。对于我，从争鸣那里得到的"李锐口述"的稿费是很多的。

我在父亲日记中搜到几则我交他稿费的记述。

1999 年 12 月 18 日（星期六）

晚上十二点南央和忙忙到家。她把我的两篇文章介绍给《当代中国研究》，得 600 美元稿费。谈到一点就寝。

2003 年 10 月 19 日（星期日）

小妹八点来……带回一堆书刊与我（有《晚年周》等）还有 120 美

元稿费。

2004 年 6 月 28 日（星期一）

续翻《开放》等。我的十多首诗在《动向》、《争鸣》隆重刊出，附有照片。小妹带 560 美元稿费。

2010 年 7 月 24 日（星期六）

小妹同丁东来，出示改好的"延安整风抢救"一段。给我三本《争鸣》和稿费三千多港币。

2011 年 12 月 17 日（星期六）

早餐后，南央突然来到，她是出差绕北京停两天。带来近两期《争鸣》，稿费交玉珍，还有些药物。

我自己从来没有给过丁东任何物质的感谢，唯一一次想送他一套三册《李锐日记》，还让别人抢做了人情。这是那次我给丁东的电邮：

丁东：

笑梅的弟弟 7 月上、中旬回国出差。到时托他给你捎上《李锐日记》（1）（2）（3）一套三册。我本说要自己送你，笑梅说，你给了她很大的帮助，这套书由她送。我也就顺水推舟，把这个人情送给她做。一笑。

盼你能忙中抽闲，写篇文章"推荐、推荐"，若能连上次那册《云天孤雁待春还——李锐 1975-1979 家信集》将文章一起作了，就再好不过。

拜托、拜托！

我现在整理俞润泉书信，想帮俞先生出本书。他为《李锐诗词本事》出了那么大的力，一生又如此苦涩、坎坷，我想为他把这件事做好，之后再开始整理我爸的那些"口述"。

代问小群好！

南央

2008.6.15

整理父亲日记时，看到他在一则日记提到了《李锐口述往事》。录在这里，有此一句，我知足了。

2009 年 6 月 20 日（星期六）

丁东来，交我小妹整理的口述历史延安部分 6 万字，真是大工程。关于江的情况要谈一次。

我本不认识俞润泉先生，只是在整理父亲的资料时，这个名字常常出现，就上网查了一下，结果搜寻到了与"美食"有关的不多几条。我对家乡菜极为眷恋，想从俞先生的美食文章中讨得一、二个菜谱，便给朱正先生发了一封电子邮件，询问他可存有俞先生的美食著作。朱正告诉我，他没有俞的美食书，但是存有一本朋友们自费为他出的纪念文集，可以送我。2008 年 3 月回国探望住院的父亲时，果然就从他那里得到一本。4 月份去华盛顿探望女儿，在飞机上一篇篇地读下去，心里大哭了一场又一场。

从华盛顿回来，我给朱正先生发了一封信。

在父亲家与律师夏楠（左二）和夏霖（左三）商谈就首都机场海关没收《李锐口述往事》一书提起行政诉讼

朱正叔叔：

看完所赠《尚留浅笑在人间》，心里挺难过的。他那样的病体，还参加替我爸作了"诗词本事"。这本书是我现在为父亲整理资料时常翻看的。

有个想法，不知你以为如何：想给俞润泉先生出本信集。

现在人们都不大写信了，电话、电子邮件，画字的事也只有你们这些老先生还作了，不过连李普也是用电脑写文章了。"写信"作为一种文化，说不定也要成为历史。看了纪念集，几乎每一位写文章的朋友都提到了他的信。一位如此有才华，却不能说话的人，将其所思、所爱，对朋友的一往情深全写在了纸上，不能说是绝无仅有，也是凤毛麟角了，更何况信又写得那么好。留下他的信，也算是对"信文化"的纪念吧。

等待你的意见。

南央

2008.4.24

朱正的回复是：

南央：你好！

你的想法很好，我很赞成，他给我的信，长沙家中大约还能找到一些，令尊大人处和钟叔河处都有……

此后不久，我得到了俞润泉夫人张孝雍女士的同意和周实兄的允诺：

南央：信接。知你心意。既然你如此想做，就叫他们将信寄我吧。收集齐了，我再给你。

周实兄首先转来了他的二位邻居李冰封、钟叔河先生的来信。李冰封先生说：

俞先生的这些信，有史料价值。但整理起来，还颇费时费力。周实兄发出这些信，也需费大力。俞先生生前的友好，都十分感谢你们二位，铭记你们二位做了一件大好事。

钟叔河先生写的情浓得抹不开：

"人总是人，人只有人的力量。"周作人此语说得何等好啊。"大家都生活在可怜的人间。"编他的信集，也就是在这个可怜的人间，为一个可怜的人留一份实录。这的确是很有意思的。既痛逝者，行自念也。呜呼！

前者从大处："史料价值"，后者从小处："留一份实录"估价了这本书的意义。

周实兄从长沙源源不断地发来了那里俞先生的朋友和亲人送去的信件的扫描件；朱正先生拿着他那张离休老干部免费乘车证在北京跑路，从不同处收了信，亲自送到我朋友的家中。在钟叔

152

河先生的指点下，我又麻烦了采访过父亲的旧金山湾区华语电台著名节目主持人史东先生，帮我寻访到俞润泉先生的中学同学，现居洛杉矶的黄美之女士……最不能相信的是，黎体贤、刘皓宇先生这样的年龄，居然能够使用电子邮件，从太空中回答了我一次次的询问，补发来一份份的资料和建议……这般的热心热肠，让我触摸到妻子、朋友们对俞润泉深深的情和爱。我真是替俞先生高兴：他比现在那些腰缠万贯的富翁，爵高权重的大人物们要幸福得多，富有得多啊！他若在天有灵，是会笑出声的。

俞润泉先生是个小人物，但是他与大人物和大时代有着不解之缘，是那种组成大社会的小人物。1945 年毛泽东赴重庆与蒋介石和谈，此历史事件当时只有四篇报道：国民党《中央日报》的二百字短讯，夏衍在共产党《新华日报》上发表的二千字文章（俞润泉给友人信中认为该报道很不真实），彭子冈（《大公报》）传诵一时的千字报道《毛泽东先生到重庆》，再一篇就是当时年仅十九岁的俞润泉为《国民公报》所写：《毛泽东氏昨日由延安抵渝——本报记者与之握手言欢》。那天他确实是和毛泽东"握手言欢"过。这件他引以为无尚荣光的事，在共产党掌权初期的肃反运动中，却被指为受中统派遣，欲行刺毛泽东。

俞润泉的父亲俞峻（字笏山），是湖南著名的律师，湖南大学第一任法学系主任，其远房姑母为戊戌变法后著名反清女侠秋瑾。他被以反革命罪判刑劳改时的囚居之地，居然是秋瑾夫家的宅第，俞笏山先生当年曾奔丧于此，半个世纪后在同地探望"罪犯"儿子。以诗赠子："昔年怀愤埋忠骨，今日忧愁探逆儿，应知此是非凡地，莫负春风化雨时。"又过了近半个世纪之后，2000 年俞润泉忆及当时情景，"痛哭一场"，依旧是唾面自干："想到当年罪孽深重，不自殄灭，累及父母妻儿。"俞润泉还有一个表亲，是 2007 年才卸任的人大常委会副委员长成思危先生。

1949 年的夏天，俞润泉在广西大学法律系读四年级，回长沙父母家过暑假，适逢长沙解放，便留下考入由李锐任社长的刚刚创刊的《新湖南报》新闻干部训练班学习，后留在报社副刊工作，满以为缺乏法律人才的新政权会量材善用他这法学世家子弟。想不到的是，李锐调往北京后不久，他便与今日的文坛名人朱正、钟叔河一同打入"四人小集团"（另一人为张志浩）。三反、肃反、反右、文革，劫劫难逃。在矿井口下钩、背过死尸、在街道拉板车、刻钢板、茶场种茶……1979年终于获得平反，被还以清白之身。但仅仅三年之后，诊断出喉癌，施行了声带全割术，从此不能说话。失声后，他为"讨酒"不得，与妻子冲气，在家中水泥地面、墙上、门上，满天满地地乱画粉笔："晚来天欲雪，能饮一杯无？"；与朋友的交往亦转而全靠纸笔。这是俞润泉独有的故事：非失声，不会将声对声的沟通，变成纸墨的交流；非重情，不会如此地勤于笔耕，将自己的所思、对友人的所念，游行于笔尖，留下了几可等身的书信才情。

朱正先生在为此书所写的序中说，俞润泉的信"折射出了一个大时代的历史细节"；钟叔河先生说，他对俞润泉才情的企羡可以用一个日本人写的两句汉诗来形容："一种风流吾最爱，南朝人物晚唐诗"；父亲李锐为这本书写了两幅书名题签，让我挑选，俞润泉在他心中的分量由此可见。

我以为俞润泉书信的史料价值，绝不在我为父亲整理出版的那些书籍之下；又因俞先生的家庭濡染和深厚的旧学功底，信中的诗词、文字的文学价值也不可低估。更何况俞润泉先生所经历的苦难，如今并没有消失，只是具体情况的不同，本质上并无区别：轻蔑人、轻蔑生命。

俞润泉先生在去世前的两年，给自己写下了一幅挽联："借酒而歌不欲微才污盛世，乘风以去但留浅笑付人间"。在经受过那么多的痛苦和磨难之后，能以淡淡的含笑回看过往，直视无法发声、病痛日夜缠身的今天，面对即将离世的无奈，这是一种何等的彻悟？！

整理《俞润泉书信集》的过程，是我聆听俞先生教诲的过程，那是一种无声春雨的浸润。没有编过他的信集，也许我现在写出的只是一篇有关张玉珍的文章，而不会是一本书。俞先生说：

我完全同意李辉先生的意见："梳理历史诚然需要宏观描述和概念归纳，但这一切都应该建立在大量历史事实、细节之上，不然就会失之片面、笼统、甚至虚假……"我们将什么留给后代呢？除了黄金、白银，还应当有白纸黑字。

2020 年 3 月 16 日，张玉珍通过她的美国律师，向奥克兰地方法院递交了对斯坦福大学胡佛研究所和李南央的反起诉状，诉状中将《俞润泉书信集》和《李锐口述往事》（连同美国溪流出版社出版的三册《李锐日记》，《云天孤雁待春还——李锐 1975-1979 家信集》；以及《父母昨日书——李锐、范元甄通信集》，《我有这样一个母亲》和《我的父亲李锐》等著作）诉为受她保护的作品，她是唯一的版权拥有者，按照中国的版权法，这些书及其衍生作品的出版权和再版权归她张玉珍一人所有。李南央未经她的许可，擅自出版了这些书籍，侵犯了张玉珍作为唯一版权所有人的权益。我的妹妹范茂，将根本不存在的"《余润全信函集》中范元甄文字材料全部原件"列入她在北京东城区法院起诉李南央和胡佛所的争议标。

我这辈子见过的无耻算是够多了，但这两人的无耻还是超出了我一切的想象。

父亲的那些字画和房产

父亲到底收藏有多少字画我不知道，也无兴趣，只能列出以下短短的清单。前四项是张玉珍进入 22 号楼前就有的：

1. 李锐存字：毛泽东字（两幅），康有为、梁启超（各一幅，李锐平反复出后大姑姑从长沙带到北京），郑板桥（一幅）。

2. 李锐存画：任伯年（两幅团幅），吴作人作品《饮清流》（李锐落难时曾赠予照顾他生活的二姐李英华长子李力康，平反复出后索回，一直挂于 22 号楼居所客厅），齐白石、徐悲鸿、黄胄等。

3. 爷爷李积芳炭笔肖像画。

4. 王申生作：李锐磨子潭油画肖像

5. 李锐肖像画：严培明（享誉世界的华裔法籍画家）、王申生、李斌、刘宇一、夏葆元、朱维民等人作品。

父亲日记中的记述是 2001 年有藏画近百幅：

2001 年 12 月 30 日（星期六）

上午将客厅与书房的字画更换数幅，挂出齐白石弄雏图，刘宇一此画还是不错的，客厅换上两幅山水（徐希）并加挂吴待秋的梅花（文革幸存物）。清理了字画小柜，总共近百轴也。书房增加湖南诗界同人的八秩祝寿诗（刘人寿撰：笔底千秋史，胸中万顷澜）。

外公送给外孙女忙忙的画

父亲曾经送给我女儿忙忙一幅程十发的画作，还在画面上题了赠签："忙忙珍藏之——外公"。父亲日记中有记述，内中提到的"枇杷"落款是柳村作品，何许人也不得而知。写这本书时上网查了一下：柳村（1920-2015），当

156

代花鸟画家及版画家。原名柳遵韩，字景文。浙江省花鸟画研究会（后改名浙江省中国花鸟画家协会）会长。只不过我这个外行眼看到的是画面一片漆黑，并不喜欢，从来没有悬挂过。

2000 年 5 月 17 日（星期三）

清理书画小柜，找出为自己写的"盖世能源"词，程十发送的"少女小鹿"图，和另一幅某某"枇杷"，准备给小妹和忙忙。

2000 年 5 月 21 日（星期日）

下午为两幅字画题款"悌忠、小妹永存之"，"忙忙珍藏之"。

就是这次父亲送了我们字画后，说我贪图父亲藏画便成了张玉珍对家中来客不断控诉的我的新罪状，且愈演愈烈。2017 年 2 月 5 日，小满用电子邮件转来父亲写给我的一张小条的扫描件：

你从我书房小柜中取走的悲鸿大册页手稿，我最重要的藏册，准备分类编成一大本，同韩磊合作，你必须在四月份<u>回国</u>带回给我。

爸爸 2.5（2017）

我立即回复，并手写了一封给父亲的信，扫描给小满请她转交。

小满，谢谢转来我爸的小条。我的回复请见附件，麻烦打印了交给我爸。我确实只对我爸的历史资料有兴趣，那些字画都是身外之物，我又不懂，要了平添烦恼。还盼你在我爸面前解释几句：小妹只对日记有兴趣，别的她没兴趣。多谢、多谢！小妹

附件

爸爸，

小满转来你的条子。这次除了 2003 年以前的日记外，我只多拿走一本《鲁迅手迹》，扉页有我妈的字迹"新购于……"拿给你看了，也给妈妈看了，你们都同意，我才拿走。因为缺 2004 年以后及 89、90 年的日记，我问你是否存在写字台下两侧的小柜子内，你说没有。柜子是锁着的，就没有跟你要钥匙查看。后来问妈妈，她说在大门背后最上面的绿色铁柜内，她给我钥匙，看着我打开，结果是空的，没有日记。她自己也奇怪，不知是怎么回事。你们岁数都大了，有时特意要放在某处保存的东西，事后反而找不到。你说的"悲鸿大册页"是否放在别

处？或已交韩磊复印？我对你收藏的字画完全没有兴趣。退一万步，如果真喜欢哪一张，会直接向你要，未经你的允许是不会擅自拿走的。你应该对我有基本的信任呀！

小妹 2017.2.6

小满，

　　送给我爸了吗？ 小妹 2017.2.9

小妹，

　　已经给了，还帮助老头子找了半天，但也没有找到，还有老头子加锁的小橱柜钥匙也找不到了，后来张阿姨说她再帮助找。我就没再管。老头子让我给你写信再问，但张阿姨说不要再问了，担心你生气闹矛盾。我就没再跟你说。

小满 2017.2.9

小满，

　　谢谢，知道了。

　　我真是对老头子的那些画儿没兴趣，老被怀疑是有些烦人。但是也体谅他们老了，有怪怪的一面。但愿我们老了以后吸取教训，别这么对待子女就好。

小妹 2017.2.10

　　为了洗清自己，我又给父亲条子里提到的韩磊写了电邮，他立即回复了。

小韩，

　　请见附件。这是我春节从北京回来后，我爸让楼上金老女儿给我发来的小条。我当然不会未经老头子的允许私自拿走他的什么东西。再说我对老头子有什么字画，放在哪里根本就不清楚。估计又是他自己特意收放在什么地方，完全忘掉了。

　　不知你见过此册页没有，有没有印象老头子大概放在什么地方。如果能有个印象，还得麻烦你给张阿姨打个电话，告诉她在什么地方找，也许能找到。记得上次也是一张什么字幅，老头子说丢了，结果是你知道就放在书架上，一下就找到了。

　　谢谢了！

南央 2017.2.19

南央姐您好！

谢谢你的信任！

徐悲鸿的手稿画册我见过不止一次，还拍过照片。我的初步判断，应该还在李老的书柜上，只是他一时找不到罢了。印象中我最近一次见此画册是在 2015 年，画册在老头书房西南角（西南墙角，就是那一对小沙发的里侧）的那个书柜上，竖着插放在书架上，在书架的上部。可否请薛京再仔细看一下。90%的可能还在那里。或者我下个月从深圳回北京时帮他找。

李老有时候放东西比较随意，随手一放，放过就忘了。四五年前他收藏的毛的两幅字找不到了，他怪张阿姨，说是人家拿走了，张阿姨非常委屈，对老头儿说，如果你查出来是我拿了这两幅字，我就当着你的面碰死到墙上。后来我到家中，张姨对我说起此事，我说我在老头儿的书柜某处见过，当时我还提醒李老"这么重要的东西不应该放在这里"，李老当时随口说"知道了，你不管了"。张姨一听大喜，说你在哪儿看见的，咱们一块去看看。结果进到书房，没有费一分钟的工夫，我就从书柜的乱纸堆中找到了。张阿姨高兴得不得了，把李老拉过去，当着李老的面说："小韩，你可救了我了，要不是你找到这个东西，老头儿非要我的命不可。"李老当时很尴尬，但转脸又打开毛的这两幅字欣赏，高兴起来了。

以上信息仅供你参考。

祝好！

韩磊上 2017.2.19

后来，徐悲鸿的那个册页找到了，小余告诉了我找到的经过：钟小玲在韩磊讲述的那个位置——沙发和书架的缝隙中一伸手就取出来了。张玉珍立即告诉老头子："小玲子找到了。"钟小玲急了："你怎么说是我找到的？是你找到的嘛。"

"徐悲鸿册页"到底在谁手里？我将父亲的几则日记录在这里，顺着日期看下去，这是件很清楚的事情。

2017 年 2 月 4 日（星期六）

早晨醒得很早，担心小妹将小柜中的《悲鸿草稿》带走。到书房一查，果然带走了，非常不高兴。

2017 年 2 月 5 日（星期日）

感到小妹可能将《悲鸿手稿》带走，到书房打开那个小柜，果然没有了。整天为此事着急。晚上找楼上嘉满（金树望女儿）来，给小妹短信，让她四月"必须带回"。

2017年2月7日（星期二）

上午薛京回来，他是去常州看望女儿生女儿一百天（在北京工作，夫君常州人）。让他给小妹电话。这几天老咳，出浓痰。玉珍没让我去游泳。傍晚嘉满来，小妹回信，没拿《悲鸿草稿》，应该相信。因此我心中留下判断了。

2017年5月8日（星期一）

下午奚青来，谈"关于设立研究基金的构想"，拟设基金1000万元，取其两三年的利息资助研究三大问题："人类社会进步靠什么？主义是什么？共产党怎么回事？"等。他了解国外拍卖情，建议将《悲鸿手稿》拍卖，能得巨款。明天有个审阅机会，玉珍同意带手稿同去。

2017年5月9日（星期二）

下午玉珍和小玲带着《悲鸿手稿》去奚青约好的孙大光儿子处，有一位女专家在，她没看画，只看了"悲鸿"的签名，说有怀疑处。

2017年6月9日（星期五）

薛京同画家王石（山水石文化创意公司）来，看我收藏的《悲鸿手稿》。他不知道这是利用别人作废的画册，发生误解。然后出示我所收藏的几十幅字画（都是1979年后，别人送的字为多）。

2017年10月11日（星期三）

晚上因谈《悲鸿手稿》事，玉珍大发脾气。

我四月回国时知道册页已经找到，对父亲说："你怎么能这样怀疑我？这对我是一种侮辱。你知道我只对你的历史资料感兴趣，即使这样，没有你的同意，我也是什么都不会拿走的。过去我拿走的所有的东西，不都是你让拿我才拿走的吗？"

父亲充满歉意地说："就这一次，以后再也不会了，再也不会了。"

父亲所有的收藏中，他自以为毛泽东的两幅诗轴最为珍贵。那是当年他的好友田家英从毛泽东随手写的唐诗条幅中拣出送给父亲的。韩磊在他给我的回复里提到四五年前"毛的两幅字找不到了，他怪张阿姨……"张玉珍也跟我说过"你爸说我：除了你不会有人拿，真是冤枉死我了！"而父亲日记中的记述却是张玉珍在怀疑有人拿了。

2009 年 3 月 1 日（星期日）

吴龙友来，下午将全部书画一一展示，他登记人名等，却不见了毛那两幅和谢无量的。引起大怀疑，玉珍又谈起申生拍照之事。

2009 年 3 月 2 日（星期一）

上午吴龙友来，关于拟出的藏书画集取名《锐公墨缘》为佳（我原想用"龙胆紫斋"）。从十点到十二点，让胜利帮忙，将所藏书画一一翻出，让吴登记作者内容，却找不到那两幅毛的轴卷和谢无量的对联，还有陆俨少的山水画。**玉珍怀疑是那位上海来人干的**，他曾全部翻出拍照（我记忆不清了）。

2009 年 3 月 3 日（星期二）

小妹下午来，玉珍谈毛的书轴散去的怀疑。

2009 年 3 月 21 日（星期六）

上午韩磊来，意外的高兴：他从书柜中找到毛写的两幅字，**玉珍为此曾大怪一位熟人拿走了。**

张玉珍说父亲怀疑她，而父亲在日记中记的是，是张玉珍怀疑上海的王申生，这事儿不难判断：毛泽东的两幅字找不到了，张玉珍怀疑是申生借拍照之机拿走了；这让父亲很不悦，反唇相讥："除了你不会有人拿。"显然，父亲相信王申生，不相信夫人张玉珍。这是有缘故的。

父亲和他的朋友田家英那样的知识分子收藏字画，是要挂起来欣赏的，若有懂画的来客，必定拿出来向对方显摆。张玉珍不理解这内中的乐趣，画不许示人不说，还特别地对父亲与王申生一起观赏、品评自己的藏品疑心极重。这里只引父亲的两则日记：

1999 年 10 月 3 日（星期日）

为取出郑板桥等几幅字画，同玉珍生了气，整天不快，后由我主动转弯：平生唯此嗜好，晚年更靠此自娱且参考作字也。莫明的隔膜，久已习惯。

2004年4月2日（星期五）

夜由于王申生欲再观齐画，发生不必要的误会。

作为李锐的女儿，我必须为王申生留下一笔。申生是父亲落难磨子潭时结识的忘年交。《大哉李锐》和《敬祭李锐》两书，申生都有文章，他和父亲的友谊源起这里不赘。

2011年6月12日，是钟小玲的女儿张毛竹的结婚之日。我一早从国宏宾馆过到22号楼，是父亲开的门，直接将我引入他的书房，然后让我把门关上，跟我说："上次你和嘉楠两人在书房跟我聊天，她说听到嘉楠讲让你要我这套房子，昨天又闹……"话刚起头，"嘡"的一声巨响，张玉珍撞开了门，指着我骂了起来："你妈了x的，别跟你爸在这儿说悄悄话！你就是要你爸的房子，你还跟王申生合伙把齐白石的画换成假画……"

因为太突然，不及细想如何"正确"应对，本能地就回了嘴："王申生卖画儿我根本就不在国内，我现在就给申生打电话让他跟你讲清楚。"

说完就抓起父亲书桌上的电话，拨了申生的号码。那边申生听出我的声音，高兴地问："南央啊！你什么时候回来的？"

我顾不上跟他寒暄，直奔主题："申生，有件事得请你为我澄清。老太太现在正跟我闹，说那幅齐白石的画是咱俩……"

"你们俩别串通一气……"张玉珍一把抢过我手中的话筒对着大吼大叫起来。

我真不敢想电话那头从未遇过这般阵仗的申生会是什么反应。张玉珍骂了又骂，末了摔下话筒又冲着我继续叫。父亲坐在书桌后面一句话不说。我终于忍不住哭了，重复着过去说过的话："妈妈，我过去是不喜欢你，但是'六四'后我真心实意地感谢你要跟我爸一起坐牢……"

张玉珍比我妈当年还要疯狂地嘶吼起来："你不要叫我妈，我恶心……"

我擦拭着泪水，尽量平缓地说："我叫你妈妈是诚心的……"

张玉珍根本就不听我说，没完没了地："你撒谎，你骗人，你妈了x的，你把画换了……"

一直沉默的父亲终于开了口："今天是毛竹大喜的日子，你这是干什么嘛？""一会儿就该走了，你快去换衣服。"

这时，小余进来了："阿姨，时间不早了，该去饭店了。你还不去换衣服？"

张玉珍大概是骂累了，借机下了台阶，离开书房。父亲也起身走了出去。

我愣愣地坐在椅子上，只觉得天旋地转。小余将手里捏着的一块湿毛巾递给我："小妹姐，你也别太伤心，别往心里去。"

我接过毛巾擦干了泪水，待心情完全平静下来，走进客厅。看到父亲坐在沙发里看书，见我进来，像是什么都没有发生过，跟我聊开手里的书是个什么人、什么时候送给他的。我正担心这种吵闹父亲如何受得了！没想到他竟然这么快就将它抛在了脑后。心里的一块石头落了地。

2019 年父亲去世后，上海的徐跃造访我家。聊天中谈到一次他去看我父亲，老头子向他询问王申生，说：申生多年不来看我了。说自己当年曾托他在上海卖过画，其中一张齐白石的画张阿姨坚持认定是南央同申生合谋换成假的了。徐跃对我说，他当然对我的人品不怀疑，但是对王申生不敢确定。我告诉他：我对申生绝不怀疑。送徐跃走后，我立即到工作室检索出父亲的两则日记，给他发了电邮。现将这封电邮和所附两则日记录在这里，还申生一个清白。

徐跃，

附件是两则日记。关于齐白石画的前后只隔一天。可以说明那时我爸不相信齐白石的画是假的，并有旁人看了，证明拿回来的还是真画。

我虽然对王申生在我爸生前就帮助张玉珍卖画非常有意见，而且在电话里不客气地指责过他，但是我相信申生不会干那种换画的事情，他对我爸的感情是真诚的，他跟其他所

与嘉楠在父亲的书房（2011 年 1 月）

有人不同，他跟我爸的友谊是我爸落难时就开始的，这点我坚信不疑。如果再有人提起此事，请一定告知我的看法（当然我不一定能够说服你，但是至少请告诉怀疑申生的人，李南央不怀疑王申生）。

南央 2019.7.16

附件

2006 年 1 月 10 日（星期二）

申生妹夫范伟民来，将六件画带回。对齐白石的松鹰，朵云轩抱怀疑，**对齐画上海不如北京熟练也**。玉珍也就放心了。[53]

2006 年 1 月 12 日（星期四）

上午刘麒子来，他的所藏书画（友人和名家赠送的）编稿，即将由文物出版社出版，特让一观。内中有我好几幅条幅。从五十年代起收藏（千幅以上）。于是将上海带回的几幅让他鉴定，**看法同我一致（李南央注：即"对齐画上海不如北京熟悉"）**。并让细览《餐菊庐画册》，十幅画与齐白石题诗（各种字体），很是欣赏。答应如何介绍出版，我写个小序。一直交谈，观赏到十一点半。

自 1959 年庐山会议后，父亲落难二十年。经历了老婆离婚，儿女划清界限，开除党籍，丢掉乌纱帽，坐牢软禁，用父亲自己的话："六不怕唯头尚在"。对于戴罪之身的李锐，我这个女儿为了争取进步、为了入团，进入中学后不再给他写信，划清了界限。工农兵学员王申生在大别山中的磨子潭写生，明明知道眼前的这个人是"政治罪犯"，却毫无"阶级立场"与李锐一见如故。他给孤寂的父亲带去的温暖我永远感念。

2011 年 10 月，我在上海出差，女儿、女婿和悌忠 10 月 22 日从美国直飞上海和我碰头，在上海玩了几天后去北京。23 日，我们一起到申生的画室做客。那次，我问了申生齐白石的画到底是怎么回事？申生告诉我，画是老头子同他一起挑的，齐白石的松鹰图是重头，还有其他黄胄等人的几幅。画从 22 号楼拿出后就没

---

[53] 这六件画何时由申生拿到上海去卖，父亲日记中没有明确记述，2005 年 10 月 3 日有记"上午申生从上海来，落实我的几幅有名字画，并为我整理部分字画（前次研究过一幅石溪山水为伪作），我也参加，许多字画自己都忘记了。"应该就是那次带走的。

有离开过他，他亲自带去拍卖行的。没想到拍卖行的鉴定师认为齐白石的画不像真迹。他讲了画的来历，说画是五十年代毛泽东的秘书本人从荣宝斋购得的，不可能是伪作。但是鉴定师认为那时齐白石会让家人作画，自己仅只落款。他当即决定其他的几幅也不卖了，将全部画当场收起。因自己一时没有机会去北京，就请妹夫带还给我父亲了。此后一直安然无恙，2009年6月18日严培明在北京办画展时，他还陪父亲和张阿姨去看了，张阿姨对他的态度没有什么改变[54]。大约一年多前，他在电视上看到一则新闻报道，齐白石的一幅鹰图卖出一亿元的高价。他很感庆幸：亏得那幅齐白石松鹰图没有以五百万卖出，否则，张阿姨一定会怪他卖低了价钱。不久他到北京出差，打电话到家里，张阿姨对他冷若冰霜，说："你不用来看我们"。再后来，就是2011年6月12日那次，张阿姨在电话里将他痛骂一顿。他才明白，原来张阿姨认为他伪造了一幅齐白石画将真画调了包。

在上海与王申生（左三）一家欢聚（2011年10月）

申生说："我跟李老三十多年的友情……"忍不住地，泪水滚落了下来。

---

[54] 此事李锐当日日记有记述。

我将收录在《敬祭李锐》一书中，申生送的字——《忘年交》的开篇录于此处：

李锐老的逝世消息有点像是等来的。自去年的网传到今年二月十六日大限，他的顽强生命奇迹般地绽放了一个世纪后又活到了一百零二岁。一百岁的时候还在坚持游泳。去年病危以后依然思维清晰

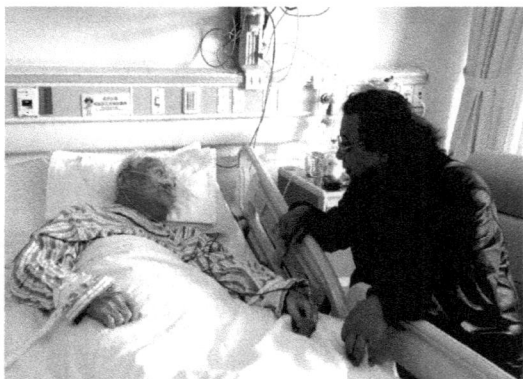

李锐在病榻上向申生回忆磨子潭时两人的交往
（2018 年 4 月 8 日）

敏谈己见。凡所敬爱他的人都为他骄傲。但听到他逝去的消息还是禁不住眼泪涌出地大哭了一场。

在共产党的统治下，人与人之间真挚的友谊和情感已成稀缺之物；在父亲的那个小家，共产党的草根张玉珍，将李锐落难时关爱他的亲人和朋友，统统诬陷为贪图钱财的小人，让父亲的晚年深深地陷入了悲凉的迷雾。

有位朋友告诉我：李锐去世后，张玉珍还拿了齐白石的画去找杜导正，哭诉李南央将真画换成了这张假的。杜老说：这件事你就不要再闹了。

2018 年 4 月父亲入院后，我赶回国内，守在父亲的床边。小余告诉我："老太太曾经想把毛主席的那两幅字卖了，被薛京拦下了。说中央有规定，毛泽东的字不能卖。"我对她说的将信将疑。父亲离世前不久，我才录入到下面这则日记，知道毛泽东的两幅字确已是张玉珍的收藏了。

2017 年 9 月 18 日（星期一）

罗振羽来，告知有收藏家愿出两千万收集我藏的毛字，玉珍将她收藏两封字拿出来。下午其人来了，我讲了两幅手笔的来源（田家英自杀前全毁了）。

除了画，张玉珍就是闹父亲的房产了。爷爷留下的平江祖屋，应该是奶奶在世时就捐给当地盖学校了。所谓父亲的房产，

只有唯一的一处：北京复外大街 22 号楼 2 门 12 号那个四室一厅的单元。一直到父亲去世前，张玉珍对来访的父亲的亲属、父亲的朋友、父亲的崇拜者们……无休无止地诉说着李南央想占据这套房产。

一次回国，在客厅里正跟父亲聊天，进来了几位普查户口的街道办事处干部。父亲向他们介绍："我的女儿。"

其中一位立即说："我看过您的那篇写母亲的文章。"然后说："您的户口还在家里呀？"

我说："怎么会呢？我的户口早就迁出了，出国前被吊销了。"

那位干事说："您家户口本上可写着有个女儿呢。不是您是谁？"

父亲说："不会，不会。我家就住着老两口。"

那位干事十分坚决："您的户口是在这里，这里明明写着'女儿'嘛……"

说话间，张玉珍从她的卧室冲了过来，对父亲说："是小玲子，小玲子的户口跟我们在一起。"

父亲一脸惶惑："她什么时候跟我们住在一起了？"

我觉着父亲要发脾气，赶紧对那位干部说："那女儿是她的养女。"

那人长"噢……"一声。

我曾对父亲说过：东西都是你的，你爱给谁就给谁，干嘛老让我去说我不要？你立个遗嘱：什么都留给张玉珍和她的子女不就完了吗？这样事情要简单得多啊！我还替父亲起草过一份遗嘱，他当时看过笑了笑，放进抽屉。现将父亲的几则日记录在这里，也为自己留个清白。

1997 年 4 月 22 日（星期二）

上午因玉珍又谈扯朱朱涉及玉洁[55]之"野心"，还说我讲过此楼居可让小妹买下，引起大发脾气，自击耳光。愤伤之至，久久不能止息。

---

[55] 朱朱（珠珠）是我二姑姑的长女，玉洁是我的嫂子。

1997 年 4 月 25 日（星期五）

下午玉珍、胜利去八宝山。晚上谈开了，且说字画等可以分一些与小妹。我同胜利单独谈了这次吵架原因。

1997 年 8 月 15 日（星期五）

玉珍老提什么 （原文此处空字——李南央注）（原住处）去的问题，又说什么 22 楼让小妹出钱买，真是莫须有事，使我大光其火。

1999 年 3 月 16 日（星期二）

大胖看了小妹拟的"遗嘱"稿，又改写了一份，两件都可留存玉珍处。

1999 年 8 月 29 日（星期日）

由小妹建议，大胖起草的"遗嘱"正式改出，唸给玉珍听了，了却一桩心病。

1999 年 8 月 30 日（星期一）

玉珍血压不稳，感觉不适。今天办了一件大事，将"遗嘱"按玉珍要求，正式写出，由她保存。

2000 年 11 月 3 日（星期五）

又扯起小妹过去事，牵涉房子（没同我表示过），又因外人来看"中国家庭"，而埋怨生气。我气闷得很，终自掌两颊，引起上门牙松疼。

2001 年 2 月 3 日（星期六）

玉珍同我闲谈到过去小 Mei 爱撒谎事，引起不和，还有房子事等。讲完让我知道，心情舒畅些。——李南央注：此句写在纸页上部空白处。

2001 年 4 月 15 日（星期日）

同薛京谈小赵事。玉珍谈起为小妹准备房子事，颇起反感。于是将81 年（？）小妹如何离开 22 楼事相告（薛说从日记见到）。"将来立好遗嘱"。玉珍稍安也。

2001 年 7 月 9 日（星期一）

玉珍又为房子"遗产"问题犯疑，引起不快，只好写个书面留言。

2001 年 10 月 12 日（星期五）

下午到西三环一公证处，同薛京、玉珍一道办好现在住房的"遗产"手续，身后处理的"遗嘱"也一并交存，并作好对话"录音"。这样就使玉珍完全安心下来。因为近年来老干部群中，儿女们争遗产之事甚多也。

我是在整理父亲的日记时才知道，早在 2001 年父亲就办理了"遗嘱"。既然这套房产已经有了公证，板上钉钉地留给了张玉珍，她为什么要将我贪图父亲的房产一直说到父亲离世呢？！父亲为什么不告诉我这份遗嘱的存在，让我一次次地去向张玉珍表白：我什么都不要；为什么在张玉珍大肆污蔑我的时候，不对她说："你已经拿到遗嘱，还要怎样？"

这是为什么啊……

父女终未见面

父亲用蜡笔画的么么的画像

我家三个孩子，我哥比我大四岁，我比我妹大八岁。父亲说，是听了苏联专家的意见才要了第三个孩子。妹妹小名么么，父母离婚时只有三岁，同父亲非常亲，不像已经长大的我和哥哥与父亲有了隔阂。常常自己跑到前边的 8 号楼，去找单身住在那里的父亲玩儿。父亲最喜爱、最惦念的自然是么么。

很多、很多的人问过我："你妹妹为什么不去看你爸爸？"很多、很多的人责备我："你为什么不帮你爸爸见到他日夜思念的小女儿？"

2018 年 11 月，我守在父亲病床边最后的日子里，一天，主管医生对我说："要是有什么李老想见的人，应该通知他们来了。听说李老还有个小女儿，李老很思念她。"

我想，不是父亲自己念叨、就是张玉珍说过，否则医生怎么会知道，不对张玉珍而是对我说这话。我以沉默回答了这位比我女儿还年轻的医生。

为了促成父亲见到么么，我的大表姐曾经非常地努力过。我不想用我现在的笔去写那永远遗憾的缘由，仅将留存的我同大表姐的来往电邮录在这里。

小妹你好！

书已收到了。迟复为欠！这么大的工作量！真是辛苦你和悌忠了！谢谢你！也谢谢陈朴（请代为致谢）。

珠珠来电话：她们夫妇去北京看舅舅，舅舅很高兴，精神虽比以前差点，但还不错，从下午三点一直到晚上八点珠珠她们才离开。舅舅对珠珠说：么么一直没有来看他。舅舅这句话使我们感到老人心中的痛与遗憾。我们多么希望舅舅高兴，多么希望么么去看爸爸，这是人之长情啊！何况现在已经没有了障碍，舅舅已是九十一的老人了，还待何时？！小妹你和么么有联系吗？你能做么么的工作吗？我们（我和珠珠）从未见过么么，也不了解，不知我们能否做点什么？！

大妹 2008.10.19

大妹：

　　我爸和么么见面的最大障碍在张阿姨。那次半夜张阿姨跪在地上和我爸大闹，就是因为爸爸提起么么，她说：我们一家人对你这么好，你怎么就是忘不了你的女儿！

　　三月份爸爸在医院又提到么么，我说，其实事情很简单，你只要能做好张阿姨的工作，征得她同意，你们让满起开了车去就是了。爸爸即说："那就算了。"

　　我在张阿姨那里是："你们家最厉害的就是小妹，比范元甄还坏。"此事我不能管，万一张阿姨为此再闹，<u>爸爸的心脏已无法承受</u>。再说么么和我也有十多年不来往，我妈去世后，她去看了我的大姨。我跟大姨说：下次么么再来，你告诉她我永远是她的姐姐，有了困难我一定会帮助的。大姨说：你就别想了，你找了李锐，她把你恨死了。

　　我家的事我没有办法，我只求还能进 22 号楼的门，能为我爸做点事情，别的我无能为力。你们谁若愿管，可以自己直接和张阿姨谈，她对我哥印象不错，我哥是知道么么的联系方式的。

小妹 2008.10.19

小妹你好！

　　来信收到。"舅妈一家人对舅舅好"与"舅舅和自己的骨肉相认"这是两个概念，她怎么能混在一块？！对于舅舅来说，两者都需要。我知道了，我会看着办的。但是，么么本人的态度是怎样的？她想见爸爸吗？你估计呢？！她那么恨你，恐怕够呛，我真是不理解！不理解！！天底下哪有不愿认父亲的人？！何况已是历经沧桑的老父亲啊！我很难过，替舅舅难过。小妹你自己好好保重吧。问候你们全家！

大妹 2008.10.20

大妹：

　　我和悌忠八月份去加拿大我的表弟家呆了一个星期，他是我大舅的二儿子。么么和他一直都有联系。我妈去世后，么么曾给他信，说知道他一直与我有联系，若还继续保持和我的关系，就和他断交了。我的表弟觉得无法和她沟通，就没有再给她回信。但是我表弟说，么么并没有说一定不去见爸爸，只是说：他官当大了，我不会奴颜婢膝去高攀。因此我想，只要爸爸主动与么么联系，她是会认的。但是我爸知道张阿姨不会同意的，所以他一直在等么么自己上门。因此这是个死结。而且张阿姨为什么一直不喜欢我，是因为她知道我在爸爸心中的分量；而她一直表现得总是夸我哥哥好，是因为她知道我爸并不很喜欢我哥哥。我爸最喜欢的是么么，因此张阿姨会怎样对么么是可想而知的事情。我们和我表弟探讨了由他出面劝解么么去看爸爸的问题，但是他说："你爸心脏已经很不健康，无论是么么真去看他对他的刺激，还是张阿姨为此而闹对他的刺激，心脏是否能够承受得住，是个太大的未知数，我不敢担待如此的责任。"

你是学医的，就按你说的，你看着办吧。但是有一点你一定要注意，无论你和张阿姨如何谈，一定不要说跟我商量过，或听我说过什么么么的态度，否则我更无法进22号楼了！切记！切记！！我能够维持到今天这个状态，是多少赔礼道歉，对莫须有的指责的赔礼道歉换来的。盼你千万留意！！！要不是为了爸爸，以我的个性，我是不会如此自取其辱的。

悌忠谢谢你的问候。

小妹 2008.10.20

小妹你好！

来信收到，我知道了。我绝不会在舅妈面前提你如何如何。凡不利你们团结的话和事，我决不会说和做的，这点你放心，以前是这样，以后也是这样。我多么希望你们能和睦相处，一切为了舅舅。我知道你也不容易！

么么的这个态度还是有希望，只是要给她一个台阶。苗苗和么么谈呢？会有效果吗？我或珠珠找么么谈会不会太冒昧？还有我和舅妈谈，如果她对我说的表示理解，但会不会又去和舅舅发脾气？！舅舅是很坚强和十分理智的人，如果事先做好各种工作，有心理准备，我想舅舅和么么见面问题不会太大。如果夹在么么与舅妈之间，而且是大吵大闹的话，那就难说了。因为动机和效果要统一，所以我考虑得比较多。

大妹 2008.10.21

大妹：

我知道我哥对爸爸和么么的见面不热心。我哥是我妈一手带大的，文革中又从东北农村调到她的干校，一直和她在一起，我不想多说，还是你自己和他接触吧，这样你会对他有自己的了解。你若能和么么接触也是好事，有助于你直接感受一下我妈妈把她教育成一个什么样的人，以及她和我爸见面是利大还是弊大。至于张阿姨会如何，我不抱希望。但这也只是我自己的看法。只是觉得如果你想谈，最好和我爸及张阿姨一起谈，这样张阿姨不会认为是我爸让你和她谈的，知道这只是你的想法，不是和我爸商量的结果，也多少可以看到张阿姨在你走后会对我爸如何的一些迹象。反正这事你若想管，还是事先考虑全面些。我们家这些年的状况，你毕竟不了解。

小妹 2008.10.21

小妹你好！

我的目的只是为了舅舅好，想让舅舅实现他想见么么的愿望。但你们家的情况确实很不一般！苗苗肯怕不会热呼（也真不应该啊！！）但我还是想和他谈谈。么么是否象她妈妈一样不可理喻？加之还有舅妈。如果让舅舅夹在两者之间为难、生气、痛苦，那恐怕"动机"和"效果"就不是一回事了。因为我确实不了解你们家的具体情况，所以才和你商量，你有不便出面的难处，我作为外人是否有可以帮得上的地方？如何做才能有效果？（即对舅舅好）你说要当两人的面谈有一定道理，我会注意的。但除当两人的面谈外，恐怕还得再单独谈。总之这事难办，但为了舅舅的愿望，我真的想努力。"利"与"弊"都是对舅舅的，确实要考虑。

大妹 2008.10.23

大妹：

我理解你的良好愿望。

其实最希望我爸和么么见面的应该是我，因为自 1994 年至我妈去世，我再也没能见到她，我知道那是一种什么样的，永远无法排遣的遗憾。但是这事确实不能由我出面。爸爸自己，还有他的几个老朋友都告诉过我张阿姨对他们讲的有关我的话（不是我们这一辈的人，都是八十以上的老人），因此张阿姨只能是对更多的人，而不是更少的人说过我（会有一些人听了，不愿意告诉我）。从她这种抑制不住，到处去说的做法，可以想见对我的恶感到了何种程度。

你真的如此想努力，我想最好是 1. 和我哥哥谈。2. 和么么谈。3. 和我爸、张阿姨一起谈。至于是否和张阿姨单独谈？我妈去世也快一年了，张阿姨和我爸朝夕相处，应该是所有人中**最**知道我爸对么么的思念的。不要说真是像亲人一样地关爱我爸（像你和朱珠的态度），作为一

173

个正常的、善良的人，她和我哥关系不错，早就应该通过我哥联系么么了。这个道理多简单！我爸和她生活了三十年都无法改变她，你觉得你可以做到吗？

这样谈过之后，我想你会多少对我们这个家有个感性的认识，得出"该如何"的结论。

小妹 2008.10.23

小妹你好！

除了你说的 1、2、3 外，我还想分别和舅舅、舅妈谈。主要是想知道舅舅、舅妈的真实想法，想知道舅舅是否愿意我这样做？（你还记得上次我妈妈说的话吗？结果惹出多大的麻烦。）因为我的目的就是为了舅舅好。还有，苗苗和么么的关系怎样？我去找么么是单独去好？还是苗苗带我去好？总之方方面面都得考虑好，目的就是为了达到"效果"。

大妹 2008.10.25

大妹：

你的问题都得你自己和我哥和么么接触后才有答案。

其实，我爸和张阿姨的阅历都在我们之上，你真地觉得他们自己没有能力处理和么么的关系，需要别人帮忙吗？我哥和他们的关系比和我近得多，我妈一去世，他就告诉张阿姨了，可是他一直没有告诉我。因此我想爸爸与么么如何能见面，我是最没有发言权的。你还是直接和他们谈吧。希望你的"效果"会好！

小妹 2008.10.28

小妹你好！

你们全家的贺年卡早已收到，谢谢你们的关心。的确，今年的年不同以往心情沉重，这也是我迟迟没有回复的原因。但你们放心，我们会好好过的。早几天是我爸爸的百周岁，我们一块去上了坟。

十一月底我去了北京看舅舅和我叔叔。舅舅的身体与精神虽然比以往差点，但还算不错的，生活很有规律，舅妈照顾得无微不至，我看他们谁也离不开谁。到了北京后我感觉么么的事应该顺其自然，都是成年人，而且是为人母的人，我们不必插手。舅舅家的平江阿姨因儿子车祸回家了，现在是小李（在我们家做过的）在做，希望能做好，一直做下去。

春节即将到来，祝你们全家快乐！健康！万事如意！

大妹 2009.1.7

大妹：你好！

　　谢谢你的来信。原以为小李去大胖子哥哥家做的，现在到了爸爸那里真是再好不过。

　　么么的事我想你最后的感觉是对的。

　　听爸爸在电话中说二妹刚从英国回来，还很高兴地说王彦结婚了。

　　祝你们全家春节快乐！

小妹 2009.1.7

　　父亲去世后，得到张玉珍喜爱的我的哥哥范苗和将父亲和我恨之入骨的我的妹妹范茂，先后加入了张玉珍起诉我和第三人胡佛研究所的原告行列。为了争夺母亲的房产，本已打得形同陌路的范茂、范苗，又变成好得穿一条裤子，联手在东城区法院另起一案，将我和第三人斯坦福大学和胡佛研究所告上法庭。

　　至此书收笔之时，西城区法院将范茂和范苗在东城区法院起诉的争议标打包判给了张玉珍，随后东城区法院又将张玉珍胜诉的那个大包中的一部分判给了范茂和范苗。我很好奇，这两个人会不会对西城区法院的判决提起上诉？或者再立个案子起诉张玉珍呢？

　　人怎么可以活得如此地寡廉鲜耻！如此地寡廉鲜耻，怎么还有脸说自己是与李锐共同生活了四十年的妻子；炫耀自己是李锐的后人，宣称要："传承您真正的精神"？！

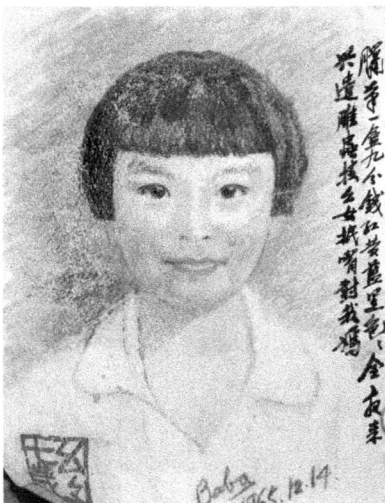

父亲用蜡笔画的么么的画像

张玉珍成了政委

父亲去世后，我在告知朋友们这个消息的短文中说：

他是 2018 年 3 月 30 日住进北京医院的，在能够坐起的那些日子里，他坚持练习写字，在一张又一张纸片上划下的是同样的内容：

人生在世，任何人都要受这四种限制：

时代、知识、思想能力、个人品德（马恩列斯毛也不例外）。

我在接受媒体的采访中为父亲加了一条：在共产党的统治下，每个人都要受到党的钳制，这种钳制是深入到家庭中的。这话我当然不是随便说的。

一次回家在客厅里聊天，父亲拿着刚刚得到的周有光老的赠书对我说："周有光了不起啊，他说共产党建政后干的事没有一件是对的，全都错了。"

坐在另一张沙发上的张玉珍撇了撇嘴："这有什么呀，你说的话比他有水平多了。"

父亲哈哈大笑："我哪敢说这种话呀，我有你呀！"重音重重地放在"你"字上。

这是真话。迟暮之年，父亲对张玉珍的管控愈来愈趋于服从。

父亲在 2005 年 4 月 30 日的那封信中告诉我，做米寿时经人建议，他写了四句赠张玉珍。那首诗的头两行是："二十六春如一天，医生护士保安员"。2006 年 9 月 5 日，父亲在一家饭店（南池子南端菖蒲园的茶社）接受德国之声和香港、法国等媒体的联合采访，其时谈到"胡锦涛是戴红领巾长大的"，招致中组部副部长王东明上门谈话，严加责备：有"权贵社会主义"、"暴力社会主义"、"毛从来就想当世界领袖"等说法，严重违纪。父亲大发脾气。张玉珍出面圆场，向来人保证：今后我看住家中的电话，看住李锐，再不接受国外媒体的采访。此后，父亲将那首"赠老伴"作了修改："护士医生兼政委，喜欢乱讲最担心。"

　　沈跃跃任中组部副部长于李锐生日来家探望时，特意送了张玉珍一条高级丝巾，表扬她政委当得好。父亲和张玉珍都多次向我提及此事，父亲话语中隐含的揶揄，张玉珍是听不出来的，张玉珍的口气则是以为荣光的自得。

　　一次回国去看父亲，正好姚监复先生也在，张玉珍又谈起了沈跃跃对她的表扬。姚先生告辞时，我送他上电梯。姚先生在电梯间对我说，上次来，张玉珍就很骄傲地告诉他："我向中组部做了保证，一定帮助组织上看住李锐。"姚先生连连摇头："这不是自取其辱嘛。何必如此！"

　　2012年12月回国，约了王建勋在国宏宾馆吃饭。建勋走后，我简略地记下了他告诉我的事情，其中有一句：

　　建勋谈到，张（玉珍）告知满起安排，中组部好，补了几年工资。王问：中组部做了这些安排总有条件吧？答：我帮他们看住老头儿。

　　张玉珍养女的丈夫张满起是在2002年7月被借调到中组部给父亲开车的，档案工资关系一直在原单位，直到2007年李源潮任中组部部长后才获解决，转为中组部正式职工。此时大概又将过去借调那些年的工资差补发了。父亲日记中记有一笔：

2008年3月7日（星期五）晴

　　沈跃跃来看望，很是关心。玉珍同她谈满起工资事，因智勇告薛京甚难办。

　　晚饭后，李源潮来，刚从会场出来。曾卓明等一直在医院等候。送大篮水果。见面即谈，书读了，很好。并话旧。是淮安人，父亲同吴觉等一起，都坐国民党长期监狱。谈当年同吴觉、谢冰岩等来往（他同谢熟悉）。最后谈满起事，答应帮助。

　　2011年美国驻华大使洪博培离任前想见见李锐，美国大使馆的朋友发给我电邮征求意见。我回复他："好事啊。我正好要回国出差，到了北京问过我爸就给你信儿"。

　　到京当晚，办好入住国宏的手续我就去看父亲。父亲和张玉珍已经吃过晚饭，正在客厅里看电视。我告诉父亲，洪博培大使对他慕名已久，离开中国前想以普通美国人的身份拜访他，地点由父亲决定，以他方便为准。父亲欣然应允，兴致极高地大发议论："我见了他要批评他们那个美国现在的国际政策。过去美国多好，从来没有参加过列强对中国的瓜分。相反地，帮助中国建大学、建医院、清华、协和、湘雅，影响多好，多大！美国现在这种搞法不对头，战争解决不了问题，应该用自己先进的文化影响这个世界，打仗是没用的。"

父亲的这些话我特赞同："那我就告诉人家了。你看哪天合适？就在家里行吗。"

父亲说："就在家里，哪天都行。"

张玉珍也应和着："好，好。好事儿！"

回到旅馆我就给那位朋友发了短信，朋友当然高兴坏了，说明天一上班就跟大使说。

第二天在国宏吃过早饭我就到了 22 号楼父亲家。人还没坐定，父亲就说：你昨天走了，妈妈说这件事还是要向组织上请示。她给薛京打了电话，让他立即到部里用红机子告诉上面。薛京说上面回话：洪博培见李锐需要美国大使馆向外交部提交正式申请。不过外交部事务很多，大概要排队。

我一下急了："爸，不见就不见了，你干嘛要这么自取其辱？人家就是个普通的美国人，你就是个普通的中国人，为什么要让共产党的上面管着？你老说现在是孙子辈儿管着爷爷辈儿，那是你自己愿意让人管！"

父亲自知理亏，颇尴尬地笑了。张玉珍大概从未见我当着她的面这么跟父亲生过气，没敢吱声。

我不依不饶："爸，你连邓力群都不如。人家找邓力群谈话，指责他不应该在香港出书。邓力群对来人说：'我入党时，还没你呐。你回去，叫那个派你来的人过来跟我谈。'你真不如邓力群硬气。"

父亲说："你真这么看我？我连邓力群都不如？"

我知道我这话对老头子是够狠的，但实在是对他让张玉珍这么管着来气：多好的一件事，就这么黄了。让美国的政客听听他尊重的中共内部异见人士对美国政策的看法碍着谁了？没好气地继续顶着说："就是，我就这么看。在这件事上，你就是不如邓力群有骨气！"

父亲没有生气，大概内心里是觉着自己如此地出尔反尔，这么怕老婆，女儿气不过也情有可原。

后来接任的华裔大使骆家辉也想见父亲，父亲日记中有记述：

2013 年 4 月 15 日（星期一）

小妹来，谈美国大使骆家辉的一秘同她通信，骆想见我一谈。我说还得同组织先联系。她五月还来，到时再说。

待再回国，我问父亲，他说："算了吧，妈妈不会同意的。上次那个大使要见我，她就觉得是你搞的名堂，想自己出风头。"

我笑了："我哪有那个本事，不但认识大使，还能指派他干事儿。"

再后来，我回国为父亲做百岁寿宴之前，大使馆的朋友给我发来了电邮，说博卡斯大使想当面向李锐祝寿。我存下了同他们的来往电邮（括号内是我的中文翻译）：

Your Dad
US Embassy
Xxx (Beijing)
2016 Mar 2 6:47pm
to me
Nanyang --
Do you think Ambassador Baucus should make an official request to visit your dad to wish him a happy birthday? （南央，你觉得若博卡斯大使提出正式请求拜访你的父亲，祝贺他的生日，是否适宜？）

2016 Mar 2 7:15pm
Nanyang Li
To Xxx
Yes, I think it is a good idea if you mean: submit an official request to 外交部. It will be interesting to see what they will say.
Great idea!
（我以为这是个好主意，如果你的意思是：向外交部提交一份正式的申请。他们如何作答将是件有趣的事情。妙主意！）

2016 Mar 2 7:18pm
Xxx, xxx (Beijing)
Right. An official request to the 外交部. The Ambassador wants to make the request, but I said I wanted to check with you first. I'll tell him you think it is a great idea. （是的，是向外交部递交正式申请。是大使本人想申请，我告诉他最好先问问你的想法再说。我这就告诉他，你认为是个极好的主意。）

2016 Mar 2 7:24pm
Nanyang Li
to Xxx
Yes, please tell him that I believe it is a great idea: perfect timing! （没错，请告诉他我以为是个极好的主意：正逢时。）

2016 Mar 18 3:31am
Xxx (Beijing)
to me, Xxx
Dear Nanyang,

I hope you are doing well. Ambassador Baucus would like to meet with your father sometime in April to wish him a happy birthday and pay his respects. We contacted the Party Organization Department today to request a meeting, but they told us they could make arrangements only if your father asked them first. They also said the Ministry of Foreign Affairs and the Party International Liaison Department could not arrange a visit, either — only the Organization Department.

Please let us know what you think we should do next.
All best wishes,
Xxx

（亲爱的南央，希望你一切都好。博卡斯大使四月份的某个时候希望能够亲往祝贺你父亲生日快乐并表达他对你父亲的尊敬。我们今天联系了中组部提出了见面的请求，但是被告知首先需你的父亲向中组部提出请求，他们才能够做出安排。他们还说，外交部和中联部无权对此事做出决定，同李锐的见面只能通过中组部安排。请告知你觉得下一步我们应该如何做。祝好！）

2016 Mar 18 9:52pm
Nanyang Li
to Xxx, Xxx
Hi Xxx,

They are playing a game with the Ambassador and the bottom line is they do not want him to meet my father. There is no rule for their game, if you followed what they told you to do, you would get no where.

My suggestion, you have to make a strong argument with the Party Organization Department:

A. If the visit can only be arranged by the Party Organization Department and the precondition of an arrangement is it has to be asked by Li Rui rather than the Ambassador, which would mean that the Ambassador Baucus has no right to ask for this visit. Thus, the Party Organization Department owes the ambassador an explanation for the REASON to deny his right.

B. "The visit has to go through the Party Organization Department" is false.
1. The former Ambassador 洪博培 Huntsman would like to visit Li Rui informally few days before he returned to the US as leaving off his post. Li Rui agreed and informed the meeting to the Party Organization Department. But the Party Organization Department told Li Rui that Mr. Huntsman has to send a formal application to the Ministry of Foreign Affairs, which might take weeks -- of course Mr. Huntsman did not have the time to do so.
2. The Ambassador Baucus met 朱镕基 very beginning as he taking the office, which was arranged by the Ministry of Foreign Affairs (I guess this was the case, right? If not, use the first argument only.)

I know, if they do not want the Ambassador to meet my father, there is no way to do so. But it is worth to make the argument to show the strong mind of the Ambassador Baucus.

Hopefully, you can understand my poor English. If you have any question, please just ask.

Best,

Nanyang

（他们这是在跟大使玩花活儿，其实就是不想让见。他们是没有任何游戏规则的，如果你按他们告诉你的路数去办，必定撞到南墙。我的建议是：你们需要向中组部强烈表达以下看法：

A. 如果拜访李锐只能通过中组部安排，而中组部安排的前提条件是只能由李锐、而不是美国大使提出会面申请，这无异于宣称博卡斯大使无权申请拜访。如此，中组部必须向大使说明他不具备这个权利的理由。

B. "会面必须由中组部安排"是谎言。

1. 前美国大使洪博培先生卸任返美前，曾欲非正式拜访李锐。李锐同意了，并告知中组部此事。中组部却告诉李锐：洪博培先生需向**外交部**递交正式申请方可见他，审批需经数周——洪先生当然没有时间办理。

2. 博卡斯大使上任初始即由外交部安排与朱镕基见面（我想应该是此途径，若非如此，此条可不用）。

我知道，如果当局不希望大使与李锐碰面，任何程序都是走不通的。但是绝对值得对中组部的回复提出异议，以显示博卡斯大使的坚强意志。

但愿你能理解我的英文表达。不明白之处请即问。）

2016 Mar 18 10:16pm
Xxx (Beijing)
to me, Xxx
Dear Nanyang,

Thank you for your email. This background information is very helpful. We will talk to the Organization Department next week and try again. （亲爱的南央，谢谢你的电邮。你提供的背景信息非常有助。下周我们将再次与中组部联系。）
Xxx

2016 Mar 18 10:26pm
Nanyang Li
to Xxx, Xxx
Hi Xxx,

Glad to know you are not going to give up easily! （非常高兴你们没有轻易放弃！）

2016 April 4 10:36pm
Xxx (Beijing)
to me, Xxx
Dear Nanyang,

I'm looking forward to seeing you for dinner on the 14th. I wanted to let you know that I asked for an appointment with the Organization Department waiban to discuss the Ambassador's request to meet your father, but we haven't received any reply as of yet. We also asked the Ministry of Foreign Affairs to help arrange a meeting, but they said we had to speak to the Organization Department. (The Ministry of Foreign Affairs said they had arranged the Ambassador's meeting with Zhu Rongji because Zhu had been premier, but they didn't normally arrange meetings with retired cadres.)

We did have better luck, however, at the International Liaison Department（中联部）—they promised to tell your father's secretary about the request. Like the Organization Department, however, they said they could only act if your father or his secretary requested the meeting.

Let me know if you have any other suggestions, and I look forward to seeing you next week.

Xxx

（亲爱的南央，期盼 14 号见面共进午餐。我们向中组部外办提出见面商谈大使希望拜会你父亲的事宜，但是迄今没有得到回复。我们同时也请外交部协助安排与李锐的会面，但是被告知此事只能同中组部商谈。（外交部说他们安排了大使与朱镕基的会面，因为朱是前任总理，而同一般退休干部的会面不归他们负责）。

不过，我们同中联部的接触结果稍好一点，他们允诺告知你父亲的秘书大使馆的请求。但是同中组部一样，他们说只能由你的父亲或他的秘书提出会面请求，他们才能进行研究。你如果还有什么进一步的建议请告知，盼下周见。）

2016 April 4 10:49pm
Nanyang Li
to Xxx
Hi Xxx,

Let's talk when we meet. There was some thing happened lately, might be related with your request.

See you soon.

Nanyang

（一切见面时谈。刚刚出现一些情况，可能同大使的请求有关。再谈。）

我给使馆朋友电邮中说的"刚刚出现一些情况"，是一位在李锐百岁寿宴邀请名单上的朋友给我发来电邮，说她一直没有得到张玉珍关于寿宴时间和地点的通知。我即感事情不妙，让她立即打电话到家里询问。朋友随后发来邮件将电话结果告诉我：张玉珍在电话里告诉她，寿宴的时间和地点还没有定，这次不准备邀请外人，不大办，是家宴。

2015 年的 10 月我已将为父亲办宴的十万元人民币交给了张玉珍，并建议寿宴地点就在李锐八十寿宴的中组部招待所食堂。这样在"组织"的眼皮底下，他们会比较放心。2016 年春节回家，张玉珍告诉我中组部秘书长对这个安排十分满意，说只要将参加的人名单让他们看一下就行了，组织上就不派人参加了。我帮助拟了一份我能够想起的父亲在世的故旧和已故至亲好友子女的名单，总有一百多人；张玉珍说加上她和薛秘书一起合计的必请客人，至少要摆个十桌，二百多人。中组部对这个名单没有提出什么意见，张玉珍到招待所食堂看了现场，跟招待所所长谈了，菜单也定妥了。时间就在 4 月 13 日生日当天。春节过后，我 2 月 18 日回到美国，立即买了 4 月 6 日再回国的机票。现在听到张玉珍对早就被邀请的朋友说什么都还没定，而且是家宴不请外客。计划完全变了。

4 月 14 日中午，我和大使馆的两位朋友一起午餐。我告诉他们：家里人说，因为博卡斯大使欲为李锐拜寿惊动了"上面"，原定规模和地点的寿宴在中组部的要求下被取消。大使馆的朋友告诉我，4 月 6 日中联部正式答复他们：李锐秘书说不愿安排外事。第二天，中联部又给大使馆电话询问大使的反应，朋友说：我们回答他大使很不高兴，实际情况是大使气坏了。之后，他们再也没有联系过我们。（We told them: the ambassador was very upset，actually，he was out raged. Since then, heard nothing.）

4 月 15 日中午，我正与几位朋友一起吃饭，接到使馆朋友电话，说博卡斯大使有一封生日贺信和礼物送给李锐，问我是否方便转交。我说：好，我马上动身，一点半前一定到达见面地点。

我是准时到的，使馆的朋友已经占好了一张桌子，我在他对面的空位上坐下。朋友起身紧紧握住我的手，说：刚刚看到《炎黄春秋》刊登的李锐"百年回首"，才知道你的祖父是宋教仁的朋友，对你们一家充满了敬意！握过手他一边落座，一边很自然地将一个牛皮纸包顺手放到我这一侧桌子的腿边，我们相视一笑。朋友说："信上有大使亲笔写的一句话。"然后将面前喝了一半的咖啡饮完，再次紧紧地握了我的手起身离开。

将美国大使在贺信上的手书翻译给父亲

回到家，我将大使亲笔手写的那行字翻译给父亲听："您的精神感染激励了许多人，这其中也包括我！感谢您！"(You inspire many, including me! Thank you!) 父亲有些激动地说："人家完全是从人性出发啊！知道中国有李锐这么个人，一百岁了，想来看看，当面问候生日，没有任何政治目的。就是不让见，这不是岂有此理的事情吗！"

父亲去世后，新任美国驻华大使布兰斯塔德给我美国的家中寄来了慰问信。四任美国驻华大使所表达的对李锐的尊重，深深地感动着我，温暖着我。

可惜，父亲的晚年本可以同三位对中国满怀友情的美国友人有所交往，讨论对中国事务、国际事务的看法，对美国的对华政策，国际策略多少会有点影响，在张政委的钳制下成为永远的遗憾。

父亲的日记中对张玉珍政委的管束时有记述。从他的日记我才知道，早在1997年父亲私底下就称张玉珍为政委了：

1997年9月10日（星期三）

上午小赵送来《感想与意见》校正稿两份。一份即送李普，自己再看两遍。张政委也过目通过也。

1997年9月16日（星期二）

早餐后，光远来，谈他的《于氏辞典》公有制问题，说马恩并没有认定共产主义社会，而只认定社会主义。"个尽所能，各取所需"，按德、法文翻译并不全达意，此译语始作俑者是他（当年同王惠德合著的"教科书"）。他马恩原著读得太熟，我无法插言。随后因高扬约到他的房间漫谈，李力安在坐，于是只好谈党的腐败及中纪委难办等问题。李还谈到文革初他们组织部头头们以刘邓之罪挨批斗种种情况。高对现状最不满不在"左"而在党之右，无人管党也。谈到十一点回房，玉珍来，一同进餐。稿子竟未送胡锦涛，小贾也疏忽，赶紧补寄。此稿反应良好，使玉珍政委放心（以后不要再时敲"警钟"也）。

2005年1月23日（星期日）

利用空闲时间，将"永别了，紫阳同志"一文草就，文首是七绝：

相见真难半月前，坐床吸氧喜交谈。

忽闻噩耗我无泪，正气千秋天地间。

（同邵燕祥通电话，最后三个字由他定稿。原拟用"奏凯旋"，他说是阿Q精神。）随即到廿四号楼复印两份。交嘉满传小妹。因玉珍警告，暂压下。[56]许医农电话，丁东家门已有警车伺候。

2007年2月9日（星期五）

下午没去游泳，三点半赵洪祝、王尔乘等三人来拜年，送压岁钱3400元。赠《近作》与《大趋势》。玉珍同毛局长讲，不接见记者了。

---

[56] 赵紫阳先生去世后，香港《争鸣》杂志为李锐留出版面，我电话父亲，他答应定交一首悼诗，却迟迟不到。苏绍智先生非常着急，电话与我："紫阳去世李锐若无话，哪里还有大哉李锐！"我收到小满传来诗稿即转争鸣。刚刚发出，羹青打来电话，说他刚从22号楼出来，张阿姨意见：李锐的稿子绝不能发，为李锐安全计，他本人也赞同此意。我只答："了解了。"心说："李锐哪里会有安全问题？"后来的事实也是什么事儿没有。父亲拿到那期《争鸣》后还到处示人。父亲多次对我说：她说你不顾我死活，狼心狗肺，只为自己出名。我问："我为你做的哪件事给你带过麻烦？"父亲想了下说："确实没有。"我说："你根本就在一个安全的死角，不要把自己吓成那样。你不要以为我只是胆大包天，其实我做事是有掂量的。"父亲点头称是。但是下次又会重复张玉珍的话。

2009 年 2 月 3 日（星期二）

薛京和朱成贵来，朱将《我所认识的李锐》订正稿带来，已交与吴思，赞赏我的修正。谈了许多往事，如富春被认为"二月逆流"后台时，曾拟汽油泼身自焚，以示抗议，被蔡畅严阻。他想约我谈高层人物，他与薛京记录。玉珍正好听到，极力反对，以谢韬为例。朱只好应和。

2012 年 7 月 4 日（星期三）

玉珍同我谈，薛京反映，部里对我在《炎黄春秋》座谈会发言有意见，十八大不要再上书了，也不要代寄什么了。于是将第 5 期刊载的发言唸给她听了，感到没有什么呀。

2012 年 7 月 18 日（星期三）

前几天电台、报纸宣扬刘宇一的画展，这也属于"唱红"一类，继续捧毛了。

2012 年 7 月 28 日（星期六）

下午四点应约参观刘宇一画展。夫妇接待，宇一作好几幅画的解释。观众围着拍照。几大幅画恐是世界少见，在香山三年作的奥运回忆，长 120 米，高 6 米，另一幅人物 2000。满起、小玲、小余、韩磊、玉珍一起，我坐轮椅。告别时又赠大画册。我留言四句：

一生勤奋，彩笔传情；人物山水，讴歌盛世。实现了玉珍的嘱咐：要讲好话。

2014 年 8 月 29 日（星期五）

平江张满兰同三人来，有长寿街的党委书记尹佑祥，送《长寿镇宣传片》。赠张《口述往事》，谈了三大问题和毛、邓等往事。晏乐斌来，送资料。

玉珍告我，体检心电图心脏已停止跳动，就靠起搏器了，讨厌我讲话不停。

2015 年 2 月 15 日（星期日）

常务副部长陈希四点来看望，薛京早到，客厅摆好食礼盘等。由于堵车，快六点了，才来到。有秘书长、党委书记、老干局长等共 8 个人，一大篮水果，3600 元过年礼。陈 62 岁，清华的。我力夸肃腐和宣扬法治。玉珍很满意。

张玉珍成了政委

2017 年 1 月 16 日（星期一）

上午薛京先来，新来的副部长、老干局副局长吴卫新（女）来贺年，送大花篮，红包 3600 元。我谈为何得长征奖牌，并谈邓力群事件，"为党立了大功"（赵紫阳评语）。玉珍在座很高兴，她担心我谈毛。

李锐资料最后的命运

2009 年 10 月，我从斯坦福的直线加速器中心（SLAC）回到劳伦斯伯克利国家实验室（LBNL）工作，参加了中美合作的大亚湾中微子探测器安装工作，很快又开始在上海应用物理研究所工厂监制为 LBNL 光源升级的组合六级磁铁，非常频繁地回国出差。我告诉父亲：1980 年后的日记，我已经有了程真给我的至 2003 年的扫描件，会开始录入工作。2003 年以后的日记请你同意让我扫描了带回美国整理，你相信我，我一字不改，一字不删，我认为的错别字也只在括号内进行更正，没有你的许可，我绝不擅自公开发表、出版。一切按你最后的决定处理。你让我趁你现在头脑还十分清醒时开始着手此事，一些无法辨认的字和一些我不完全理解的缩记还可以向你询问，再晚，就无法准确地完成你日记的录入工作了。今后的研究者若只看你的手书日记，使用起来困难太大不说，对原文的错读、错解是绝对免不了的。

大概因为这么些年，父亲请了不少人帮忙，自己每年夏天去宽沟躲避哮喘也花费了不少精力修订，与王建国协议出版日记的事最终还是告吹。而此一期间，我为他整理 1946 年至 1979 年三册日记，2008 年顺利出版。这次他没有再说："我的日记不用你管，将来让韩钢、宋晓梦、许医农管。"只是向张玉珍的房门[57]努了努嘴，轻声说："她是最反对你管我的日记的，不要让她知道。"这样，2010 年 4 月回国，我就从美国带回一台扫描机和一个变压器留在父亲楼上的金伯伯家，每次出差去深圳或上海在北京短暂停留，或在周末特意飞回北京，先是加紧将 2003 年到 2008 年的日记扫完，之后，将父亲在我前次到再次回国之间新写的日记扫了存好。若年底或年初没有机会回国，怕头年的日记本遗失，就告诉父亲信得过的我的某位朋友，告诉他/她我需要从几月几号到几月几号的日记，请他/她去给父亲贺年，顺便将那些日记设法帮我拍下存了。父亲和朋友们配合得相当好，从未让张玉珍

---

[57] 张玉珍卧室有两扇门，其中一扇开在客厅，是常年锁住不用的。

发觉他们的造访是受了我的"指派"。

我自己扫描日记本都是张玉珍不在客厅时向父亲索要，第二天一早送回，总是掐着时间，趁父亲和张玉珍在饭厅吃饭时进门，将日记本放回到客厅茶几的下方。待父亲饭后回到客厅坐进沙发开始跟我聊天，我就用手指指茶几下方，父亲会心一笑。

我将日记本拿回到旅馆后，为了保证当晚完成，必定请嘉楠帮忙。后来换了一个轻便的扫描尺，方便多了。再后来有了iPad，改成拍照，效率和质量更是大幅提高。

在录入 2003 年前日记的过程中，我发现程真雇用的国家图书馆职工扫描出的日记有漏页、漏边，便记下缺失的年份和日期。回国时，在张玉珍心情不错的某一天，父亲没有要求我就过去的"错误"再次检讨，我就告诉他我需要从他书房放日记本的箱子里取出某年日记，用数码相机拍下漏页。父亲就将他随身挂着的钥匙交给我，让我进入书房自行干活儿。这种活儿需时很短，一般会趁张玉珍外出购物或去医院打针时做，即使她在家，也没有引起过通常只待在自己卧室的她的注意。

2013 年完成了《李锐口述往事》一书后，我开始了将自己扫描的日记图本文件录成 Word 文本的工作，并随录随加注释，将辨认不清的字或有疑问处的页立即打印出存在专用文件夹中，我回国或者悌忠回国时，请父亲帮助解惑。做这种事时，也都是尽量避开张玉珍的。悌忠告诉我，有一次他在书房里正跟老头子辨字，听到走廊里有响动，老头子立即警觉地合上了文件夹，从书桌上取过一本书压在上面。父亲的耳背非常奇怪，凡是他注意的事情，都听得十分清楚。我常跟他开玩笑，试验他是否真耳背的最好办法，就是在他身旁跟别人说他的"坏话"。父亲的日记中对复印日记和辨字多有记述，这里只引几则：

2013 年 4 月 20 日（星期六）

六点半起床。小妹一早来，她在编辑我的全部日记，其中好些认不清的字，让我一一校正。

2014 年 10 月 20 日（星期一）

续看南央带回的一叠"日记"复印，校正个别字（极个别也认不清），还剩一多半。玉珍很不赞成南央管此事。

2014 年 10 月 21 日（星期二）

下午续校正"日记"，快看完了。

2015 年 1 月 4 日（星期日）

早餐时，xxx 来，给我三本他自制的《光荣归于民主》（李普自选集第二册），序言是我的怀念文章。去年日记他已复印好给小妹。

2015 年 6 月 8 日（星期一）

六点半起床。小妹即来，对正日记（她有全部复印件），到七点半。

2015 年 6 月 9 日（星期二）

小妹七点多来，对正日记。

2015 年 11 月 4 日（星期三）

上午小妹、悌忠来。小妹让我继续校正她复印的日记中个别字，有的我也认不清了。

2016 年 2 月 8 日（星期一）

下午小妹、悌忠来，闲谈，带走两本"日记"（复印）。

2014 年 1 月，斯坦福大学胡佛研究所决定收藏李锐资料，我从 LBNL 退休，全力投入父亲日记的输入，每天总有十个小时左右用在敲打键盘之上，除了外出旅游，即使在外州女儿家帮助带小外孙女，也没有间断过，保持着每月完成一年日记的均匀进度。

2014 年 7 月回国，我将胡佛所的决定告诉了父亲，父亲极为兴奋，抑制不住地将他以为的"特大喜讯"告诉了张玉珍。张玉珍立即起身指着父亲声色俱厉地说："李锐，你不是一般人，你是中组部的高级干部，你的日记不属于你自己，属于党。只能交给党组织！"

父亲没有同她争辩。我觉得是胡佛所的决定，让父亲看到自己的资料将与蒋介石父子资料并存，确立了自己史料的价值地位，这在他那一代有"士人"情怀的知识分子心中是太重要了。张玉珍政委的雷霆斥责，没有阻断他与我的"秘密工作"，只是在我提出希望能将原始日记本都交我带回胡佛时，他踌躇了，说："那些日记你都扫描了，有没有原件没有太大的关系吧？"

我说："当然，日记的文献价值是保存下来了，只是如果能让胡佛同时保存下它们的文物价值，不是更圆满吗？"

父亲总是应付我说："你先干着吧，原件以后再说"。我是从父亲的日记中"读"到了他的挣扎：

2010 年 7 月 26 日（星期一）

昨夜因"日记"事，同玉珍争吵，以致十二点多服眠药上床。

2015 年 2 月 24 日（星期二）

下午为日记本事，同玉珍有争论。

2015 年 2 月 25 日（星期三）

玉珍为日记问题，意见很大。

我从心里感谢习近平上台后任用的新组织部长陈希的"帮助"。

2013 年习近平上台，中组部的领导班子随即更换，新班子中不再有沈跃跃那样的人常常来家亲切慰问、热情表扬张玉珍政委。再回家探亲，开始听到张玉珍对陈希的不满逐步升级，来人便说。听来听去，听出她最为不满的事儿有三件：一是原来每月免费供应的两箱瓶装水断了，张玉珍说：一箱水才有几个钱啊，陈希上台就不发了！二是原来每周发的绿色蔬菜虽然照样给，但是要交钱了。最要命的是，父亲的司机、张玉珍的女婿张满起陪老头子游泳原来同李锐享受同等待遇——免费，现在要自己花钱买票了。张玉珍说：

父亲听悌忠讲解用手机上网（2016 年 4 月 15 日）

"太不像话了！太不像话了！"显见的，新上来的习近平的亲信们，不再买她这个为党看住李锐的张政委的账，李锐在那些人眼里是"秋后的蚂蚱蹦不了几天了"，遑论夫人。

2017 年 2 月 3 日，返回美国的头一天下午去父亲那里告别，张玉珍又谈起"现在中组部的领导坏透了……"

父亲应和着："是呀。上次雷霞[58]来家，说她的老板从香港带了五本《李锐期颐集》入境，被海关发现了，让他拿着书照了像，还当着他的面将书撕掉，警告他：你下次再带，就对你不客气！"父亲边说边做着撕书的样子，气愤之极。他在日记中有记述：

2016 年 11 月 22 日（星期二）

下午薛京、雷霞先来，雷为威盛老板平反事，让我给郑必坚写封信帮忙。雷谈到威盛老板从香港带回 5 本《期颐集》从澳门过关，被检查人员持书拍照警告，并当面将 5 本书撕毁。

我一听就是雷霞为了让李锐给她的老板帮忙，讨好李锐、张玉珍，为老板邀功瞎编的。海关扣书，我相信会有其事，但是态度那样蛮横，我则根本不信。我自己和很多朋友都经历过被扣书，海关人员的态度是绝对的和蔼，有的官员甚至用"可亲"形容也不为过，哪里会当面撕书还拍照！

张玉珍接着说："是呀，现在的人坏透了，对你爸坏透了！"

我知道她话里套着的意思是："你以后别再给你爸找麻烦。"

但是第六感官告诉我："千载难逢的机遇到了！"立即接过她的话头："你看，过去是扣老头子的书，现在是不但扣，还当场撕了。以后老头子不在了，那些日记还不都一把火给烧了。"

父亲冲着张玉珍说："小妹说的有道理！他们肯定要把我的东西全都烧掉！"

---

[58] 雷霞这个名字是 1998 年 12 月 13 日第一次出现在父亲的日记中。从后来的日记中看出她是湖南一个叫威胜电子有限公司香港老板的雇员，老板被抓，她与湖南省委的熊清泉、刘正、黄道奇等都极为熟络，通过关系找到李锐，后来竟然被张玉珍认作干女儿，在父亲家一住就是几个月。李锐为雷霞向尉健行、高法院长周强等人连年转"告状信"，没有结果。这个老板坐牢一直到刑满才被释放。此书前边提到过，我曾劝父亲既然主张"依法治国"，这种自己根本就无法搞清的案子不要管。

我算是相信了天下确有"心有灵犀"这种事儿，不容张玉珍开口，我紧逼着说："妈妈，你这次就让我把老头子的日记都拿走吧，趁着他们现在还手下留情，我进出还有自由。以后他们对老头子只会越来越坏，到那时想拿都拿不出去了。"

父亲帮衬着我："你就让小妹都拿走吧。习近平他们这些在台上的人是把我恨透了！"

话说到这份儿上，张玉珍没法儿立马 180 度调头维护"组织利益"，只好嗫嚅着："你要拿就拿吧。"

我向父亲看过去："那我就去拿了？"

父亲摆摆手："你去，你去！"从裤兜掏出书房钥匙交给了我。

压住我自己都能听到的"砰、砰"心跳，缓缓起身走出客厅。打开父亲的书房门，随手关上后，立即冲向沙发底下的那口黑箱子。这口箱子我瞄过多少次，也打开过不少回，今天终于可以将里面的日记全部带走了。

父亲和张玉珍曾经为箱子里的"六四"日记本不见了争吵过，张玉珍向我诉苦说："六四的日记本没了，老头子对我不依不饶，说：'除了你拿，没人会拿'。我哪里知道哪本是哪本啊！我一头撞死的心都有。'"

我不敢马虎，将箱子里的本子迅速清点，果然缺了 1989 年和 1990 年两本。我在书房三面墙上立着的书柜下层台面上散乱摆放的书本中翻找，又将堆积如山的书桌扫了个底儿掉，找到了 2010 年到 2016 年的本子，就是没有 1989、1990 和 2004 到 2009 年的，却意外地在几个底柜中发现了一本《鲁迅书简》，扉页写着两行字："二月十四·四六年承德，新自平寄来"是父亲的字体，另一行是母亲的字迹"一九四六年二月十二日购于北平东安市场"；还有几本工作笔记，但是序号不全，"中组部"缺①、②，"培养第三梯队"只有（1）。但是不敢继续翻找，1989、1990 的日记原件太重要了，我不能在这上面浪费时间。

鬼使神差，我看到南面靠窗书架和东面书柜之间有一个小小的缝隙：莫不是藏在书架的紧里头？我把左胳臂的衣服袖子退到肘部上方，脸和胸部紧紧地贴在南面书架上，将左手臂费劲地伸进那个夹缝，用指头尖向书架的最深处够去，真就触到了一个本子。将那个本子向外拨弄，啪的一声倒了，感觉到内侧还有一个本子又倒在了这个本子上。将两个本子一点点地从夹缝中赶出来，"老天爷啊！"本子封面上各贴着父亲亲笔写的"1988.9-12 1989.1-12"，"1990"的方纸片。我这一生经历过两次狂喜，第一次是1979年元月一日，接到父亲告知他即返京的电报，第二次就是找到这两个本子。

我猜想最大的可能是父亲知道这两本日记至关重要，怕被张玉珍交给组织，从黑箱子里拿出另外藏在这里的，自己却完全忘记了。

我走进紧邻书房的小余房间，问她可有拉箱之类的借我用

BBC 2017年4月15日采访截图
（网上资料。箭头与下方说明是作者加的）

用，她把平日买菜的挂袋拉车给了我。我把那两本日记放在最下面，然后将其他本子一一点过列出清单。把拉车留在小余的房间，拿着清单返回客厅。父亲在看报纸，我把清单交给了他，并递过去那本《鲁迅书简》："我找到这本我妈给你买的书，给我行吗？"

父亲说："拿去，拿去。"

我又告诉他没有找到2004年到2009年的日记。父亲向张玉珍的卧室门点了点："你去问问她。"

我走进张玉珍的卧室，先给她看了那本鲁迅的书，翻开扉页："这是我妈买的书，我爸同意给我了。"她面无表情地"噢"了一声，既然没说"不"，我就当"是"。接着说："2004年到2009年的日记我怎么也找不到。"

她说："是嘛？"

随即从抽屉里拿出一大把钥匙，领我走到大门背后立着的柜

子前，指着最上面的绿色文件柜说："你看看在不在那里边。"

小余帮我搬来了个小梯子，我爬了上去，钥匙试了一把又一把，张玉珍在下面看着，终于有一把开了锁。打开柜门，里面空空如也，什么都没有。

张玉珍愣了："怎么空了？！明明是放在这儿的。"

我怕再计较起来出岔子，赶紧说："没了就没了，不找了。我还得去悌忠家跟他的父母道别，再去大姨家看看，得走了。"

我回到客厅跟父亲告别，说："2004 年到 2009 年的日记没有找到。不过没关系，反正我那里有扫描件了。我走了，下次回来再来看你。"

父亲又冲张玉珍的房门努努嘴："跟妈妈说了吗？"

我说："说过再见了。"

父亲冲我竖了竖大拇指："好、好！"没有起身。

有人送了他一个按摩椅，按摩过度把腿给敲坏了，游不了泳不说，连走路都困难了。

出了父亲的单元门，我直奔楼上，将小拉车存放到金伯伯家。

晚上办完事回到旅馆拿了个空箱子，到金伯伯家将拉车里的书腾到箱子里，又下到楼下，按了门铃，小余开的门。听到客厅里的声音山响，知道父亲和张玉珍在看电视。我把拉车还给小余，悄声说："我不进去了。谢谢你，拜托你照顾二老了！"

小余说："小妹姐，你放心了！"

第二天到机场，这箱日记我随身带着，过完安检进入候机大厅，才觉到内衣已经被汗水浸透。

这其实是我最后的一次机会，十月份再回国，张玉珍对我发难了。苍天有眼！苍天有眼啊！！

我后来在父亲 2017 年的日记本里看到了三则日记。父亲虽然没有留下正式遗嘱，但是他亲笔写下的这些字句，确证了将日记交胡佛所存是父亲本人的意愿，张玉珍也同意了，而不是我未经许可擅自抢走的。"李锐日记"成了"李锐日记"是李锐生前捐赠给胡佛所最重要的证据之一。

2017年1月30日（星期一）

六点起床，看电视。南央一早来，同玉珍一起谈日记问题。杜老知道信息多，她同意我的同样处理，交胡佛馆存。

2017年2月3日（星期五）

六点半起床，看电视。南央今天回美国（房子在改造）。留下带走和没带走日记的清单。

2017年2月23日（星期三）

……杜老来，谈《炎黄春秋》老人，没有一个投降的。玉珍谈南央管《日记》事，赞扬了她。

2018年3月26日是父亲的最后一篇日记，我于2019年2月14日晚录入完毕，两天后——2019年2月16日，父亲辞世。

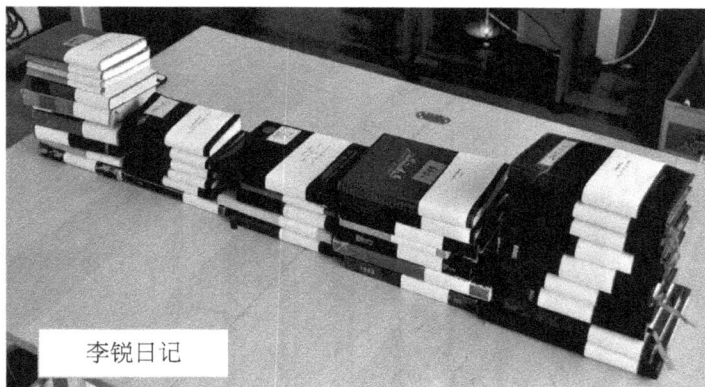

李锐日记

此后，接受媒体电话采访、出镜对谈，准备胡佛所李锐日记发布会、胡佛董监会报告，并出席会议；意想不到的又从大洋彼岸横飞来张玉珍、范苗和范茂提起的两项法律诉讼，起而应对。已经全部录入的李锐日记，具有了便捷的检索功能，成了保卫李锐资料最有力的武器之一！

在一片纷乱之中，我保持着内心的平静。2019年11月30日完成了所得父亲工作笔记和会议记录七十五万字的录入和注释。此时的我年过六十九岁，罹患血癌两年有余，思维仍然明澈，条理依旧分明。感念苍天的眷顾！

2019 年 7 月，一位北京的朋友告诉我，那些留在父亲书房、留在张玉珍养女钟小玲家客厅里的资料、信件和书籍，一夜之间都不见了。张玉珍说，按照李南央的要求交给了她的一位朋友。张玉珍说这话时，已经是将我告上法庭之后了。谁愿意信她的话尽管去信。我告诉自己：你尽了全力，你的力量有限，不要遗憾，不要太过自责。

整理成册捐赠给胡佛研究所的部分李锐、范元甄来往信件原件册

跋扈的老革命张玉珍

朱正先生是父亲平反复出后的莫逆之交。父亲的很多文章其实都是朱正先生起草，父亲稍稍改动几个字，署上自己的名字就发了的。那本史书《庐山会议实录》中有一整章出自朱正的手笔。朱正先生与

在长沙拜访朱正夫妇（2015 年 11 月 10 日）

围绕在父亲身边的一些人非常不同，奚青曾经找过他，让他参与一起跟我谈谈，让我做个公证，表示父亲走后自己什么都不要。朱正一口回绝了："这是人家的家务事，我们怎么好管？"朱正先生将这事一五一十地告诉了我，还补充了一件事：一次他去 22号楼，恰遇张玉珍在跟我父亲吵架，见他来了也不住嘴："李锐，你别以为我对你好是为了你，我是为了我自己！"

2018 年 4 月，我陪普林斯顿大学的一位教授去长沙拜访朱正，在送我去机场回北京的路上，朱正先生在车里说："我告诉你一个笑话。你爸有一次问我家里的财政是如何管理的。我说：'我的工资全部交给老婆，我的稿费自己使用'。过了些日子，你爸跟我说：'你那个方法不行，玉珍不同意。'"我俩一起哈哈大笑。

我是在整理父亲的日记时，进一步地了解了张玉珍对父亲非但不理解而且极为跋扈。也是从这些日记里，我才知道，一向对我严加训责不许沾光的父亲，为张玉珍的养儿女、亲戚、朋友和"熟人"，还有原本八竿子打不着、不过对张玉珍略施小惠的人，做了那么多出圈的事儿。这里摘录部分于下，这些记述白描出父亲晚年深深陷入的、无以自拔的生存境况。我在一字字、一遍遍地校对父亲的这些文字时，总是悲从中来：爸啊、爸啊，你怎么

就看不出为换得张玉珍的"照顾"，自己付出的是什么啊？！

1988 年 7 月 10 日（星期日）

夜张莉[59]带儿子刘裕章来，要为利比亚石油支付找林部长，求我作中介。我心中反感，晓之以理，无此必要也。玉珍当然极不高兴，不给面子，就不想想，万一林部长反感又将怎样？

1991 年 7 月 9 日（星期二）

整天间隙喘息，过四小时左右喷一次。同整理资料，清整带走物件有关。

玉珍很烦躁，我也烦躁。她完全不了解我对当代历史自己应负的那点责任之心。

1992 年 6 月 19 日（星期五）

上午悌忠来，彭小蒙随到（其妹夫为高能所的核物理学家，现在达拉斯与小妹一起工作，在美国呆了几个月认识了小妹）。彭为当年著名中学生红卫兵头头，坐了二次牢，现在编译所编《社会经济体制比较》，因此麦克法夸尔请去。两人有争论，自认对红卫兵运动与文革有自己看法。父亲为彭炎，新四军老干部，同赵朴初友善，喜诗文。

为彭小蒙来玉珍不快，说朱嫂说，谈邓小平。真是莫明其妙之事（估计是王宁谈南巡），引起大吵一顿，极为生气，如此不可理解，我重视老三届中自己奋斗出来的人，这是一代希望所在。

1993 年 7 月 6 日（星期二）

遇见周建南，问我见到许家屯事，乃李金铨家宴碰到，要我给江信写清楚（真不知港台如何报导也）。为此事，玉珍对我又大光其火，极不愉快。

1993 年 7 月 8 日（星期四）

平江县长、老傅等来，谈《县志》问题，将李荣光信内容作了介绍，真要成为一部站得住的志书，非动手术不可。问题在原来班子没安排好。

莫明其妙又惹玉珍发脾气，很是不快，并诬我先发脾气，只好置之不理。

---

[59] 张莉：张玉珍的挚友。她的丈夫刘云鹤是局级干部，与张玉珍同在建工部工作。

1993 年 9 月 8 日（星期三）

上午总算同玉珍谈通，小妹 Fax 嘱办各事，原来有备忘录，怕我忘却又提醒也。因此别扭了多少天——到国外去惹祸！从何说起。

1993 年 9 月 18 日（星期六）

早晨同四益电话，谈及反腐败，雷大雨小，打老鼠不打老虎，走过场时，玉珍进来听到了，横加贬责，是不是共产党员？使我火从中来，拍桌生气。早餐也未同食。然而还得一起上医院换氧气瓶。

陈四益（左）和王建勋在父亲家作客
（2013 年 10 月 11 日）

1993 年 9 月 21 日（星期二）

琬姐从杨仁伅转来信，对我美洲之行极表忧虑并怀疑小妹有什么明堂（可能同玉珍担忧有关）。

1995 年 6 月 10 日（星期六）

晚上因林静聪[60]来电话，约定明天上午来，引起玉珍不满，"沉默的冲突"。终因朱正回来时我未发言，睡前爆发自掌也。

1995 年 7 月 28 日（星期五）

昨夜因搬房事心中不快（此次检查，两个肺都气肿），总想找个空气好点地方，玉珍坚决不赞成。只好服眠药。三点半醒来，即不能再睡着了。

这里需要说明几句。自父亲所居复外大街 22 号楼前架起了通往钓鱼台国宾馆的高架桥后，楼外空气变得十分污浊。父亲患有严重哮喘，希望能换到空气好些的地方居住。中组部在万寿路盖了新楼，父亲极愿搬到那个大院。但是张玉珍强调复兴医院就在 22 号楼旁边，她就医方便，坚持不搬。永远地错过了搬离 22 号楼的机会。这则日记印证了朱正先生听到张玉珍吵架时对父亲说的那句话："李锐，你别以为我对你好是为了你，我是为了我自己！"

---

60 林静聪：毕业于哈佛的美国博士生。在中国研读时，多次拜访李锐当面请教。1993 年父亲赴美参加科罗拉多大学中国 "党一国" 研讨会时去波士顿接受《中国革命》制片人采访，即是林静聪担任的翻译。

跛扈的老革命张玉珍

1996 年 7 月 24 日（星期三）

将两篇谈毛与中国传统文化文改好（1993 在武汉，94 在杭州），续改赴美讲话。玉珍来，工作时间缩短，昨天还为我只管伏案而斗了几句也。

1996 年 9 月 12 日（星期四）

昨夜看电视时，哮喘发作，玉珍在旁谈有关小妹"钱袋"事，引起不快，顶撞起来，不欢而散。睡前再喷 Ventolin，服眠药上床。

1996 年 9 月 13 日（星期五）

夜若水来电话，玉珍责我不该讲"敌情"事。

1996 年 9 月 23 日（星期一）

为汽车事，晚上与玉珍大口角，我大发火，又自掌嘴一次。痛苦之至，如何是好。大概十二点，始服眠药上床。

这里也需作个说明。张玉珍总是抱怨父亲的专车过于老旧与级别不符，说新上任的张全景的车是个什么牌子，中组部欺负李锐，逼他去跟部办公厅交涉换辆新车。父亲是最不愿意为这类所谓"待遇"事情去求人的。

1996 年 9 月 24 日（星期二）

五点起床。饭前同玉珍空前大吵，我责其遇事干涉过分，心地狭窄，毫无女人美德——温柔。一生顺境，对一切指责过多，对孩子们都看不顺眼等等。

1996 年 9 月 29 日（星期日）

上午清理杂件，将玉珍不用小桌并入我的书桌，扩大我的书案了，很是满意。满起一家来。中午略休息，下午到南三环家具城，为玉珍购得一双人床，1800 元（铁床反便宜约千元即得）。逛到五点多始归。

1996 年 11 月 17 日（星期日）

张廷发秘书前两天回话：信已于收到第二天批示现空军副政委，交管人事部长、科技处长办，争取今年解决职称。否则明年一定解决。

1996 年 12 月 12 日（星期四）

晚上李长盛与小彭来。说他的芒果公司发行 A 股事。给朱镕基报告让我转去，当拟好一信。为代替可乐，应当支持也。

1996 年 12 月 27 日（星期五）

上午李长盛等来，写第二封致朱镕基信，要我转交。

1997 年 1 月 4 日（星期六）

下午李长盛与小彭来。朱镕基批准了"恒春公司"发行 A 股。全公司高兴之至，特来向我致谢。

1997 年 6 月 3 日（星期二）

为胜利转高工事，给张廷发的韩秘书电话。

1997 年 6 月 17 日（星期二）

玉珍对这种外国人访谈，很是反感。一整天被"朝日发送"占去了。上午谈了三个小时，电视灯一直照射着。主要谈三峡和毛。让小贾作了记录（中联部柴尚金上午也在）。也谈了点秦城生活等。下午拍照片及"龙胆紫"原件，并漫谈对日本的观感。请他组成放送带时，不要断章取义。谈到 BBC 对李医生处理事。

1997 年 6 月 22 日（星期日）

终日舌头发炎疼痛不已，影响吃饭。为"脸色"不好玉珍又发雷霆一次也。

1997 年 7 月 4 日（星期五）

为刘云鹤[61]事同李铁林谈（到我办公室来），要我在信上批一句话，"当然起作用"。关于我的"部级"问题，没有想出解决办法，因还有 30 多 7 级，以及伯克、白治民二例（地下省委书记，大区副书记），我强调中顾委资格（此事实不想再谈了，但玉珍甚关注）。

1997 年 7 月 10 日（星期四）

早饭前上北坡散步，看木表房子等。饭桌"失言"，玉珍大不快。

1997 年 8 月 12 日（星期二）

小贾引来出版社刘正兴（原赤峰组织部副部长）谈小虎[62]事业事，答应尽力帮忙。

1997 年 11 月 22 日（星期六）

整天无力，彻底休息。上午为"深圳园东园保健医疗药浴中心"写

---

[61] 刘云鹤：局级干部，与张玉珍同在建工部工作，其妻张莉是张玉珍的挚友。

[62] 小虎：张玉珍弟弟的儿子。

招牌。陶森等三人来取（玉珍收笔资千元，我熊了她几句）。

1998 年 1 月 19 日（星期一）

玉珍好友张莉来，呆了大半天，一起午餐。将《开放》借与。一起谈玉珍最近生气事，为小芹[63]之忘恩负义，小徐〔按：应为许〕之贪财，胜利之窝囊。

1998 年 2 月 19 日（星期四）

午睡半小时，玉珍客人夫妇来。李文川副部长三点来，与客人碰了头（解决职务上调问题，交警队）。

1998 年 2 月 20 日（星期五）

下午又继续作字到四点毕。总计在宾馆共写大中条幅 20 张，一切人等都照顾到了，包括玉珍的熟人（乃张莉亲戚的朋友等）。虽然勉强也只得照办。实在是写累了。

1998 年 6 月 28 日（星期日）

四点起床。续看了些资料。《时代信息》昨晚翻了大部分，拣出部分被玉珍收拾客厅时归拢了，气得大吼了几声。

1998 年 12 月 27 日（星期日）

玉珍到张全景家去谈了十来分钟，为房子事，关系到所谓正部级问题。张未明言阻力何在，他是同情的，顾委也只有三四人也。玉珍还谈到李鹏住 24 号楼时，是找我帮的忙，江也为自己事来过我家也。

1999 年元旦（星期五）

年来赠书甚多，密密摆满一书架，使得玉珍不高兴：搬来搬去，只同书打交道。

去年稿费收入大大空前（近 20 万），零星款项玉珍当然记不住了，发生误会，大别扭一阵。从不过问家庭经济，夫人却有个"保密"心眼也。

1999 年 5 月 31 日（星期一）

晚上看电视时，刘双平来取走一大捆字。我甚冷落，还说老了，已八十二岁（不能如此使用也）。玉珍原嘱我客气待之，结果反是，她很是生气。

---

[63] 小芹：张玉珍弟弟的女儿。通过李锐调到中组部招待所做服务员。

1999 年 6 月 1 日（星期二）

为胜利职称事，给张廷发的韩秘书电话，请予帮助。

同玉珍一天没有交谈，在生我的气也。

1999 年 6 月 3 日（星期四）

同玉珍完全恢复常态了。对 31 晚发生的失礼事件正式道歉。

1999 年 7 月 20 日（星期二）

早餐前到山边上坡小道散步，并到凉棚圆桌小坐。发现铺路卵石小量散在山沟，花纹不错。下午仍到原路散步，捡回四五十粒有各种花纹小卵石，洗净置于盆中，颇堪欣赏，自得一乐也。玉珍却无兴趣。

1999 年 12 月 3 日（星期五）

上午陈砚发等四人来。陈因"经济问题"被收押了十多天，问题很快弄清。他负责岳阳开发区，现为定为"国家级"来京活动，找老同志签名（玉珍后来告我，给 2000 元签名费，硬退不成）。

2000 年 2 月 29 日（星期二）

早餐后，同张作斌、熊鉴沿湖一转。那些小别墅和钓鱼屋（有二十多座）不知何时爆满过，门都烂了。陶森同此间合作人六七位来（后知那位女士送了玉珍礼物）。他的酒厂已合作成功。又要写字。

2000 年 3 月 14 日（星期二）

上午整理行装，大概"土特产"太多（"三讲"前后毫无变化），许多人送的东西，玉珍经手，我也不知，此次黄道奇送的最多，从吃到用。

2000 年 5 月 19 日（星期五）

上午米脂县委书记甄达梅和两局长（建设、水利）来，表示谢意。水利部已批 200 万元，让省水利厅拨。建议他们找郭洪涛筹款。今年又旱，庄稼种不好。送我米脂剪纸一本。

2000 年 6 月 23 日（星期五）

晚上榆林电力局长来（40 岁），陈海宽陪同。杨东[64]可到该局当司机。

2000 年 9 月 2 日（星期六）

上午陈海宽同米脂副书记来。米脂甚穷。榆林 11 县，北 6 县有煤、

---

[64] 杨东：张玉珍外甥女佩珍的儿子。佩珍是钟小玲的亲姐姐。

油，富，南 5 县穷，财政靠北部补助。米脂 22 万人，吃公粮人一万多。建议多在土豆、红枣上做文章。粮食还够吃。必须先进灌溉。赠《直言》与《实录》。其人还要字，于是说：杨东的工作解决了再写。玉珍很是高兴。

2000 年 11 月 10 日（星期五）

到办公室，将小芹子的诉苦信件（12 年洗衣工中氯毒，退休应按工伤事故）交李智勇，并谈小赵户口落实等问题。

2000 年 11 月 15 日（星期三）

胜利来，升高工事，似又遇到阻拦。他已五十岁，心情当然不好。这次考试，英语等都过了关。玉珍和我都给予安慰。

2000 年 11 月 19 日（星期日）

胜利高级工程师考试，原以为可以过关，结果因答辩不好，将通不过。玉珍很着急，电话找人"说情"。我几年前找过张廷发，张也批过，未起作用。今天几次电话找出差的张的韩秘书，几次扑空。

2000 年 11 月 22 日（星期三）

这几天为胜利能进高工职称而伤脑筋，玉珍很急。给那位出差在外的韩秘书（张廷发的秘书，97 年我曾向张写过信请关照）多次电话，无人接应。一所所长等是支持他的：工作负责，也有成绩，得过功奖。此次全国考试，评委甚严，他英语过关，答辩不好。晚上同海政科教处处长崔振通了电话，了解此种情况，又同张鸿元所长通话，只能明年才考了。可以考到 55 岁。

2012 年 4 月 14 日张玉珍一家为李锐过生日（前排左起：李锐、张玉珍、张毛竹/钟小玲女儿）。后排左起：张九华/小芹丈夫、钟胜利、小芹、小余、钟小玲、许俊华/钟胜利妻子、钟秋林/钟胜利女儿、王军/毛竹丈夫、张满起。

2001 年 1 月 17 日（星期三）

廷栋与小曾、韩虎林来，《组史资料》的 3.2 万元稿费交到玉珍手上（他们走后，玉珍才告知，因我曾表示过定要少拿）。

2001 年 4 月 7 日（星期六）

玉珍又因一个电话（小妹嘱电视台朋友录音）而生气。

2001 年 4 月 22 日（星期日）

上午米脂县长张雁冰（师范生）等三人来，要利用天然气办一 10 万千瓦燃气热电厂，省已批准，要求国家以 0.2—0.3 元一立米出售。给吴邦国、曾培炎写信介绍（他们还留下有关水利要钱两件）。

2001 年 4 月 23 日（星期一）

为米脂县的三项水利工程求款事，给汪恕诚部长信，只提到供水管道 470 万元，其余两项没提。

2001 年 4 月 24 日（星期二）

上午米脂张县长来，取走我写给汪恕诚的信（只讲了一项供水管道要钱 400 万事），其人较有水平，只看得起朱镕基、温家宝，下面都希望朱留任一届。江好讲话而已。

2001 年 5 月 21 日（星期一）

为胜利证明是福建畲族身份，同张家坤通电话，并转去信件。

2001 年 7 月 8 日（星期日）

今天胜利、杨小玲、满起三家都来，午餐、晚餐丰盛之至。胜利的高工职称问题很难解决，写了个申请书，为之修饰，严加责备：字要写端正。

2001 年 7 月 27 日（星期五）

申奥团在此地开总结会。下午袁伟民来小坐……为了满起的工作，给袁一短信，薛京同袁的秘书先联系。

2001 年 9 月 1 日（星期六）

满起与小玲来，工作大体可解决了。

2001 年 11 月 1 日（星期四）

孙晓群来，谈满起接任司机事，他们同意了。只能是借调，"不要宣扬亲戚关系"。

2001 年 12 月 7 日（星期五）

米脂县要 300 万修河堤，水利部批下了，玉珍很高兴。佩珍姐姐一家昨天来（夫妇与儿子），对这位不太懂礼貌"白毛"老人（72 岁），我比较冷淡，使玉珍不高兴，只得设法转弯。

2001 年 12 月 8 日（星期六）

米脂县要的治水款 300 万元，水利部批了。玉珍特告知张县长。

2002 年 1 月 31 日（星期四）

昨天同陶森谈话时，因玉珍讲的问的不地道，用脚碰了一下，惹得生气，今天正式抗议。

2002 年 2 月 1 日（星期五）

李慎之参加韦君宜告别后，特来送悼念若水文（我没有接到通知，也就没去了。昨天丁冬放夫人曾告知）。谈到张宣三对我失望。去年讨论几次，请他草拟的上书原稿，终未能发出。慎之认为我比他更"安全"，应当单独出面"上书"。直言其事其议，不必任何担心。现在最恨的就是那位"左"爷和他。谈到光远的"死不改悔"（马克思主义）。对若水的看法与我一致（告诉他北大知识分子座谈会上我的发言）。他愿意一起商量如何写法。

玉珍很不同意，说我"不知天高地厚"，总是怕出事也。六四余悸犹存。

2002 年 6 月 2 日（星期日）

胜利一家来。胜利不礼貌，使我生气，只同玉珍一谈。

2002 年 6 月 15 日（星期六）

关于文集出版，陈说：二千套（可散卖），版税 10%。定价约千元一套（则可收入 20 万元也。玉珍关心此事，由提出）。争取今年将稿交出并能付印。下次再正式签订合同。饭后即同陈、孙并周成启告别。

2002 年 6 月 26 日（星期三）

上午李劲祥的女儿等三人来，让我参加一个新科技（节能）投资项目活动，玉珍定要我应付。

2002 年 7 月 1 日（星期一）

一早薛京来，取走满起简历，即日调来。小赵回四川已作好安排，须带动几天，熟悉常走动处。

2002 年 7 月 22 日（星期一）

满起调来事已办妥。小赵在四川工作也已安排好了，明天可以正式交接班。

2002 年 8 月 9 日（星期五）

午间休息时，满起一家来，接走丁东回城，再返回（如此往返，未经商定，因刚上班，不便道出）。

2002 年 8 月 11 日（星期日）

为满起借调工资事，向袁伟民写信。

下午天阴，有过小雨，仍游 10 圈。满起一家回城。

2002 年 8 月 25 日（星期日）

下午玉珍回家洗澡。米脂张县长三人来，又是高中要经费，只能向计委曾培炎写几句。张谈到陕北人刘澜涛、郭洪涛、习仲勋、安志文等过去都不为家乡批转任何要求。我这个外省人却有求必应。

2002 年 9 月 23 日（星期一）

上午小关、杨小玲先后来，都是关心玉珍的身体。送来补品、药物。小关听到张莉同玉珍的交心话，玉珍对我之"全面满意"，处理家庭等。由于张莉的去世，嘱小关隔一两月来一次。

2002 年 9 月 26 日（星期四）

上午崔军夫妇来，将高阿姨（高日星）[65] 及儿子沈甦写的两信交他，我批了几句话，无论如何帮助解决。高曾向我老伴下跪求情。崔军也写了自传《田夫之子》（父亲崔田夫），要我写序。于是正好作个交换价钱也。

2003 年 1 月 18 日（星期六）

下午张扬来，他编了 160 万字的《鲁迅语录》，将内容目录件与我……张两次谈到，没有玉珍招扶，难以活到现在。玉珍却为我"默不吱声"数说我。我说，不是我的宣传，谁知道此情？

2003 年 3 月 9 日（星期日）

上午吴勇、轶青夫妇来，取走序言和书名字条。谈起苏绍智想回国

---

[65] 高阿姨：张玉珍的好友。

事，玉珍怪小妹多事[66]，引起我大发脾气，玉珍也火了。他们忙着安慰。

2003 年 9 月 10 日（星期三）

准备下午讲话。可是玉珍不解具体情况，埋怨我不该接受这些活动（怕出事情），惹得我大发脾气，说我是谈 CO_2、SQ_2 问题也。

2003 年 12 月 9 日（星期二）

由于发给方行重的信件（寄吴书与诗文），竟同玉珍大吵大发脾气，同佩珍谈生气原因。

2003 年 12 月 11 日（星期四）

玉珍也主动转弯：再不来你的书房了（免得妨碍你的工作），一笑了之。第一次听说："我也有错"。

2004 年 3 月 3 日（星期三）

上午米脂县县长王丽华和教育局长、职业学校校长来。米脂仍是陕西 15 贫困县之一。盐矿深二千米，注水吸出，产量很好。有一报告，要求米脂中学房建 1300 万元。只好向教育部长周济写封信，说明自己在延安六年，老伴是米脂人，刘澜涛、马文瑞都是米中毕业的，我只好奉命写此求援信也。送来一些小米杂粮等。

2004 年 4 月 12 日（星期一）晴

佩珍多次电话，为杨东到县公安局当司机事，玉珍还同那位女县长发生口角（县长后向人事局长认了错）。此事定要县长、县书点头。我只好同张书记通电话，同意解决。

2004 年 8 月 8 日（星期日）

上午玉珍同胜利、小徐，由姚监复陪同，一起到徐水孙大午农庄，为秋林上学事[67]。秋林 15 岁，只考 300 多分，进不了高中，拟在大午中学重读初三，再读完高中。完全寄宿，这样孩子脱离母亲的溺爱、照顾，独立生活，以改变各种依赖与不良习惯。该处中学在保定地区名列第三。老师都很不错。下午回来，玉珍和胜利都主意已定。

---

[66] 苏绍智先生给我电话，很想回国，欲请父亲帮忙。我答应将他的信转交父亲，请父亲为他设法疏通。

[67] 小徐：许俊华，父亲总误写作"徐"，钟胜利的第二任妻子，秋林，是他俩的女儿。

2004 年 8 月 15 日（星期日）

胜利一家午餐吃饺子。同秋林、小徐〔许〕谈上学事。15 岁不小了……母女已同意去大午农庄中学，再重读初三一年。

2004 年 9 月 2 日（星期四）

满起送秋林去徐水的学校，小徐居然提此要求，午饭时为此发了火：下不为例。没有游泳。下午作字，多时不作，很不顺手，写坏好多张。玉珍处留有要字的条子，明天还得续写。

2005 年 6 月 8 日（星期三）

陈海宽从陕北回来，带来照片。玉珍老家已废的三个窑洞，还有村办公室的四个窑洞照片，其中两个是准备接待玉珍用的。

2005 年 12 月 3 日（星期六）

上午米脂县水利局长二人来，为建一个小水库，向水利部要三百多万元事，玉珍已同周保志[68]谈及。周要星期三才回京（明年即办离休）。

2005 年 12 月 7 日（星期三）

下午周保志来，米脂县修小水库的报告，必须由省里有关部门认可后才有效。玉珍当即同米脂通了电话。

2005 年 12 月 13 日（星期二）

小彭电话，长盛十二月一日在海口被酒后驾车人撞死。玉珍甚为悲恸。因长盛近年来认她作干妈也。

2007 年 1 月 11 日（星期四）

陈海宽来，明天回西安。一起午餐。吃一大碗面，吓了我一跳。玉珍同米脂县长通电话，杨东问题定解决，要她放心，佩珍也高兴了。

2007 年 2 月 27 日（星期二）

有平江人罗振宇请客。罗搞气功、点穴疗法。送著作《任督流注点穴疗法》（有图片）。我同他谈"三元功"，我在秦城练了六七年。他手指按穴位，手指自然震动。还有许向阳夫妇（许 33 岁，毕业湖南师大的，在岳阳工作）送著作两本《月上心泉》、《脊梁》（都是散文，广州出版）。在天津百饺园吃饭。原来许有个什么冤案，要申诉。李普签了名，

---

[68] 周保志：李锐复出后的第一任秘书，从水电部跟随李锐到中组部。后曾任水利部长江水利委员会党组书记、副主任，水利部党组成员。

我也只好签名。大妹对此很有看法。

2007 年 5 月 29 日（星期二）

下午三点半到琬姐家，雷霞同去，王敬之和三妹一家，谈过去家事，对灼姐一家看法等。晚餐极丰富。琬姐吃得比我们多。玉珍告诉琬姐，雷是她的干女儿。

2007 年 8 月 22 日（星期三）

早餐后，玉珍强我同去办公室，又没讲清楚，让我给党校副校长打电话，谈韩村河事。那笔贷款 2.46 亿事我也不清楚，薛京拨通电话，我只好让挂上。然后看给曾庆红原信件等。苏志宏恰恰来了，我发了牢骚：不能如此将我当工具使唤。最后只好给不认识的苏副校长写封信，将原致曾校长的信再重复寄一次。

2007 年 10 月 23 日（星期二）

上午张青义来，"生花斋"不会赔本。又交玉珍 1.1 万元。让我为林润生五十感怀诗两首写横幅、条幅（林是新会县教育局长）。写坏两张。张送我两刀好纸。留午餐。

2008 年 5 月 14 日（星期三）

小关[69]又来，让薛京处理她那个儿子的事件。我忍不住说了两句重话：写的信件看不懂，教人如何处理？

2008 年 5 月 21 日（星期三）

小关同儿子来，为参加上海地铁建设事，将信件转俞正声同志处理。

2008 年 6 月 3 日（星期二）

小关儿子事，俞正声已批示办理。

2009 年 1 月 12 日（星期一）

玉珍为佩珍儿子杨东的工作事，同米脂县委书记等人打过无数次电话，不得解决。父母和杨东又老来电话，真是烦透了。

2009 年 2 月 24 日（星期二）

玉珍约韩磊来，办毛竹找工作事。已经由人事部处长同她通过电话，我给水电集团负责人范集湘、袁柏松写了封短信：如合条件录用，

---

[69] 小关：张玉珍好友张莉的儿媳妇。

请予关照。

2009 年 2 月 28 日（星期六）

为给胜利友人写字，同玉珍大吵了几句（我问情况，是有关字的内容，并非轻视也）。

2009 年 4 月 27 日（星期一）

晚上米脂县的公安局长 文灿（原文此处空字——李南央注）来（在公安大学学习十天，全国五百多局长）。谈杨东工作安排事，直谈到十点半，还给张雁冰（书记）写了封信。为杨东事，玉珍伤透了脑筋。

2009 年 6 月 15 日（星期一）

杨东的工作得到解决，这是玉珍找牟广丰帮忙的。牟在西安给榆林负责人电话，告米脂县长经办的。那个县委书记拖着不办，居然来电话自表功。

2010 年 4 月 6 日（星期二）

张青义送来在江西做的大樟木箱，并字幅卖款万元交玉珍。

2010 年 6 月 13 日（星期日）

七点起床。上午人客不断。最后是玉珍老友儿子为体制内身份上诉信代转签名（两个机关的负责人都知道我也）。

2010 年 7 月 13 日（星期二）

上午张秋石来，送水果等。他的期货公司已被国营收购股份 70%（给四千万元），他们只留 30%。让我写两幅字（交玉珍六千元润笔费）。

2010 年 8 月 11 日（星期三）

罗振宇同四位友人来，求写字幅："道在悟真，学贵有恒"，又给玉珍按摩，只得应命（罗谈过去给宋任穷等治过病，宋有八个儿女）。此人看来很会社交。

2010 年 8 月 13 日（星期五）

罗振宇又来，为两封信件转交，一份为一小经济案件寄浙江赵洪祝，玉珍也同意，只好交薛京寄出。

2010 年 11 月 26 日（星期五）

钟勤昌要去三套《文集》，两套送湖南在位厅局级友人，签了名（向玉珍付了款）。

2011 年 1 月 28 日（星期五）

苏志宏来，为两条大羊腿，知道玉珍爱吃羊肉也。去年七月，为他们公司诉上海一公司借款纠纷案，我给俞正声写了一封信，俞当即批准，并给我写了一封亲笔信（10 月 11 日写的），信尾有这样一句："欢迎您来沪检查指导工作"。

2014 年 2 月 21 日（星期五）

黎学清来，帮忙秋林的工作安排。

2014 年 6 月 10 日（星期二）

上午薛京来，让看玉珍外孙（在部队十年多）想留转升级的信件，考虑找谁帮忙。

2014 年 8 月 21 日（星期四）

谢韬女儿带来三位客人，要我的《文集》。特向他们谈三大问题，以及我的几件往事。他们都同意我的观点。玉珍劝阻，我就说，就是要宣传我的思想也。

2014 年 8 月 24 日（星期日）

上午罗振羽来，送月饼，要四套《文集》，一集签名。钟开天为我画了幅大画，为此留住一周。他的交往太广，又为一人转岗位让签信件。

佩珍三岁的曾孙女治病，来了杨东妻儿、媳妇等四人。

2015 年 1 月 6 日（星期二）

陈海宽又送来茶叶两盒。赵来群来，让他同薛京谈他父亲（95 岁）的问题，职称没解决好。海宽为渭南、榆林两师院升大学事，让我批交刘延东解决。

2015 年 1 月 8 日（星期四）

赵来群为父亲职称上诉件寄刘延东处理让我转（刘在朝阳区当过区委书记）。该事涉及该区。此事过去组织部老干局解决不了。

2015 年 2 月 4 日（星期三）

六点半起床。两大幅七律各有一字需改动。小余帮忙剪掉，贴纸。三幅字给台湾的书法会展，总算完成了。陈海宽上午来，带走了。告诉他写坏了十几张纸，真正老了，再不要揽这种活了。

2015 年 7 月 29 日（星期三）

上午钟万昌来送蜂蜜，照例有两上诉件要钱，让签转。还有副省长求写一"电商"招牌上网。雷霞来，也为一老友姐张帆写"上善若水"，玉珍也赞助，只好午餐前写就。

2016年1月24日（星期日）

张平凯外孙戴栋夫妇来，玉珍托办事（为朱维民找医生，戴在 301 工作），办好了。还送大篮水果和大米等。

2016年1月27日（星期三）

戴栋来，为朱维民看病事已联系好，他去接朱到 301 医院，玉珍对他非常满意。赠《口述往事》（原以为送了）。

2016年1月28日（星期四）

戴栋来，送我俩各一套内衣裤。朱维民已带到 301 看过，病不严重，过年后手术，半个小时。我出示《大哉》，讲内容及其中照片。他即言可复印 10 套与我，真是意外。

2016年1月31日（星期日）

戴栋来，为玉珍送膏药。

2016年2月2日（星期二）

上午薛京来，雷霞来，他们夫妇经营的大旅游车 40 辆的产业停顿了，车也卖不出，贷款还不出。让我送一本《口述往事》给湖南省委秘书长向力力求援（当过熊清泉的秘书），只得照办。

2016年3月30日（星期三）

戴栋、梁韬来，一起午餐，代转两信。

2016年4月5日（星期二）

戴栋送来《大哉李锐》复印本，照片多不清楚，须改印。

2016年4月25日（星期一）

三个警察来，谈戴栋不是军人。玉珍主谈，他的姨妈是张平凯的女儿。

2016年5月12日（星期四）

下午没游泳。戴栋和母亲来，说报警引起误会。

2016年6月22日（星期三）

平江人徐强（自言过生日同周令钊到家的）从深圳来，为一个驾车酒醉同民警冲突上诉件让我签发，勉强为之，极不高兴。

跛扈的老革命张玉珍

2016 年 7 月 1 日（星期五）

戴栋来午餐，他托办的转业事，婉言拒绝了。

2016 年 8 月 16 日（星期二）

雷霞来，为她的老案件转寄沈跃跃，能由高检处理。

2016 年 10 月 26 日（星期三）

下午薛京和戴栋等来，已转业到外交部，同玉珍谈。

2016 年 11 月 3 日（星期四）

薛京同朱大星、徐强（爷爷是平江的将军）、戴栋来，谈习的母亲仍住在珠海。戴已就任外交部一副部长的秘书，门口有警卫。

2016 年 11 月 16 日（星期三）

下午薛京、戴栋和平江人彭岳江来，彭有两份开发企业的求批件。戴则为外交部原部长，　　要《口述往事》。（原文此处空字——李南央注）

2016 年 11 月 21 日（星期一）

由于玉珍曾表示去裱画店选择颜色，我失言了，引起怒气，久久安慰始平息。

2016 年 12 月 6 日（星期二）

戴栋来（才 28 岁，1.87 米），他已调外交部。戴秉国（70 岁，原部长）已给了《口述往事》，再给《期颐集》。

2017 年 2 月 28 日（星期二）

雷霞来，为介绍一人去税务总局要求常任，又让转推荐件。

2017 年 4 月 28 日（星期五）

钟万昌来，让我将他的民警朋友要求升职的"简历"转湖南省领导。让我发了一顿感叹。由于玉珍等都同意，只好签署。离休以来，这是我做的一件主要事情。

2017 年 4 月 30 日（星期日）

上午罗振宇来，带一个年青人，为其亲属签上诉件，我狠狠讲了些意见。由于玉珍同意，只好签转。

2017 年 5 月 2 日（星期二）

上午薛京同罗振宇和"河南阳光动力光伏设备有限公司"经理冯卫国（还有另一位同事）来。让看《墨迹选》和那两大版祝寿名单（薛京

216

也没看到）。薛京和胜利一起午餐。罗振宇的上诉件签署了。

2017 年 10 月 11 日（星期三）

十九大仍让我列席，《北京晚报》刊了消息。是否列席还得考虑，玉珍不同意去。我曾同崔敏谈，出席时讲几句话，他听了很赞成。

2017 年 11 月 24 日（星期五）

上午薛京来，罗振宇又是签署上诉件。刘南山一份几十年前金钱老件，非签索不可。

2017 年 12 月 9 日（星期六）

胜利因感冒一个多月没来，只到玉珍房里去了。因事离去，连见面都不打招呼，让我大生气。

2018 年 3 月 22 日（星期四）

上午钟沛璋（已忘）电话：胡启立电话，让他告知。回说，我耳背、腿痛，不知家的地址。再打电话时，说电话局将电话拆掉了，这样我就不能去钟家了。接着又否认同我讲过这样的话。使我觉得如此玩弄，不想让我去钟家，怕我出问题（电话都拆掉了），就坚决否认讲过接了这样的电话，如此夫妻生活，使人痛心。

3 月 22 日这则日记后，父亲只再记写了四天，4 月 1 日即陷入浅昏迷，急诊住院。这篇日记的叙述已然条理不清。我理解的意思是：胡启立想约李锐等人在钟沛璋家聚会，请钟沛璋出面给李锐电话，却被张玉珍居中截了，还对钟沛璋和李锐双方各说了谎话。后来钟沛璋再来电话询问，恰李锐在电话旁边，问是谁的电话，张玉珍用话搪塞，却与上次编的瞎话没有对上。李锐头脑并不糊涂，辨出是张玉珍从中阻止了他参加聚会。自李慎之、朱厚泽、李普等老友相继辞世后，李锐非常珍惜友人间的每一次聚会，特别是与田纪云和胡启立的聚谈更为在意。因之叹息："如此夫妻生活，使人痛心。"

放弃忍受

父亲住院后，2018年4月和10月我两次回国，守在父亲的病床边，得以与小余交谈。以前回家，我总是避免在厨房或小余的房间逗留，因为那会引起张玉珍和她的养女钟小玲的猜忌，给她带来麻烦。毕竟，小余是从父亲老家平江县来的，张家人总将她当成李家人，戒备之心一直保持到父亲离世之后。

一天，小余对我说：小妹姐，说良心话，老太太对老头子打针、吃药真是放在心里的。对老头子的吃、穿也是舍得花钱的，照顾得周周到到。没有老太太，老头子也是不行的。

我说：小余啊，你也是有老人的人。人老了，难道就只有吃喝拉撒睡的念想吗？人越老，不就越是需要儿女亲情吗？老太太若真心对我爸好，她知道我爸心里放不下我，怎么能把事情做得那么绝？怎么能编瞎话说我偷老头子的东西，让我进不得家门？

小余说：也是这个理。老太太总说苗苗好，觅觅好。那次你哥来，临走老头子把茶几上盘子里的几个苹果拿给他，让你哥带走，毕竟是老头子的儿嘛。老太太为那几个苹果闹了好久。

我还是拣出父亲的一些日记录在这里吧，别的我不想多说。

1978年8月1日（星期二）

睡眠很少，精神很好，真正享受生活的欢乐，尤其无拘束的无题漫谈，加以合味的菜饭，平生少有的欢聚。多么好的女儿。沐浴。难言之事一吐，包袱一卸。

（父亲此时被软禁在大别山中的磨子潭，我和大姑姑、姑爹去看他。）

1996年12月18日（星期三）

晚梦与小妹来。晚餐涮羊肉，胜利亦来。晚饭后一起找照片，各个时期，共30余张。

玉珍为朱嫂讨好买乖（对小妹）而冒火。

1997年2月16日（星期日）

上午苗苗夫妇来，引起玉珍不满。

1997 年 3 月 2 日（星期日）

送佩珍返米脂，卧铺汽车可以直达。午餐时，谈玉珍一生幸运从未挨过批斗，家庭亲属如此和睦，"众星捧月"也。顺带谈小妹关系，"旧怨"应当消失了。已经认错，而且叫"妈妈"也。

1997 年 3 月 26 日（星期三）

小妹带来海外书五本，有《潜龙八动》，李敦白的《一万个日子》及反右、文革等。《我与三峡》稿亦带来。还有一大批药品，并玉珍兰宝石戒指一个。

1997 年 3 月 31 日（星期一）

为小妹带回照片添注日期。玉珍见到抽去两张范某照片。甚叹女人之小心眼也。

1997 年 7 月 26 日（星期六）

同小妹电话联系好。小赵接她晚上九点冒大雨来此，途中小赵遇到一个险情。谈到十点半。给玉珍带来首饰等。有些发胖了。带来豪华寿辰相片册并黄乃大照片。

1998 年元旦（星期四）

带来《开放》12 期，玉珍今天得以将小妹长文细看一遍，认识到范元甄之可怕，蔡嫂为何谈起来还哭。对小妹一生也增加了解。

1998 年 6 月 18 日（星期四）

（李南央注：此处有一段内容被用涂改液抹去，字迹部分尚可辨认："玉珍又谈到往事，认为我赞成买北四巷房子 ，是为了……"）

1998 年 7 月 20 日（星期一）

玉珍又追究我上月那段日记，写了争议之事也。

1998 年 8 月 14 日（星期五）

同玉珍闲谈往事，发生争执而伤神，问题在心地较狭也。随后也就释然。

1998 年 8 月 18 日（星期二）

小妹来信，玉珍认为写得好，苗苗大概还想要钱，小妹劝阻，并给苗苗留下 12000 元。

1999 年 2 月 28 日（星期五）

晚上十点小妹回来，带了三个箱子，内中一箱子药物是给我们的。

还有《当代中国研究》两本及一些复印件。

1999 年 10 月 19 日（星期二）

黄宗江与李普的女儿都很称赞南央，初中毕业能成为进入伯克利研究室的工程师，真是不易。

2000 年 4 月 13 日（星期四）

四点小妹来，带来许多药物，送孩子们的东西。忙忙织了一床线花毯为外公祝寿。

2000 年 5 月 18 日（星期四）

上午小妹从上海回来，为玉珍和我买了上衣。王申生送"叫化鸡"和茶叶等。中午胜利、小玲来，吃上海烧鸡，很是欢欣。

2002 年 10 月 13 日（星期日）

收到张先志（玉洁的弟弟）的《投诉书》，属于街头"哥们儿"打架之类。苗苗谈过这个弟弟的放荡，家中无人能管。只有让薛京交信访处处理。

2003 年 2 月 13 日（星期四）

琬姐电话，已回到长沙，很是满意此次海南之行。（玉珍先接电话，"为何有暖气还得感冒？"感到大姐在责怪她，很是不满。"后娘不好当也"）。

2003 年 5 月 12 日（星期一）

同玉珍闲谈，老是旧事重提，窄视如故，引起我火爆一通（后朱正从中解围）。

2003 年 7 月 6 日（星期日）

同玉珍谈到小妹事，又引起不快，以沉默过去。这是一个难解的结。

2003 年 10 月 18 日（星期六）

玉珍谈琬姐对小妹的一种看法，怀疑。

小妹晚上八点到，住国宏宾馆。明早八点来。

2004 年 3 月 22 日（星期一）

玉珍今天才告我，大姐电话中几次谈到，要她给小妹以母爱。

2004 年 7 月 31 日（星期六）

四点半醒来，五点多起床。玉珍过来，不觉又谈起有关小妹情况，她仍保留一些看法，值得我注意也……上午大妹先来，威威来。大妹谈到小妹这次去湖南情况，当时脸色等欠佳，引起她妈妈的关注，因此给玉珍连打三次电话（引起玉珍误会）。

2004 年 8 月 15 日（星期日）

小妹电传信，催我口述历史快结束，有上海朋友可以周末飞来服务，电话中我解释并回绝了。此事引起玉珍议论，我大发脾气。她没吱声，让我同胜利下棋缓解。

2004 年 9 月 6 日（星期一）

二妹来，琬姐有小礼物"给舅舅"，又引起玉珍不快（舅妈不在眼下）。

2004 年 9 月 23 日（星期四）

晚上八点半大妹、二妹同琬姐来。主要谈小妹事，优点与缺点，很关心对我的影响。玉珍回忆过去，难免忧心。

2007 年 11 月 7 日（星期三）

一早就不愉快，发了火，同玉珍终日未言。自己看书。下午游 600 米。同胜利略谈旧事。晚上服眠药就寝。同小多[70]谈得极不愉快。

2008 年 1 月 2 日（星期三）

晚餐前，苗苗带觅觅来。觅觅短时留法，学餐饮业，英文好，也会点法文，很懂事。玉珍很看重。同我谈"大姑（南央）"写的文章，我同她谈"两个相反典型"。觅觅看到《南方周末》上南央的文章，对"大姑"写这样的文章似有不满。我说这是历史事实。你对奶奶有感情，奶奶对你好，这是亲情，另外一回事。

2008 年 1 月 24 日（星期四）

玉珍告我，觅觅电话：奶奶昨天走了，叮嘱不要通知任何人。

2010 年 4 月 25 日（星期日）

由于老谈过去不愉快事，向玉珍发了一下脾气，很快婉转过来。

2010 年 8 月 3 日（星期二）

小妹来，一起闲谈。小妹后天回旧金山，又有新项目。她同玉珍亲切交谈，关心妈妈身体。

---

[70] 小多：张玉珍告诉我和父亲，钟小玲的小名叫"小多"。

2011 年 2 月 9 日（星期三）

续读港刊的一些好文章。我现在学会常开顽笑，学会活得轻松，常告诫玉珍：人在福中要知福。

2011 年 10 月 31 日（星期一）

玉珍同我谈"忙忙生三个孩子"的说法，是否要给我一个的猜想。当然这是绝对不可能之事。

2011 年 11 月 7 日（星期一）

下午同玉珍闲谈，她对"忙忙生三个孩子"一事，想到的疑点甚多。

2011 年 12 月 12 日（星期一）

四点半醒来，又睡不着了，六点半起床。看报刊。又谈起旧事，我发了脾气。

2013 年 1 月 1 日（星期二）

晚上经历了一场不愉快的争论。

2015 年 2 月 8 日（星期日）

延滨、元元夫妇来，送食物。他俩同玉珍恳切地谈家事，化解让玉珍气愤不止的往事。

2015 年 10 月 31 日（星期六）

小妹和悌忠回来（戴晴先告知），为我百岁送 10 万元。两家各送衣服及玉珍药物，我们都高兴。如此家情世上少有了。

2017 年 7 月 3 日（星期一）

谈往事使我生气。午餐放下碗饭。两点多玉珍和劝，才进食。

2017 年 8 月 9 日（星期三）

小妹电话问候我们，玉珍接的，她又谈起过去不愉快的往事。

2017 年 4 月回国，为父亲过满百岁生日，是我张罗在国宏摆了四桌，没有遇到任何障碍。此行，我们只在北京停留了九天。

10 月 14 日再回国，小余告诉我，自过完生日我们走后，为了父亲的字画，张玉珍同老头子大吵过几次，说是发现少了几幅什么画，逼问老头子是否给了我。老头子不承认，张玉珍、外加养女钟小玲冲进书房对老头子大吼大叫：

"你要是真没给，就拿出来让我们看看！"

小余实在气不过，将钟小玲拉出来："还嫌两个老人吵架不够，你也要加进去！"

小余说，老头子就坐在书房的椅子里，闭着眼一声不吭。我听了心里真是难过，眼前浮出小时候看到母亲冲着父亲怒吼，父亲头靠在沙发背上，闭眼不答的情景。那时父亲年轻，现在的岁数如何受得了？！我想起了一年前张玉珍亲口对我说的："我和你爸吵架，他说要回长沙，说大姐的孩子们都会对我好的。我哪能让他回长沙呢？"

这时我才意识到，父亲有一次对我说要回长沙，不再住在北京，一定是22号楼的这个家实在将他逼得难以平静生活了。

小余说张玉珍不光跟老头子吵，还逢有来人便讲，李南央将李锐的画偷走了一大包。有好事人问是怎么回事？小余说："我不说小妹姐拿了还是没拿。这个家钥匙张阿姨的女儿、女婿、儿子、媳妇都有，老头子家的人都没有。小妹姐回来要按门铃，房门要有人给她开她才能进来。每次走，都要跟老太太打过招呼后才走。你自己去想。"

父亲到底藏了些什么画，他从来没有对我提起过。如果他像藏"六四"日记那样藏在书房的什么地方，那就算是白藏了。父亲对那些"死不带去"的东西是不会有什么不舍的。他为什么要藏起那些字画，已经是个永远的谜。或许根本就是张玉珍母女得了癔症，父亲没藏过什么画，对她们的胡搅蛮缠百口莫辩，只好选择沉默。

我那次回国，几乎每天早晨都和悌忠先过到22号楼同父亲聊上一阵，才去办自己的事。父亲并没有提及吵架，情绪看起来也颇好，这让我放心许多。张玉珍的表现也算让我们过得去。没想到就在返美的前两天，张玉珍翻了脸。就是我在医院里跟小余说的，张玉珍把事做绝了。

那天一早，悌忠直接去了他父母家，我一个人去了22号楼。这是此行唯一的一次我单独回家。小余给我开了门，父亲和张玉珍在吃早饭，我喊了爸、妈。父亲还是像每天早晨见到我时那样满脸的笑。见只我一人，问："悌忠呢？"

我说："他去他爸妈家了，本来说好昨天晚上去的，结果晚上来人聊得太晚，没去成。今天一早他就过去了。一会儿我也过去。"

张玉珍黑着脸没理我，我有点意外。想不起这些天做了什么让她不高兴的事儿，就只当没看见，自己拉了个板凳在张玉珍的身后坐了下来。见父亲专心致志地用筷子扒拉着碟子里的花生米，为了缓和气氛，我笑着跟父亲打趣："吃花生还数数啊。"

小余说："数！一颗不多，一颗不少。"

大概是因为我没有理会她明显的不悦，还说些淡话，激怒了张玉珍。她啪地一声撂下了筷子，将凳子转了个个儿，脸冲着我开了腔："小妹啊，你上次拿走了这么一大包画儿，你也不说一声。"

我说："我拿了什么画啊？我从来没有拿过画。"

"你这个人呀，你这个撒谎啊！几十年了，你这个撒谎啊，我看透你了。"张玉珍的语调是恶狠狠的。

我本能地回应："我撒什么谎了？"

"你把画拿走了，你还把钥匙也拿走了！"张玉珍提高了调门。

说得我一头雾水："我拿什么钥匙了？"

"啊，你把你爸的钥匙都拿走了。找不着了。"

我不禁笑了："唉，我连钥匙放在哪都不知道。连你都找不着，我就更没地儿去拿了。"

"你拿了就拿了，不要说瞎话！"

张玉珍几乎是在吼了："你混蛋、王八蛋！你还是文人呐！你偷东西！"

我至今清清楚楚地记得，听到这话后我清清楚楚地问了自己："李南央，你还忍吗？你这次还要忍吗？你也是快七十的人了，还得了绝症，你真要忍到死吗？！"

我一字一顿地开了口："我说什么瞎话了？你太侮辱人了！你的画放在什么地儿我都不知道，我拿什么拿？"

父亲看见我跟张玉珍急了，这是从未有过的事儿，隔着饭桌着急地问："怎么回事？怎么回事？"

我起身走进客厅，找到从美国带回给父亲的电子写字板，写上："她说我拿画。我从来没拿过。"放在父亲的眼前。父亲看了，点了点头。

我继续对张玉珍说："这么多年了，我是个什么人，你应该知道。你要什么，我给你买什么，我爸让我管你叫妈，我就管你叫妈，你不让我住在家里，我二话没有。四十年了，人心换不来人心！"

张玉珍啐着吐沫星子："你叫我妈？我恶心。你不要管我叫妈，我恶心！"

"你怎么对我好了，你哪样对我好了？啊！当年，锅碗瓢盆你都拿走了，连双筷子你都不给我留！连小彭都说你太过分了。你还要打我！"

我回嘴说："噢，你说那件事啊。那是我的锅碗瓢盆，你逼我们走，我们自己的东西当然要拿走。我一个工人，就那么几个钱的工资，我凭什么不拿走自己的东西，留给你？"

"啊，你还叫人来打我！你从来就撒谎，说你没打我，你撒谎。你们叫人来打我，那是蔡嫂说的。你叫了五六个人来打我！"张玉珍简直就是在撒泼了。

我说："你要是这么说，咱们今天就把事儿讲清楚。这个家是有人撒谎，就是你，就是你几十年在这儿编排瞎话，搬弄是非。你一天到晚说我的坏话，我没跟你计较过。你爱说什么说什么，我不理你。你没完没了……"

张玉珍转了话题："你对我好，你哪点对我好？你说，你哪点对我好？"

我说："就冲这家我不能住，我说过一个'不'字吗？你的女儿、女婿住在旁边，他们的爹妈，他们的女儿、女婿、孙子都可以在那儿住。这个家里里外外都是你们家的人，我爸这边就我这么一个女儿和他亲，回来你不让住我从不跟你计较，连提都不提，处处让着你、事事顺着你、由着你。这还不算好？"

"满起住在这儿，那是组织上的安排，有意见你找组织说去，你跟组织讲理去！"张玉珍一脸的得意。

我说："那你们家的佩珍呢？你们家的佩珍来，跟你睡一张床，也是组织的安排？"

张玉珍耍混了："哪次回来你不住在家里头啊？啊，你怎么没有住在家里头？"

我说："你这瞎话说得就太过了吧！你问小余，你让小余说。小余到咱家也十几年了吧。我哪次回来是住在家里头的？哪次回来你让我住了？"

张玉珍张口结舌，又换了话题："你还是文人哩！你一个文人撒谎，你偷东西！我要到法院去告你，我要找最好的律师告你！"

我说："好啊，你告我去。我太愿意你上法院了，咱们看谁能打赢！"

张玉珍再次转移话题："那次你抱了那么一大包画走。"

我说："我拿走的是日记，是小余给了我一个拉车。"

张玉珍说："你撒谎！日记多少年前你就拿走了。"

我说："你这又是胡说了，日记是今年春节才拿走的。"

张玉珍理屈词穷："混蛋、王八蛋！文人，你还是个文人，你们这些文人……"

我提高了声调，指着张玉珍的鼻子说："我告诉你，你真的是不能这么侮辱人！你不能这么胡说八道！"

父亲在一旁什么也听不清，只见我们一句顶着一句地吵，急着问："你们说什么？你们说什么？"

张玉珍开始耍流氓了："你要打我！你要打我啊！！"

我一看坏了，这嘴对嘴的我还能凑合着应对，她要真一头撞过来抓我、挠我，我这辈子还没打过人，只有我妈打我的份儿、抓我的份儿。幸亏挎包和外罩一直没有放下，赶紧抓着向大门方向撤身。我是有多大劲儿使多大劲儿，"哐"地一声将门甩在身后，恨不得给撞裂了。

我和张玉珍争吵时，小余一直站在旁边，我看她脸都白了，父亲也是一脸惊诧地看着我，从来没见我发过这么大的火。从进家门到撞门出去，前后也就十几分钟。我到了悌忠父母家，跟悌忠讲述了整个过程。

悌忠说："你等等，我把手机打开，把你说的录下来。要不以后时间久了，就记不清了。"

幸亏他录了音，得以在这里复述那天发生的一切。

讲完了跟张玉珍大吵的经过，我说："说给谁听谁相信啊？真要偷，我能让你看见？让你看见了，那叫偷吗？"

又说："我真是看透了这种参加革命的农民，只有最坏、最没德性的农民才参加革命。这个人到了这会儿，真是原形毕露，品质中最肮脏、最恶劣的最后都藏不住了。"

悌忠说："她原来就这样，干嘛现在才憋不住啊。从最开始就已经看出来了。连大姑姑最后都说：'这个女人满恶的嘞。'"又补充说："可能咱们这次回来，老头子把他书房的钥匙给你，让你进他的书房拿书给客人。她看见老头子的钥匙自己拿着，不给她，这次却当着客人的面给了你，刺激了她：老头子防的是她。"

我说："咱们都不知道，钟小玲原来建设部的房子租出去了，这边 22 号楼副部级的房子借住着，中组部最后还给张满起在别处正式分了房；钟胜利除了老钟留下的阜外四巷的房子，空军最近也给他分了房；再加老头子的房子给张玉珍立了遗嘱，怎么还对我这么不依不饶的。说话就九十岁的人了，还把财看得这么重，连一点人格都不要了，怎么会这么无穷无尽地贪婪？别说我爸没把画给我，就是给了又怎么了？他们一家在李锐这儿还没捞够？张玉珍给过范可觅[71]三万块钱就没完没了地说，就算给了钱，我还给了你十万呢，也该还够了吧？"

我告诉悌忠，在撞门的那一瞬间下定了决心：这个家门我永远不再进。要见我爸，把老头儿接出来在外面见。我心死了。张玉珍爱说什么说什么，谁愿信尽管信，我用不着再辩解。但是我不信她跟薛京骂我，薛京就信她的。那次在长沙，她逼着薛京把人家送的一个包拿去退了换成钱，干这种缺德事儿。薛京知道她是个什么人。张玉珍跟小满说："小妹把东西都拿走了，她应该拿出一半分给苗苗啊，凭什么都让她一人拿走？李锐有三个儿女呢，凭什么就对小妹一个人好？"小满说："那对不起了，谁叫

---

[71] 张玉珍给范可觅钱的事儿，这本书前面"卡玛阻止了我的一时糊涂"一章中引用的范可觅发在香港"明月"文章中提及到。

当年老头子倒霉时就小妹一个人去看老头子，他们都不去。"

跟悌忠说完了，气儿也消了。

那天的事儿，父亲是这样记述的：

2017 年 10 月 23 日（星期一）

吃早餐时，南央来，为了是否取走字画等事，同玉珍互相大吵、大骂，大拍桌子而散。南央气走了。我没有听清内容。

第二天，我和悌忠回到 22 号楼，上到金伯伯家，正好嘉楠和从美国回来探亲的金伯伯的儿子嘉纳都在。我把昨天发生的事儿告诉了他们，请嘉楠下楼把老头子接上来，回美国前跟他好好聊一次。嘉楠二话没说下了楼，没几分钟又回来了，将手里拿着的一张废纸头递给了我，说："可怜之人，必有可气之处。你们家老头子使劲用手指着张玉珍的门摇头，不敢来。"

那张纸上是嘉楠随手划拉的字，显然因为老头子耳背，写给他看的：

小妹在楼上我家。请你上来。小妹不会进这个门了，她说不进这个门了。张说小妹把家里的画全拿走了，骂小妹撒谎骗人，还要动手打她（打张）。就是强说小妹拿家里的画、还骗说没拿，用语言污蔑小妹许多。所以小妹走了。说再不回这个家了。

你多保重。下回我再来看您。

说话间，门铃响了，不待有人起身开门，小余已经推着轮椅出现在客厅门口，父亲正坐在轮椅上。所有的人都呆住了。

同父亲最后的对话

我们不约而同地站了起来，父亲用拐杖戳戳地板，示意要起身。我和悌忠赶紧过去将他挽扶到沙发上坐下。小余冲大家摆摆手，转身走了。晚上在电话里小余告诉我，嘉楠走了以后，老头子坐在沙发上叫她：

"小余过来，我要上楼，你跟她说一声，我要上楼。"她就用轮椅推着老头子出来了。

父亲坐定后，我让悌忠打开他的手机。父亲总共讲了一小时十五分钟，现在将有关张玉珍的部分录入于下。

李锐：　昨天早晨那个吵，我也听不到，你讲吧，你讲吧。

南央：　你没听见啊……

李锐：　你坐这儿来。（我移坐到父亲身旁）

南央：　（对嘉楠）嘉楠你坐那儿，正好有个见证。

南央：　她说我上次回来，拿了一大包画儿走。我说：我没有拿过画儿。然后她说：小妹呀，你这个人撒谎是一贯的，几十年你都在撒谎。你拿了就是拿了，不要骗人。我说：我确确实实是没有拿。她说：那你拿了一堆东西，一包画儿。我说：那是老头子的日记，我借了小余的一个推车，装了一车日记。她说：你撒谎！那个日记是你好几年前你就拿走啦！我说：你记错了，那是春节，春节我把它拿走的。然后她说：混蛋、王八蛋！

李锐：　啊？

南央：　她说：混蛋、王八蛋！拿东西！那我就急了，我说：是，你说的是对的，拿了东西的人，是混蛋、王八蛋。然后她就说：你这个人，永远在撒谎！你当年，你弄了五六个人一起过来，要打我。我说：你看，你开始说是悌忠要打你，现在又变成我要打你。你要非说我撒谎，那我今天就告诉你，这个家里是有一个人在撒谎，就是你！你一直在编瞎话，你编排我，你在我爸面前老说我的坏话，我都忍了。我爸爸让我叫你妈妈，我也一直都在叫你妈妈。她说：你恶心！

李锐： 啊？

南央： 她说：你恶心！你恶心！你叫我妈妈，我很恶心！然后我又说：你看啊——

李锐： 谁啊？谁讲？

南央： 她说"我恶心"。我管她叫妈妈，她很恶心。

李锐： 啊？

南央： 她说呀，你管我叫妈妈，我很恶心！以后你不要再叫我妈妈了啦！我恶心！我说：好，那我以后就不叫了。我说：你看，这么多年，我对你真心实意，你怎么就看不到。我是真心实意地感谢你照顾我爸爸。（她说：）你不要说这些话。你怎么真心实意啦？你哪点儿对我真心实意啦？我说：你看啊，我每次回来，我哪次没有给你带东西，对吧。想着法儿，你缺什么、你喜欢什么。你家的孩子，哪一个我也都带东西。

李锐： 啊？

南央： 你们家的孩子，我也都带东西，我都照顾到。然后我说：你看，小玲子住在旁边，满起的爸爸妈妈也都住过。小玲子的女儿，小玲子女儿的丈夫和孩子都可以住。我说：我作为女儿，我不能住在这个家里头。我说：我跟你说过一个不字没有，我跟你计较过没有？

李锐： 啊？

南央： 我跟你计较过没有。

李锐： 哦。

南央： 我从来没有计较过。

李锐： 嗯。

南央： 你不让住，我就不住，我没有提过意见。对吧！她说：那是组织上照顾我们，那是组织上分配的。你有意见，你找组织去说理，你不要跟我说。我说：那佩珍呢？那佩珍每次来，都住在你这儿啊。

李锐： 啊？

南央： 我说：佩珍、佩珍每次来，不都住在你这儿嘛！对吧，那个不是组织分配的吧。我说：我也没提过意见呀。你不让我住，我就不住。然后她就说：你还是文人呐，你偷东西！这我就很生气了。她说：你还是文人呐，你偷东西！

李锐： 你还是什么？

南央： 文人。（写在纸上给父亲看）

李锐： 哦。

南央： 说你还是文人呐，你偷东西！我就急了，我说：你不要污辱我，你不要污辱人，你这样说话，太过份了！后来她就说：啊？你还要打我，你还要打我！我一看不好，万一她要站起来，扑过来，说我打了她，那我还说不清楚了。我就站起来，走了。我觉得她昨天太过分了，太过分了。哦，她还说：我怎么没有让你住在这个家里呀？哪次来，你不都是住在这个家里嘛。我说：小余在这儿十几年了，你问小余，我哪次回来住过家里头啊？这是没有的事情。她说：你哪次回来不是住在家里头？

李锐： 啊？

南央： 她说：你哪次回来不是住在家里头？你不都是住在家

里头吗？你怎么没有住在家里头了？（嘉楠：撒泼耍赖。）那你这不就是胡说八道了嘛。我说：你让小余作证，小余在咱们家也差不多十几年了，你让她说，我在家里住过没住过。我说：我并没有计较过，我从来没有提过什么，对吧？我一直是感谢你，照顾爸爸，我真心实意地感谢你照顾爸爸。

李锐：　嗯。

南央：　我没办法了，特别是她说我偷东西，那我说：你太侮辱人了，这个门，我不进了。我进了，你少了东西，又说我偷了。所以，我不想进去了，万一丢了东西，又说我偷。就这意思。但是呢，我对老爹的感情，这是变不了的，我呢，也不愿意去了以后再闹矛盾，再吵。一次够了，我不愿意跟她吵架，我觉得很没意思。

李锐：　她这个人呐，在对待这些事情上啊，她是一个什么呐，就怕你呀，你们两个人呐，唉，影响她的地位，影响她的对我的关心的感情。唉，她就是她（一个人），我就是她管，她就怕你们呐，粘一点什么名誉。有一点这个东西。另外，这个人讲假话，讲什么东西呀，这个我可以考虑，我可以研究，因为我跟她这么多年嘛。哎。她曾经讲过，楼上的那个女的，哎，也讲过什么东西，说这个房子你要占领。

南央：　（对金嘉楠）你正好把你妈妈的话说说。

嘉楠：　张玉珍呀，曾经这么说过——

李锐：　什么？她讲什么？（问南央）

南央：　她说：张玉珍曾经上来跟她妈妈说过——

嘉楠：　说过这事儿——

李锐：　她说你来，你讲的，小妹要这个房子。

嘉楠：　当时我妈跟我说这个事儿，我跟我妈说：楼下说我，说我让小妹要房子，人家家的房子，我说的着谁要、谁不要嘛！

李锐： 什么？

南央： 她说，她跟她妈妈讲过，说张阿姨说，她跟我讲让我要这个房子——

李锐： 噢。

南央： 嘉楠就跟她妈妈说，这是人家的事情，我根本不会去管！我管不着！因为张阿姨跟她妈妈说了，说你的女儿跑到我们家跟小妹说，让小妹要房子。

李锐： 哎，对。

南央： 她妈妈就批评她了——

李锐： 噢——

南央： 她妈妈批评她了，她就跟她妈说：这是人家的事儿，我怎么会去管？我不可能去管！我不会去掺和人家的事！

李锐： 那这就是她（张玉珍）讲了假话。

南央： 对！

李锐： 这是一种人的性格。

嘉楠： 她很敏感，对这些事情。

南央： 我今天一定要跟你讲清楚，打人的事，是没有的！让嘉纳来说，是他帮我们用平板车搬的家，嘉纳今天可以当面跟你说清楚，他根本就不会去打张玉珍！是嘉纳帮我们搬的家。

李锐： 不是啊，她讲啊，有几个，蔡嫂反映的，来了几个人，进门，那个样子就是要打的。她说是蔡嫂讲的。

南央： 对呀，她讲的，（但是）蔡阿姨并没有跟你讲，对吧？

李锐： 啊？

南央： 蔡阿姨并没有亲口跟你讲。

李锐： 没有。

南央： 对呀，那是她说的，对吧？这是她的假话。今天正好嘉纳在这儿，那个——

李锐： 嘉纳是谁的孩子啊？

南央： 就是她哥哥。

嘉楠： 我哥哥。

李锐： 你哥哥的孩子啊？

南央： 不是，就是她哥哥。

嘉楠： 就是我哥哥本人。

南央： 她哥哥本人当年帮我们搬的家。嘉纳，你来（让嘉纳坐近些），就是他。

李锐： 几个人哪？

南央： 就是他，还有悌忠，还有他的爱人。

李锐： 就两个人啊？

南央： 三个人。

李锐： 还有三个人，还有他爱人？

嘉纳： 没有多少东西。

南央： 没有多少东西。他用平板车——

悌忠： 平板三轮车。

嘉纳： 我能借到平板车，所以帮着他们来着。

李锐： 噢，是你来啦。

嘉纳： 对，我帮他们搬的家。

南央： 今天太好了，他可以证明：是要打人吗？

嘉纳： 哪有打人那一说哦。

嘉楠： 打人也不能在你们家打啊，那是犯法的事儿。哪像她是的，一天到晚犯法。

李锐： 那待会儿你跟我一起下楼，当面讲。

嘉纳： 那又吵架了（笑）。

南央： 没有用的，根本没有用。

嘉纳： 息事宁人，我是息事宁人。

嘉楠： 我们也七十岁啦，谁禁得住这么折腾啊。

南央： 他只要跟你证明，你心里明白就好了。

李锐： 啊？

南央： 你心里明白，没有这件事，就可以了。

李锐： 好！

南央： 至于她接受不接受，没关系。她愿意怎么想就怎么想。今天正好嘉纳在，他当面向你证明：没有这么回事，这是一个假话。

李锐： （指嘉纳）他叫什么名字啊？

嘉楠： 金—嘉—纳。

（南央在纸上写，给李锐看。）

李锐： 哦，嘉纳，（指金嘉楠）你是叫金嘉楠。

嘉楠： 对。

李锐： 你带着谁呀？你，来的有几个什么人啊。

南央： 他爱人。

悌忠： 他爱人，你写（给老头子看）。

235

嘉纳：　我爱人。

李锐：　你的爱人，还有人没有？

嘉纳：　我、小妹，我们四个人。

嘉楠：　还有一个就是他（指巴悌忠）

悌忠：　我、小妹——

嘉纳：　我们四个人。

李锐：　噢，你们四个人。

悌忠：　两辆三轮车。

南央、悌忠：两辆平板三轮车。

李锐：　那，要么就是蔡嫂、蔡嫂讲的不好——

南央：　没有——

李锐：　要么就是她（张玉珍）造谣、她故意讲这些来——

南央：　就是她故意，蔡阿姨不会说这话。蔡阿姨是从小看着
　　　　我长大的，你的日记里头有——

李锐：　她那天对你讲了这个事情吧？

南央：　对，讲了。

李锐：　她就是（总说），来了几个人，哎，来了几个人。好
　　　　像有一个女的后来来过，她就讲（跟那些来人说）：
　　　　你们要打我，你们来干什么？她说她讲过这个话。
　　　　（嘉楠：瞎编的。）那就是讲你（指嘉纳）的夫人也
　　　　带来了。[72]

嘉纳：　我带她一起（帮小妹）搬家。

李锐：　来的有一个女的，她讲。

---

[72] 我们搬家时，只有蔡阿姨在，父亲和张玉珍都不在家，他们那时都还没有退
休。

嘉纳：（笑）

南央：她的瞎话。

嘉楠：她才是瞎话连篇，制造矛盾。我妈妈都说了，你最困难的时候，身边只有这一个女儿跟着你，说现在因为张玉珍的问题（这样对小妹），说你做的不对。

李锐：我对她（指南央）没有不对。

嘉纳：你做得好。

李锐：哎，我对她没有不对。

（大家笑）

李锐：你妈妈（说的）不对。

（大家笑）

嘉楠：是张玉珍做的不对，你没有干涉。

李锐：我不知道哇！她讲：蔡嫂讲的。我怎么知道嘞！（指矫矫——小满的女儿）那是夫人，是吗？

嘉楠：不是。这是小满的孩子。

南央：小满的女儿。

嘉纳：嘉满的女儿。

南央：小满的女儿。（用笔在纸上写）

李锐：小满是谁呀？

嘉纳：（指着金嘉楠）她的妹妹、我的妹妹，小妹妹。

南央：小满就是老发 email 的那个。

李锐：啊？

南央：老帮你发 email 的那个人。

李锐：谁呀？

南央：老帮助你发 email（写纸上）

李锐：发 email。

南央：对。

嘉楠：发电传。

南央：帮你发 email。

李锐：发 email 不是她吗？（指金嘉楠）

南央：不是她。

嘉楠：是我的妹妹。

李锐：噢，你的妹妹。

嘉纳：我有三个妹妹，（指嘉楠）她是第二个。

李锐：哦。唉——

南央：你应该知道，拿画是没有的。

李锐：啊？

南央：我根本就没有拿过画儿。她到处去讲我拿了一大包画儿，这个也是假话嘛，这不是真话嘛。

嘉楠：她想要的东西，要不着，就赖别人偷走了，这就是她的伎俩。

李锐：这是一种农村里面的小农意识、品德——

南央、嘉楠：对，对

李锐：品德。

南央、嘉楠：对，对 ——

南央：太对了。

嘉楠：她想要，拿不着，就说别人偷，这就是她的伎俩。

李锐：不过她照顾我，照顾得好，那确实照顾得好。

嘉楠： 你离不开她，我们也知道。

李锐： 唉。她确实是在抗大毕业的，抗美援朝啊，她在哈尔滨，当护士。这个真正共产党里面的一些好的影响啊，在她身上有——

（嘉楠：老为她歌功颂德。）

李锐： 你不能说共产党过去做的事情，都是做坏事情嘛。在培养人呀、在延安……

（嘉楠：那她也不能这么胡说八道呀。）

南央： 因为她照顾你，所以这么多年来，不管她怎么说我，而且她不光是说我，还到处去说我的坏话，她跟很多人都说我如何、如何不好，我没有计较过。她当着我的面说："文人，偷东西"，我当然不能容忍了。就算了，她好好照顾你，好好过日子，他们一家人都好好照顾你，就可以啦。我要见你呢，跟你聊聊天呢，就到这儿来。要不在她那儿，也没法说话。我不想跟她再吵架了，一次就够了。我不愿意吵，我也不想把你夹在当中让你为难。你想啊，你那个家，小玲、胜利、满起，都有房门钥匙。你家的孩子，没有一个人有房门钥匙，都是客。现在连这个客人都做不成了，就算了，算了，我们不计较。只要他们全家人对你好，好好照顾你，就可以了。你的事情，我还会继续做，

李锐： 什么？

南央： 你的事情，我还会继续做，

李锐： 那我了解，我了解。我怎么来处理这个事情，慢慢来，慢慢来。唉，我现在担心的是什么呢？假如我把她真正、她的短处揭发了的话，她对我就不好了。

南央： 嗯、嗯。

李锐： 你知道吧？

南央：　对。

李锐：　我现在是一个中间人，我是为了我自己活下来，这个
　　　　你们（要）理解。

南央：　理解、对，理解了。

李锐：　她的短处，我没有认真地揭发，我知道她的短处，我
　　　　可以把握起来。

南央：　好、好。

李锐：　但是我没有揭发，没有完全地、彻底地揭发她的短
　　　　处。她的短处我知道，她就是怕我值钱的东西啊，被
　　　　别人占领。她有这个，这个我也早就看到了。她这个
　　　　人啊！我这个人一辈子对钱呐，对吃的东西啊，我是
　　　　根本不理的。她的妈妈在的时候，一个月给我 30 块
　　　　钱，我 30 块钱就跑琉璃厂，那个时候齐白石的画是 8
　　　　块钱一尺，一般的三尺 24 块钱。我现在家里的那个
　　　　"骆驼"（画）啊，吴作人的"骆驼"啊，现在听说
　　　　是值多少万。那个时候我买的时候是 24 块钱。
　　　　（笑）所以我这个人在这个方面啊，比较放松。所以
　　　　这一点那，使得她越来越厉害，要把我的全部控制。
　　　　要把我的钱、值钱的东西啊，完全控制。我的工资我
　　　　一个铜板都不拿，这个也比较少有啊，在夫妻关系
　　　　（中）。秦川跟老婆的关系有经济问题，秦川的钱他
　　　　自己管着。（笑、咳嗽）所以在这些方面讲得难听的
　　　　话，她对我这个人那，知道我的品性以后，就有点欺
　　　　负我。这个我都知道。

南央：　对、对。

李锐：　我那，只能是利用她好好地照顾我，让我活下来。

南央：　好、好。

李锐：　这是我的一生呐，嗨，因为跟她的妈妈啊，那个情况
　　　　啊，我教训太大了。我的所有的书，我跟你们讲，所

有写的东西她从来没有看过。她是一个很少文化、思想的人。对毛泽东的认识，是我把她教育出来的。

南央： 爸爸，你要知道啊，你的那个《父母昨日书》——

李锐： 啊？啊，《父母昨日书》——

南央： 哎，还有《云天孤雁待春还》——

李锐： 什么？

南央： 《云天孤雁待春还》，75 年到 79 年的家信——

李锐： 嗯。

南央： 还有一、二、三册《李锐日记》，然后是《口述往事》——

李锐： 啊？

南央： 《口述往事》——

李锐： 嗯。

南央： 这些我们投入的精力、我们投入的钱——

李锐： 这个我了解。

南央： 你应该知道——

李锐： 这个我了解。

南央： 你的稿费，你应得的稿费，我一分钱不差，我全给了张玉珍。她还侮辱我偷你的东西，我就觉得，她的心太坏了，她的心太坏了！上次陈叔叔，我为什么让陈叔叔给你送——

李锐： 陈叔叔是谁呀？

南央： 陈叔叔，陈忠介（用笔写在纸上）。

李锐： 噢，陈忠介。

南央： 送了十七套《墨迹》。

李锐： 嗯，《墨迹》，对对对。

南央： 那是我买的。我为什么让陈叔叔送来，陈叔叔得了癌症，想你……

李锐： 他想见我。

南央： 对。结果张阿姨（跟人）说什么，说我把画儿偷了……

李锐： 啊？

南央： 说我把画儿偷了，藏到他们家去了。

李锐： 把什么？

南央： 说我把你的画儿偷了……

李锐： 嗯。

南央： 藏到他们家去了。

李锐： 噢。

南央： 陈叔叔对你有感情，知道自己要死了，来看看你。（努力控制自己情绪）这个人心太狠了……

李锐： 是啊，她的心狠，在经济方面那，我是了解的，但是你讲的这些事情，我就更理解了，更理解这个人了。哎……她这一生，也很特色，她在哈尔滨的时候，生病了，日本医生给她做了手术，让她不能够生育。

姨父陈忠介去世前不久帮我将购得的《李锐墨迹选》送给父亲，借此探望他（2017年6月27日）

众人： 谁知道真的、还是假的。

李锐： 我还告诉你们一件事情，我这个人，我跟她结婚这么多年，我们、我跟她没有接过吻，睡两个床，我这个人就这么一个人。我跟她（指南央）的妈妈一直是一个床的。我就是让她照顾我，我活下来，我活下来做点事情。我感谢她，心里面感谢她，就是这一点，她确实是照顾我是不错的。这点你们应该理解。

南央： 要不是看上这一点……

李锐： 啊，那你们也可不会了……

南央： 我们不会答应她的！

李锐： 对，对。

李锐： 我选她，就是选了这一条。嗳，她这个人呢，在机关里面有好评，她是管老干部局的。她在文革的时候啊，她家里呀，是个避难所。因为她的爱人是老红军，长征干部，她的爱人声誉也很好。哎，所以那个时候，我是了解了很多人的情况以后，选了她。[73] 哎嗳，好吧！

南央： 好。

李锐： 好吧！我了解了，我更进一步了解她了！

南央： 好，嗯。以后我回来，我就到这儿来，来看你，啊。

李锐： 看情况吧，看当时的情况吧。我们是父女关系啊（笑），跟她不同啊。她对你也不是不了解，我告诉你。她就是怕你呢，影响她跟我的关系，唉，就是要把你啊，在我的眼睛里面啊，不喜欢。你要懂得。

---

[73] 父亲总说文革中张玉珍家是避难所，很多挨整的建工部老干部把孩子放在她家。但是我也亲耳听张玉珍说过：我对那些孩子那么好，结果他们回家说我给他们吃窝头，自己吃馒头。四十年中，我没有见到一位张玉珍所说的文革中她照顾过的那些建工部高干子弟上门看望过她。父亲的日记中也没有记述。

嘉楠： 血浓于一切，这有血缘关系，她老想改变……

李锐： 对。

嘉楠： 不可能。

李锐： 对。

嘉楠： 不可能的事老要……

李锐： 对，就是。

嘉楠： 老要去做，那就是自讨苦吃！

李锐： 譬如你跟范元甄的关系，你写的那本书，她从来不主动跟我谈。我就跟她讲过，三个孩子，只有你姓李，她（范元甄）说你是"李锐的狗"，其他两个都姓范嘛，你就是"小李锐"嘛。

嘉楠： 小妹为你付出的也很多，每次出书，都是她出的资，才去印刷。印刷回来，每一本收获的钱，都归张玉珍，完了以后呢，还有好多……

李锐： 她都没有跟我讲过。

南央： 我一分钱不差，都给她。

嘉楠： 一分钱不差，连稿费都给她。

李锐： 是呀，我知道。可是她没有跟我讲过。

嘉楠： 每卖一本书的钱，都归张玉珍。

李锐： 是啊，她不告诉我，我不知道哇。

南央： 我每次把（装稿费的）信封一给你，你不要，你就要我直接给她。每次稿费拿回来，有一个信封嘛，你就说："给她，给她。"每次都是直接给了她了。你一分钱都没有，我妈歹还给你 30 块钱，（笑）你现在一分钱都没有。

李锐： 我是身上一个铜板都没有的。

南央： 对呀，你给小余钱你还跟我要。让我给小余钱——你
过年想给小余（压岁）钱，你让我给，你没钱给。
（嘉纳：真可怜。）

李锐： 行了，你们都了解情况了，就行了。

南央： 好。

李锐： 我对她不是不怀疑，她的最大问题是，她没有文化。
我为什么找这么一个没有文化的人呢，也有我的想
法，这一点想法现在也实现了。

嘉楠： 但是她贪财。

南央： 你继续跟她维持好关系。

李锐： 她这个（对）毛泽东啊，她是崇拜的。这个问题上，
她同意我的意见了，现在。我的工作不容易呀，哎。
你们两个人（指南央和悌忠）是不是对我有一点儿怀
疑呀？这个人被张玉珍收买了（笑）？

南央： 对呀。

（李锐、南央笑。）

李锐： 我心里清楚，我告诉你。

南央： 那就好。

李锐： 我心里不是不清楚她的缺点。我这个人经历的事情很
多，我连毛泽东都看清楚了嘛，一个张玉珍我难道不
看清楚吗？我总结了四条嘛，一个人活在世界上，时
代、知识、思维能力、品德。她品德是有问题的嘛。
我不是不知道啊。但是我就是为了我活下来，活好。
她每个礼拜给我打三次针啊，这个做不到的呀，于光
远要打针是到医院去呀。我是能治左右，哎。她的妈
妈最后就要揭发我嘛，揭发到那个程度嘛。因为我讨
厌、我不喜欢她左嘛。

（讲自己经历，略去）

但是我哪，选张玉珍，我现在回忆，我还是选对了。她帮我活到一百零一岁，这个不容易呀。哎，我这个哮喘很厉害呀，她帮忙治好的呀。现在所有的人都奇怪，我能活到一百零一岁，你们大概也觉得奇怪。

南央：不奇怪。

李锐：受了那么多苦难，

南央：你基因好。

李锐：啊？

南央：你的基因好，心胸开阔。

李锐：那是我的喽，但是有个客观嘛，你吃喝拉撒。于光远去世的时候，我们去看他，不认得人了，他九十出头嘛。我在这个方面的教训很多，所以我挑选她。那个时候，我七九年回来，很多人找我啊，那时候我的头发是黑的呀（笑），六十二岁呀。

南央：比悌忠年轻，比他现在年轻。

李锐：有电影明星呢，找我。她还有她的好品质，张玉珍呐，她问题就是，这个要害，怕你呀，超过她。

南央：我一年才回来这么几天，她天天守着你，她这么不自信呐。

李锐：这也就是她的理由哇，我照顾你爸爸，你照顾了没有？她就跟我发牢骚，一直讲这个。

南央：不是我们不照顾，是她不容我们跟你们住在一起嘛！对不对呀？你得这么讲啊。

李锐：讲了，经常讲。

南央：她不让啊。

李锐：农民呐，都有这个毛病。

（嘉楠：贪财。也是，人家四十多岁跟了你了，人家不看你这些东西人家跟你干嘛。南央：就是。这是老头子自己给自己解释，得说找对了，其实内心知道是没找好。嘉楠：正是反着。就跟喝醉了酒，说自己没醉，其实就是醉了。）

南央：只要你高高兴兴的，不因为这个事生气。

李锐：哎，我生什么气呀。

南央：那就好。

李锐：毛泽东把我踩在脚下，我也不生气呀。

（众笑）

李锐：我认为，那是他的事情，不是我的事情。我这个人是非常的开阔，她的妈妈对我那个样子，张玉珍就讲："你怎么不反抗呀？"她的妈妈要打我，蔡嫂抱了，拿菜刀哇，她要砸我，我就躲在我的书房，把门锁了。她把那个书房门，凿一个洞，把那个房门。你妈妈怎么对待我，你们都不清楚。

南央：我怎么不知道哇，对我比对你只有更过。

李锐：就是啊。

南央：她还没拿着你的脑袋往地上撞呢。

　　（嘉楠：老太太怎么那么大邪火，按说她对李锐不满意，也不能对孩子啊。那是她身上掉下来的肉。南央：她对我哥哥一直很好。悌忠：小李锐，你只要知道这个就知道了。嘉楠：噢，还是为了他。南央：对。）

李锐：（指金嘉楠）你妈妈叫什么名字，我也忘了。

南央：王遵伋。（用笔写在纸上）

李锐：噢，王遵伋。我跟你爸爸妈妈是坐牢在一起呀，那个关系不同啊。她妈妈是美女，在延安。（笑）

（众笑）

（讲自己三次访美，去过十个国家。谈习近平现在想当皇帝。我是否定了马克思，他们还抱着马克思。我是世界人，不是中国人……）

南央：好了。那我们到时就走了，啊。

李锐：好，好。

南央：你自己好好保重啊。

李锐：你们 26 …… 16 号走。

南央：26 号走。

李锐：26 号？

南央：后天。

李锐：后天呐。

南央：啊，后天走。

2018 年 10 月 24 日嘉纳（下图左一）、嘉楠（上图左一）兄妹同父亲和我们一起对谈

李锐：哎，16 号嘛，后天。

南央：后天是 26 号。

李锐：怎么是 26 号呢？

南央：今天是十九大闭幕，24 号。

李锐：哎，我记错了？

（给李锐看报纸）

李锐：哦，24。他还订《青年报》？

嘉纳：老年看《青年报》。

李锐：我下去了。

南央：好。

李锐：你们谁送我下去？

嘉楠：我送。

嘉纳：我送。

嘉楠、嘉纳兄妹推着父亲的轮椅出了他们家的大门。我和悌忠停在门口，我说："下次回来再看你，啊！"看着父亲进了电梯间。

父亲那天写有日记：

2017 年 10 月 24 日（星期二）

去不去十九大闭幕照像，我不愿去，薛京、玉珍都建议我去。上午上楼到金树望家，大儿子从美国回来。小妹、悌忠在，女儿下来邀的。坐轮椅上去，谈了一个多小时。昨天大吵的情况告诉了，以后回京不来家了，只到楼上见面。我告诉他们，关于玉珍的为人等，我很了解，特别是同我的关系，我确实感激她让我活到 101 岁。

"感激她让我活到 101 岁"，每逢聚餐、聚会或家中来客，这话父亲必首先要讲，我也从来以为如此，对张玉珍心存感谢。但是小余却不这么看，她对我说："老说没有老太太的照顾老头子活不了这么长。这话不对。要是对了，那老太太原来的老公就必定是被她害死的，要不怎么只活了六十多岁？话不是这么说的，是你爸的命，你爸命该活那么长！"

小余的话为我豁然开启了一扇窗：简朴质直。真是的呀！要说对父亲的照顾，后来又加上对张玉珍的照顾，最要感谢的是父亲家自蔡阿姨起，朱阿姨、廖阿姨、小李、小余一个又一个忠实、勤劳，谨守职责的好保姆啊！

至于张玉珍给父亲打针，其实隔壁 24 号楼卫生室的护士们是随叫随到的。

父亲去世后，小余对来京奔丧的我的大表姐说："我陪了老头子十几年，想最后再送送他。"

大表姐立刻给中组部负责李锐丧事的联系人打了电话，对方说：我们没有意见，只要李锐老伴儿同意。大表姐将小余的愿望告诉了张玉珍，并说已经跟部里通了话，人家说只要您同意，人家没有意见。

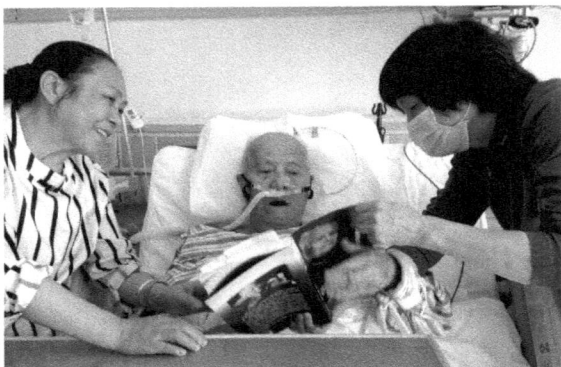

小余帮我将《敬寄李锐》展开给父亲看
（2018 年 10 月 27 日）

张玉珍应着："好，好。应该的，应该的。"

父亲的忘年交及川淳子女士，也是日本研究李锐的专家，后来在我旧金山湾区的家中作客时告诉我，2 月 20 日那天她去了八宝山，在告别厅外排队的人群中一眼就看到了小余，小余也看到了她。小余一把搂住她失声痛哭。淳子说，她不能相信小余会在外边的队伍里等待同李锐告别。她说小余一直紧紧地攥着她的手、攥得让她痛，就那么一直攥到从大厅里走出来。

淳子还告诉我，父亲住院后，她每个月都从东京飞到北京，去医院探望。最后一次是 2018 年的 8 月。进到病房，正看到张阿姨在大骂小余，说小余偷了她的钱。小余一边哭一边说：你这样说我，我就走了，我不干了……见到她来，张阿姨也没有住嘴。她尴尬极了，真不能相信看到的这个场面。老头子在床上躺着，似乎在昏睡。薛京在，她只好对薛京说："那我就不呆了，我走了。"薛京忙说："好，好……"将她送出病房。淳子说，以后她就再也没有去医院了。她说："张阿姨怎么能够那样骂小余？人和人是平等的呀！"

父亲同及川淳子聊天

结束语

父亲晚年总是说：我这一生对得起这个党，对得起历史，对得起自己。杜导正先生等人写的悼念李锐的文章中也特别引用了这句话。父亲的话里没有"对得起人民"。

父亲和张玉珍确实是根本不同的人，参加共产党的初衷云泥之别。但是撇去党和历史那宏大的叙述，就"对得起自己"而言，他们有相似之处——都对得起自己，但对家人不起，遑论人民。

如果张玉珍仅仅是个米脂的婆姨，父亲是否会看中她呢？我想不会的。父亲同我最后一次谈话中说的："她确实是在抗大毕业的，抗美援朝啊……这个真正共产党里面的一些好的影响啊，在她身上有，你不能说共产党过去做的事情，都是做坏事情嘛。在培养人呀、在延安……"

这正是父亲能够选中张玉珍，虽历经四十年不能通心、同心，甚至不能同床的生活，最后还是要说："选张玉珍，我现在回忆，我还是选对了"的根本原由：张玉珍是从延安抗大出来的老干部。

萧军在延安日记里对"他身边接触的共产党人有触目皆是的臧否，大致的论调是批判党文化的粗鄙和庸俗，以及党人因为拥有一个特殊的政治身份而沾沾自喜的情感状态，和建立在政治身份而非实力和贡献之上的延安等级制度。"[74]不是吗？对于张玉珍得到了副部级医疗待遇，父亲在日记中是这样写的：

2015年9月9日（星期三）

玉珍收到部里电话：她已享受"副部级医疗待遇"，高兴之至，我也为她高兴。

而当父亲将这一"喜讯"告与我时，我的反应是：怎么可以这样！凭什么？！

---

[74] 引自唐小兵《革命的囚徒——延安萧军的精神史》。

父亲和张玉珍同是被"等级制度"的党文化浸透了的，父亲对奚青、赵来群和黄与群这三个对《我的父亲李锐》一书极不认同的"访谈者"说："李南央对共产党是整个否定的，她的观点很幼稚，很极端，我们是'道不同，不相为谋'。"

这话确实道出了我同父亲之间的根本不同。对共产党，父亲虽然也说："无法无天，无知无耻"，"培养奴才大黑帮"，但骨子里，他同这个党有着太多的千丝万缕的联系，无法对它完全地否定，所以同张玉珍政委终是扯不断、理还乱。而我，李锐的女儿，是一介平头百姓，我不认同共产党的理念和它的所有作为，张玉珍，这个从延安抗大走出来的共产党老干部在 2017 年 10 月 23 日那天对我人格的侮辱，即使为了父亲，我也无法再继续容忍。

父亲有一年回长沙，去看了他当年读书的楚怡小学。我回国时他谈起了那次回母校的经历，说："老师用的粉笔都买不起。我们去了，校长惶恐地跑出去买了一把香蕉招待我们⋯⋯"我看见父亲眼中的泪花。父亲的内心又有与张玉珍根本的不同，那里存有着人性的爱。我因此永远地想念他。

我当年给大表姐的信中有这样一段话：

不知你是否细看完了《父母昨日书》。那里有一封信，我爸叙述了去延安前到桥头河看公公和大姑姑的情景，内中说大姑姑同我爸一起步行，送了我爸几十里路，后来不得不分手，大姑姑一直在抹眼泪，我爸不敢回头看。"革命"是不能传世的，只有人间的情爱是人类永远歌颂的主题。两个姑姑对我爸爸的那份永远不变的忘我的爱，从某种意义上说，比什么"思想"都

从北京医院出来后同两个表姐大妹、二妹在一起
（2018 年 10 月 27 日）

更令人珍惜和崇敬。

记得老布什总统的竞选口号是"家庭价值"（family value）。前不久在美国 NBC 电视台一个叫 Dateline 的节目上，看到小布什总统的女儿为爷爷做的一部纪录片，以孙女同爷爷的对话为主线，串出老布什一生的亮点。这是多么完美的生命轮回，多么令人羡慕的人生幸福！

一位我从未谋面的黄一龙先生给我发过一封电邮：

讲老爷子的故事每次都听，今天这一次听得忍不住流泪了。我们当

1978 年 7 月在父亲的流放地磨子潭水电站

父亲的受苦受难，感觉到的常是切身的遭遇，它对子女的连累虽然能够想到，但我们其实是"罪"有应得，自己找的；对无辜的孩子们的伤害，特别是从天真的他们的感受来看，则是旷古所无、绝对无解的。十分感谢你。

当中国执政党的领袖像老布什一样将家庭放在第一的时候，当黄一龙先生这样的父亲在中国越来越多的时候，中国就真的有希望了！

2020 年 1 月 12 日 晚十点
初稿于费城

2020 年 1 月 27 日
下午一点终稿

2020 年 5 月 5 日
定稿于旧金山湾区

与听友们的互动（代后记）

我在第一期节目的结束语中对听友们说：很希望这个节目（每周六、周日播出，每次廿分钟左右）能够做成一个互动的节目，得到大家对每期的反馈。我会在下一次的节目中选一、两个听众的来电谈谈我的想法。

节目最后一期播出后，我收到了逾十万字的听众电邮，有的只一句话，有的是一篇文章，摘选出一些以为本书的后记吧。听众们的来信不仅是对我的鼓励和支持，更是他们对这本书的意义和历史价值的解读。

写与不该写之辩

几位听友电邮：

李大姐的诉说我一直在看，我觉得她可以停下了，因为和愚蠢的老太没理可讲。档案和信件到了那边不可能回来的。好像张已经撤诉了。老太就是要钱，现在也没有利用价值了。我真是爱护老李名声，好不容易有个能有公信力和制约力的人物，一生被家丑拖累，传扬出去，太不值得。……抖老爹的丑，这回连老李和老张早早上床都捅出来，我疑心可是帮了当局的忙了。丑化李锐一直是他们没干成的事。

看完这两期文后有点想法，想想还是讲出来，因为我们是朋友。你知道张玉珍诉你这件事并非她本意，是后面有人操纵推动的，她能做得了主才怪。我想你完成捐赠李锐日记这件大事就好，任那些人做什么都不必搭理，不过法律上的事我不懂，也可能没这么简单。另外觉得现在这个时间点谈家事不好，翻捡一些鸡毛蒜皮的陈年旧事，不顾李锐的隐私，不太合适吧？还是冷静些不要逞口舌之快，不值得为了那婆姨伤了自己。

李锐老的日记是中共党史的重要、宝贵的史料，李南央作为女儿克服困难、冲破阻力保存和妥善处理，是应该的，是功劳，不易！但是我觉得，无论父母是高尚还是龌龊，是英雄还是坏蛋，是与自己政见一致还是不同，作为女儿，都不能不惜贬损自己父母长辈的私事，从而抬高自己，这样有违人伦，实在不能认同，我不忍、也不愿意看下去这样的文章。

赞同你对李锐女儿文章的看法。从所谓领袖，到平民百姓，人无完人，都有缺点或家庭隐私，不能因政见不同，或个人心中有积怨，就无所顾忌、违背传统中华文化的礼数和伦理。这与有没有政治勇气无关。

说实在的，我也以为李南央对于家事太纠结了。这些大都不是有关李锐参与的政治事件，那才是大家该关心的，因为涉及中国的前途。谁家没有点不和谐的事，处理以"牢骚太盛防肠断，风物长宜放眼量"为宜。再说，在亲戚熟人间说说也罢，这样公诸于世界，不很妥当。不过看来她难以放下，这其实也会，甚至更会伤害她自己。

互动：

李南央电邮：

有一点我特别不明白，不止一个人这样说："以贬损父母，抬高自己。"这在逻辑上是不通的。很多国人的心都非常脆弱，我一直在说：应该打破那颗不愿意面对"真相"的玻璃心。特别是要打破所谓的中国传统道德"为亲者讳，为尊者讳"。面对"真相"是维系一个正常社会的必不可少的条件。在中国，"真相"会轻易地被掩埋掉，是因为有着坚实的文化基础。但是这种掩埋之重，这个国家已再难以承受下去。看到"也不愿意看下去这样的文章"这句话，深感悲哀。

总觉得国人习惯于纵恶、宽恕作恶之人，而对自卫者侧目相视，若反击则更要被翻白眼儿。

一龙回复：

你说的"总觉得国人习惯于纵恶、宽恕作恶之人，而对自卫者侧目相视，若反击则更要被翻白眼儿。"正是七十年来党领导的结果，也是资中筠大姐所预测的"人种退化"。如果把上文改几个字："纵恶"＝从恶，"宽恕"＝崇拜，"侧目"＝怒目，"翻白眼儿"＝批臭批倒，就是这次全国批判方方运动的写照了。我少年时崇敬的地下党哥哥姐姐们教我为人民的自由而奋斗，面对这样的"人民"，还值得为他们奋斗吗？

溪流出版社编辑王笑梅电邮：

如果真心关心了李锐参与的政治事件，那么自然的，就应该知道李锐的家事就是这些政治事件的一道光谱。中共的政治就是统治，从国家行政到人民的家庭内务，无所不到，无论是小民百姓还是高官。在中国因为党策，家庭破裂骨肉分离的比比皆是，怎么这么快就忘了！在一个自由国家，夫妻离异、家庭纠纷，看到的是人性。在党国，夫妻离异家庭纠纷亲子失和，不仅是人性还更是党性，在众多的大陆人民的家庭悲剧中，党性早就是主导。李南央写生母和继母，都是深刻揭示这个党性、党文化之恶。

一位安徽退休老教授电邮：

我们的古老传统是为尊者讳、为长者讳。的确，应该"讳"的地方还是要讳的。不必要"抖落"的地方也无需抖落。一般人对别人家的陈年旧事也不感兴趣。但是，李锐父女、范元甄、张玉珍四个人的家事，已经进入了公众视野，这就不是一般意义上的家事了。所谓帮倒忙、可能丑化李锐、鸡毛蒜皮、可能伤了自己……持此意见的人是过虑了。我们只举一例，人们应该知道，张玉珍和李南央为李公日记打官司，根本不是什么遗产之争，背后实际上是两股强大的社会政治力量的博弈。李南央文章中所涉及的人和事，从总书记、中央委员、部长、邻居到司机，那些细节，那些场景，所透露出的历史信息，如果把它们看成鸡毛蒜皮，那就太幼稚了。我不怀疑朋友们的善意，我只怀疑他们看事情是不是太简单化了。所以，我完全支持南央把自己的家事继续写下去，恢复原貌，还其本真，为弘大的历史叙述提供生动真实的插图，这些插图所展现的细节，必将成为信史的证据。

一位父亲老朋友电邮：

你的父亲、母亲和继母，都是共产党内具有典型意义的人物。把他们三位的思想感情写得那么真实、具体、细微，除了你，谁能办得到？

我参与的老人们聚会，见到张大姐时总要表扬她对你爸的照顾，她在这种场合总会欣然接受，并具体说明她每天给父亲打什么针等。爸爸偶尔会表示，老伴不让他"随便讲话"，对此她从不答话。我想，对你的著作有不同意见的老一辈人，是否可分两类。一类因为涉及个人感到对己不利的评价；另一类出于中国根深蒂固的传统，即做子女的不应揭父母的短。我想，不论好评差评，你都按自己的意思做下去就好，不要在乎外界或好或差的评论。

一杯咖啡电邮：

家庭琐事怎么了？那正是时代特性的最真实反映。那些批评您不该家丑外扬的人是多么浅薄！那是家丑吗？谁家没有嘤嘤琐事？您的勇气令人佩服，尤其是您这样的家庭背景，真是难能可贵。您讲的故事比那些空话、虚话、套话、大话、假话、谎话等非人话不止好千倍，而厉害国现在只剩这些了。心无善根的人才听不出故事的时代背景和作者的良苦用心，或者说他们没有被感动，却被刺痛了。您没有做错，支持您的人一定大有人在！因为，从你的故事可以看到那个时代的一些生动的画面，比那些经过编造、涂了华丽色彩、披了伪装的所谓"正面"故事更有历史价值。可怜十四亿人生活在谎言之中，学到的历史是被编辑剪切的。互联网不让上，教育、医疗是他们收割的对象，天天拉仇恨……感谢南央大姐让我们更多地了解中共的邪恶，加油，继续传播。

Jack 电邮：

非常赞同您的观点，客观地评价自己的长辈是尊重事实，对历史负责的表现，只是多数国人因为自私和没有勇气揭露家丑的一面，粉饰太平或语焉不详，像您这样坦诚描述高官父亲局限性的子女非常令人敬佩，谢谢分享！

美国张敏电邮：

新书稿视角独特，是"立体党史"大图画中的一块小拼板。

中国自古确实有"为尊者讳，为贤者讳，为亲者讳"之说，历世历代中国人看不到对历史和历史人物真实全面的记录与呈现，这是原因之一。也因此，历世历代对所谓"尊"、"贤"、"亲"者，一味赞扬、歌颂乃至神化；而对所谓"非尊"、"非贤"、"非亲"者，或"阶级敌人"，则可以极尽贬损谩骂丑化。国人虽深受此害，仍视此为常态，非此就有大逆不道之嫌。

历史走到今天，必须把每个人……无论是不是尊者、贤者还是亲者，一律都还原为人，同等对待——都是不完美的人，所以无论谁被推举掌权，都需要严格制约——只有这样，中国才有建立民主制度的基础。

一位北京教师电邮：

我也有一点担心会不利于你爸爸的形象，但后来我想通了。在我们这里，往往需要造神，需要向世人展现十全十美的形象，而忽略了事实本身的意义。

北京老朋友刑小群电邮：

写过母亲，又写继母。这是你性格使然。和你接触多年，感觉你是做人十分认真的人。你不写出来，首先就觉得对不起自己，对不起自己的眼睛所看到的；对不起自己的是非观念；对不起已经是公众人物的父亲和他人生的完整性。因为绝对是自己的判断、思考，在旁人看来或许有成见，或许有偏颇，或许有误解，但是，这是你做人"认真"的内容。我相信了你，也就相信了它的真实。正如你说的，在当事人还在世时写下来，可给申辩者、不信者留下了反驳的空间。从做人上，我和你很一致，所以从《我有这样一个母亲》开始，支持你到今天！并继续给你加油。

Perry Ma 电邮：

俗话说：林子大了，什么鸟都有。

这里没有任何褒贬那些对你写这篇文章有看法的人的意思；只是说明人们的看法是多种多样五花八门的。

"走自己的路，随别人说去。"

从一个小家，反映出中国这个国家的大事小情，正是你这篇文章存在的现实意义。

李南央回复：

我的文章是想写给"五花八门"的人看的，我提到"人伦"，是希望认同"人伦"的人能够重新审视"人伦"——我们这个民族文化的糟粕。所以我不光要走自己的路，也要回复"别人说"。

"继母"一书的价值

北京老朋友刑小群电邮：

这本《继母》应该和"父母昨日书"、"李锐家信集"及"李锐日记"、"李锐口述往事"等，成为一个整体放在一起，留在胡佛研究所，留给社会，成为重要的见证文献。历史越久，其价值越重要！让今后的研究者们看到，李锐的这些原始文字你们夫妇是怎么一字字地敲出来、整理出来的。整理期间遇到什么问题，如何核实、如何定稿。包括为了书前的寄语所发生的纠纷。包括为了能把父亲的文字一部分一部分带出来，你所承受的委屈和痛苦。这些看似家长里短的事，起码进一步证明李锐日记及其他书的真实可靠。总之，你的《继母》一书，是不能忽略的历史见证。

一位安徽退休老教授电邮：

《我有这样一个继母》肯定是《我有这样一个母亲》的续篇。这本书的出版，其历史价值怎么评价也不为过。我依稀记得俄罗斯作家赫尔岑曾经有一本书，名叫《家庭的戏剧》，内容已经完全忘记了。所有的家庭的戏剧都是时代的戏剧的细节和插图。李锐的家庭戏剧，在他本人和两任夫人跟一个女儿以及其他一些人之间展开，这就不是一般的家庭戏剧。由于剧中人的特殊身份，由于他们跟中国革命、跟中国共产党、跟中共执政前后、跟打天下坐天下的不同时期的各种错综复杂的关系，折射出的图景就不是一个家庭的爱恨情仇，而是中共时代八九十年的波诡云谲的历史。中国人民的命运和苦难，在这个家庭的戏剧中都可以看到。它们已经进入了中共党史和中国现代史。

范元甄和张玉珍这两个女人，很难说她们的本质有多么坏，当然也很难说她们的本质有多么好。她们都是忠诚的共产党员，资深的革命老干部，假定本质并不坏，后来终于变得这么坏，这么恶毒，这么无情，而且这么狡狯，这么虚伪，那就只能用马克思老人的 "异化" 理论来解释了。……其实，我也是这个革命的参加者。我之所以痛心疾首者，就是它把很多人包括一些大人物也异化成了非人，也即鲁迅先生所说的 "人面东西"。而一以贯之不忘初心改造中国的人太少了。这两个女人，何足道哉！但也不能小觑，因为她们充当了异化的活标本，被放在中国现代史的展览柜里。所以，把她们的故事完整的、真实的写出来，绝对是一件有重大文献价值的事情。

中国是个历史古国，也是历史大国。古，是说它历史悠久；据历史学者易中天教授考证，中国有文字记载的信史是三千七百年。大，是说它历史典籍丰富，汗牛充栋。

这些历史典籍由四部分组成：一是国史，即官修的二十四史或二十五史。二是方志，即地方志书。三是谱牒，即各个家族的宗谱、族谱、家乘等。四是野史，即个人著作的笔记、见闻、实录……等等。一百年来的中国共运史，官方写的，千方百计遮蔽、歪曲、伪造丰富多姿的百年国史和党史；因此，民间的野史就显得特别有价值。当然，野史中也良莠不齐，如李鹏日记，企图推托六四屠杀责任，可是跟其他人的著作一对照，真相仍是无法掩盖。李公在高层，女儿是目睹亲历者，这就是李公父女著作的历史地位和文献价值。

一位南京老三届电邮：

我的阅读多而杂，这方面算是跟得上时代。因此多年前，你的关于母亲范元甄的文章，发表时我即看过。

俗话说"清官难断家务事"，这还包含着另一层意思，那就是家庭争议系"贴身缠斗"。若诉诸笔端，则无论其中一方如何不堪，另一方如何有理，结果却往往是两败俱伤没有赢家。因此，鲜少有人公开谈论自家家事。家庭争议曝光没谁开心，但有高下之分。

你在媒体公开家事，而府上又归属中国神秘的权贵圈，万众瞩目却不得其门而入，圈内家事曝光则无法不"泄密"。以你的私人视角，故事情节既有人情世故、又有高层秘闻，可信度无可比拟。所以，同你先前的许多文章一样，此篇"继母"在坊间必大受欢迎，当有无数网民阅读和转发。

世界是由一个个平凡的人，一个个平凡的家庭所组成的，其中任何一人或一家，其故事也同样反映人生和社会。这方面的例子多了去了，如清前期吴敬梓（1701-1754）一介书生，他只是记录了平日的见闻，而成就了清代文学巨著"儒林外史"，或在其意料之外吧。

一位人民大学教授电邮：

听了你朗读的"继母"故事，很有触动。每个人记忆中都会有一些家庭琐事遭遇留下的不可磨灭的印象，你的生动描述比单纯的历史书更有可读性，而且字里行间包含着真实的历史。

谢谢你！

Yan Lee 电邮：

血泪泣诉，感人至深。深切体会到那些头上闪着光环的人物有着这样人性的弱点。这太生动反射出共产党的历史。

佳佳电邮：

首先我已经告诉亲友的是，读/听您的这本书的目的就是要去深刻了解共产党这个组织里都是些什么样的人，否则就是看琼瑶的小说了。

我也是成长在知识分子干部家庭的，由于这样的环境，那种打江山坐江山的痞子革命家我耳闻目睹太多啦。但是在普通老百姓的眼里，满嘴脏话，大字不识几个，从来没有读过马列主义著作，自己都讲不清楚什么叫共产主义的"老革命"、"老红军"、"马克思主义者"、"无产阶级革命家"、"伟大的共产主义战士"，一直是那么神圣高贵。

所以我们有责任把这些人的真实面貌让普通百姓知道。让他们知道这些"为人民谋幸福"的人是些什么样的人。

浙江邵先生电邮：

雪泥鸿爪，都是珍贵历史。

胡杰电邮：

收到并听了你的朗读。让我想起了前苏联作家利季娅的日记，这些有质感的细节，构成了这个时代的记忆。

杜厚勤电邮：

我非常认同你对这个继母的更为深层的认知，以及对这种当年裹挟于革命漩涡的草根型人物所作出的社会学、心理学层面的深度解剖。我想，这才是这本书的意义所在。

Mark Young 电邮：

不了解历史的人们没有灵魂。历史不完全是宏大叙事，也是日常中真实的点点滴滴。真实和真相让我们可以客观地观察和总结，让我们可以理性地分析得出我们的结论，形成我们的社会观和世界观。

刘自由电邮：

个人觉得这节目应该属于口述历史范畴，集中于中共高级领导人的家庭生活展现，具体、生动地破除了神话。它不同于其他理论或传记描述，功在当代！

法国听友电邮：

我觉得这本书，还有"我有这样一个母亲"，这两本书都很有历史记录的意义，因为它们真是从具体个人的生活经历，展现出意识形态下的体制对个体生活的裹挟。虽然文革之后有不少伤痕文学，再现政治风浪中的个人命运，但这两本书则展示了一个"剧中人"的个人生活如何成为政治的延伸。

近年来，尤其这次疫情中，不少西方人感叹中国体制的效率，但他们完全不知道，也无法想象这种体制背后，国事与家事的错综交织中，个体付出的"我不能为我"的代价。

一龙电邮：

本党高级干部的家史即国史，这是一党专政下真正的"中国特色"，受教了。

几位年轻人的来信

南央阿姨，

你我虽然是陌生人，但是我却真心地爱您……说这话您可能觉得我喝多了。但是我多希望我的妈妈能像您一样。每次看到您的节目我都特别觉得温暖，您就是我心目中母亲的样子。我当然也爱我的妈妈，可是我们完全无法在政治意见上沟通，她深深地爱着祖国，爱着共产党。我试图挽救她，跟她讲道理，但是没用的，没用的！眼睁睁看着她心甘情愿地做着共产党的韭菜……我曾跟父母说，他们送我来美国是除了生养我对我最有恩的一件事，我永远感恩不尽。

像我父母这样的拥护者在国内实在太多太多，祈祷年轻一代能从这次劫难中醒悟过来，只要醒悟，就有希望。

南央女士，你好：

我虽年幼您约四十岁，但您精神、人格上表达出来的力量和勇气，我自愧不如，甚至自卑。不是溜须拍马，我已经失去这些东西很多年。我虽正值壮年，但常感精神上已经垂暮，就像王小波先生所写的那头"挨了锤的牛"，我已经被吓得奄奄一息，吃草干活似乎是我唯一的选择。

我是一名在大陆生活，接受大陆教育长大的九零后。工人家庭出身，家庭物质财富或许还在城市家庭平均线以下。如果从出身来看，我是茫茫人海中普通得不能再普通的一个个体。我认为我的视角，是位于中国金字塔最下层的视角，从贫困人口到新晋的中产阶级。

我大学之后的经历：

2015 年本科毕业，大四就签了一家在当时冉冉升起，两次被评为"最佳雇主"的 IT 公司。底薪 6600 元，年薪 13 万，职务是 Marketing Manager。工作目标是向某个城市的政府机构售卖公司生产的 IT 产品，工作内容主要是技术引导和商务公关。说白了就是让有采购需求的单位认可公司的技术，同时用人情礼往，行贿腐败等手段跟直接客户，以及与直接客户有私下交易的指定经销商建立利益关系。这样的工作持续了三年，换了三家公司，最终以我个人的绝对失败而结束，并且决心离开这个行业，继续读书。

离开这个行业的直接原因是，自己实在无法做好这份工作，更挣不到钱，身心俱疲。至于深层次的原因，非常复杂，我自己也不愿去想了。但是我想把自己在这份工作中遇到的痛苦写下来，跟您分享。

1. 公司向内部作假。公司公然欺骗一线市场人员，将一些技术上无法实现的功能夸大、编造，作为卖点教育给一线市场人员，以此增加技术上的筹码。一些研发承诺的功能在实际使用中被客户发现无法实现。解决问题的办法是继续欺骗，或者欺骗+安抚，最坏的结果是退货。

2. 市场人员公然欺骗客户。撒谎是我们一线人员的日常，底线是不影响采购，不会轻易被发现，只要不触及底线，什么谎都敢撒。

3. 吃喝嫖赌。吃喝嫖赌是工作，越能跟有价值的官员吃喝嫖赌，说明这个人越有本事。

4. 没有多少客户真正关心产品价值。技术官僚，几乎没有，技术把关人一般是基层的技术员，人微言轻，少数有些话语权的也不过是给些建议，影响不了决策。绝大多数情况下"符合标准，不出问题"就行，选择买谁的东西，关键在于商务。

5. 客户买的东西是不需要的。为了采购而采购，技术需求模棱两可，甚至压根不搭边，上有相关政策，预算也给批，采购还能中饱私囊，那就买呗。

我的一个相对成功的发小：

他在某地产公司卖房，比我早毕业一年，如今五年过去，在同龄白手起家的人中已是"比较成功的了"，400万左右的房产（二十年贷款），50万的年收入，项目部的Top。但我对他的感觉是：越来越没有人性了。

起初还能看到他在良知与欲望间挣扎，如今似乎已被彻底同化，利益是绝对正确的事。

讲一个他亲口告诉我的事：无意间听到同事与客户的电话，他私下打电话过去，冒充其他地产公司的销售，讲自己项目的坏话，把他同事的这一单毁掉了。背景是房价飙涨的疯抢期，理由是卖一套少一套，他的利益会受损。问他良心痛不痛，他说"怪只怪那个销售太不小心了，让我听到电话"。

南央阿姨：您好！

从你的工作经历的录音概要了解了您的性格。特别是迈克对您的工作的肯定那段。您是一个性情中人。感情丰富，工作认真，对人公平没有私心。您让我喊您阿姨也能看出您没有阶层的隔阂，对于我这样一个陌生人来说就很温暖。

因此您与黑暗保持距离，看您的事迹就知道您就是如此，也鼓励我如此。就这个问题我想了很多，很多年前，我给我们学校的王德群（百度能搜到）教授写过信，说我进入社会发现这个社会上很多不好的事。他让我尽力做个好人。有相同的意思在里面。这么多年过来，我有没有做成一个好人我不知道。但还是做过很多不好的事情。

如果您说的黑暗是说制度的黑暗，我一直游离于制度之外，我的学业和事业是很不成功的。大学四年成绩都是垫底。也没有拿到很好的推荐，然后在江西、上海、浙江的一些企业打工也不是很成功。我没有像您那样大致明确的职业目标，也没有像大部分国人那样赚钱的欲望那么强烈。所以很多的成功人士所必须经历的利益的勾兑没有发生。我是学药学的。当了一年多的医药代表。给医生一些回扣，后来由于业绩的原因领导把我开了。我也就没有做这种看似高大上的工作。后来给人送货开小店，也没觉得多丢人。反而没有各种单位共同体的管束，活得更加自在。当然也有生活拮据和无望的时候。我想大部分的中国人和我的经历都差不多，平常而平庸。可能能见识到制度的黑暗，但是独立于黑暗之外并不容易。但其实制度的黑暗相对轻松一些，因为有很多国家的成功例子。

如果您说的是文化的黑暗，这就很麻烦了。我们这个年代的人并没有八十年代您所在的时代的朝气。向您这样文理兼通的人普通高等院校基本上少见。我的大学同学没有几个看过几本社会政治基础类读物。但是赚钱的欲望有的。以至于我现在和他们讨论问题都不知道说什么，因为他们说的无非是这个药科长那个院长什么什么的，而我又不是很感兴趣这个。当然我的学校是理科院校，但是我们文科院校基本上都是师范。大部分都是理工科。相对如此我还算幸运，我中学是武侠迷，因此这样又对文化历史类有所涉及。到后来政治哲学的闲书也看了不少。回头来看我们这个时代的大学生大体是平庸的，后面扩招的大学生当然也不好说。现在有一个词"社畜"说的是现在的年轻人更加专注于个人的感觉和欲望。我的老乡同学什么的，聚会聊天会自动屏蔽一些说理的部分，讨论仅限于时事，而且用的工具其本上就是高中的马克思政治经济理论（社会五种形态什么的）。可能我的层次就在这里了，现实生活就只能接触到这里。当然农村老家的亲戚更是如此，就是那种人来人往的人情社会。公共事务层面的事务没有去思考，也不太想去参与。村长的选举也流于形式。我们的教育对政治学，社会学，哲学的基本原因和概念都会屏蔽掉，历史学也很片面，外面的东西进不来，所以能够起作用的文化因素就是两个，一个是传统的儒家伦理，一个就是佛道的顺从意识。这两个东西也是一个双刃剑，从坏的一面来说他们为虎作伥；从好的一面来说他们又维持了这个社会不至于崩塌。当然一种文化如果要昌盛，必须以这个社会的开放和个体的自由为基础，例如唐朝可以说是儒家和禅学的巅峰了。我们社会体系现在如此的桎梏，可以说无论是儒家还是佛道都只能沦为一种工具，只须看到那么些道场、禅观、讲堂里面那么些大师的丑态和吃相就明了了。这种文化的屈从和不作为也导致了人性的黑暗和不自知。比如这次武汉肺炎的英雄李文亮先生也是一位小粉红，半年前还说过香港的愤青。当然我没不敬的意思，无疑为真相而牺牲是伟大的可敬的，只是说明这种现象。谭嗣同说两千年之学皆荀学也乡愿也。刘晓波采访说中国要被殖民三百年才有得救。都是说这种文化的黑暗。这种文化黑暗无远弗界。

对于第一种黑暗，可以尽量远离。对于第二种黑暗，我们可以做一些善事来忏悔我们的错事。但事实上，我们这些人就在黑暗中。您在国外时间长了，人与人之间至少是没有恶意的。大部分是善良的。在国内这种事情也很麻烦。例如捐款，在国外，你捐款了，你就发挥作用了；但在国内你捐款了你就上红十字会的当了。很多事情都是这样。比如你不能显得很善良，不然就会有很多麻烦，比如扶老人事件。在国人心中，善良的人就是傻子。我也遇到过类似的事。我和同事一起看到一个可怜的乞丐，我扔了一些零钱，他们就笑我傻，说那都是骗钱的。现在国内一个明星叫袁立为了肺尘病人做了一些事，经常在网上被人攻击。只能尽力而为吧。

倾诉倾诉。所以不要为了回信的事而烦恼，您保重身体。用您们北方话说，您就看个乐，有用当然好。没用也很好。

XX：你好！

谢谢你写来这么长的信。我想，你现在的心情跟我们那一代在文革时的心境有某些相似之处。只是，那时我周围的同龄人们都很关心国家大事，对钱都没有那么强烈的欲望，所以那时制度虽然黑暗，文化还没有黑暗到你现在所处的程度。

你的教授说得很对：自己做个好人吧。如果有了孩子，让他/她尽可能出去读书吧。中国我们救不了，中国人我们也救不了，我们只能做自己能做的那点事——做个好人。但那就是在救中国，就是在帮助我们的同胞。

南央阿姨

南央大姐你好！

一直在跟踪收听你的在线广播和访谈节目。非常赞赏你的直率和真诚！我也收听过你的"我有这样一个母亲"的广播。你这两位母亲的性格和对家人对各种事情的处理态度，不正是反映了共产党文化和中国几千年文化融合后产生的结果吗？

在国内时，天天听共党的宣传，学的是被篡改的历史！可以说我们是喝狼奶长大的。你的两位母亲是喝这个狼奶最好的例证。以前我相信，我们是一个优秀的民族。但是现在，从知道了真实的历史和反观我们的行为，我彻底地认识到，我们文化中充满了人吃人的糟粕！再加共党文化几十年的毒害，整个民族都处在疯狂的状态！非常敬佩你的勇气，把这些都记录下来。这两本书是面镜子，中共的面目都映在里面。

李南央女士，您好：

不知道这样称呼您，您是否介意或者是否合适。我是一位九零后，成长于一个远离政治体制家庭的孩子，作为九零后我的确没有机会见识改革开放以前的中国，也没有亲身经历过那些可怕的斗争。再次，之前我所获得的一切有关历史的信息，现在我只能称之为信息，因为那不是真相，都是通过政府和政党控制下的课程中所得。都说历史是一个任由人打扮的小女孩，可是我却觉得在系统的、有预谋的教育下，历史这个小女孩所经历的不仅仅是被打扮，还有被篡改和被粉饰。宛如一个疯狂迷恋整容的女人，近看哪一件事，哪一个部位都很美丽，而拼接在一起却面目全非，实在是不忍相看。

或许我本不是一个随波逐流，甘愿被蒙蔽，一个想要质疑和发声的人，我看那些同辈人对于政党政府的支持，对比我，所感受到的只有深深的无力感。或许如此，才让我们更加远离政治，所以您讲述的李锐给了我们一窥政府和政党内部的机会，通过它，我们能够理解信息黑洞的国家决策层内部是什么样的。

我深深地钦佩您，做着这一项明知难为却仍为的事。最后祝您一切顺利，生活幸福。

听友们送来的鼓励和支持

一位安徽老公安电邮：

春节至今，宅在家里，品读你的《我有这样一位继母》，无限感慨！对你更加刮目相看。二十年前《我有这样一位母亲》曾经使我对李锐有这样一位女儿为他感到高兴。当时我也听到很多对你的非议，其中不乏李老的好友。但是我不为所动。因为你所写的不光是李锐的家事（家史），也是历史，家史折射国史，而且是真实的国史，没有被篡改的国史！李锐是伟人，也是最普通的人，不能被神化。伟人看起来是伟人，是因为很多人跪着看，站起来看就不是伟人。我是李老的忠实粉丝，但是李老也有失误，不是处理每件事情都是正确的。人无完人，不必过分拔高。你要继续写下去，走自己的路，让别人去说罢。

一位北京老师电邮：

……无论是母亲还是继母，都给了你太大的伤害，是你的坚强和自立救了你自己。不仅自己成功，更重要的是坚持信仰，完成了重大使命。其实你关于母亲和继母的文章。让世人能够了解到这个队伍里的一些真相。撕破一些人的面具。这是很有价值的。保重！

一位常州退休老教师电邮：

平民思维的红二代，我知您是独一无二，举国惟一。从生母，继母，您用同一个真善美，中华贤妻良母的普世标准来衡量，希望她们、要求她们，返朴归真，人同此心，心同此爱。

一位安徽退休老教授电邮：

李公的家事是党国大事的投影。让全世界读者看清这个打天下的痞子队伍是多么黑暗。这个忠诚的女战士，完全异化成了一个凶狠、恶毒、灭绝人性、不可理喻的乡野泼妇！对，是**乡野泼妇**，根本不是那种淳朴厚道的农妇。这个道理必须讲清楚。农妇是多数，泼妇是异数。

……大哉李公！你是我心目中的伟人。说一句民间大实话，你为什么如此苦命呢？你命苦，还带累你心爱的女儿遭了那么多的罪！受了那么多精神上的苦刑！李公呀，你以及我们为之献身的那个主义、那个组织，在当今进步人类世界上已经从道义上完全破产了。该异化的都异化出去了。你异化成白鹤，飞升天堂去了。虎女南央异化成白鸽，飞越大洋彼岸去了。这是令我们无限欣慰的。

通过"继母"节目找到我的儿时朋友电邮：

小妹，咱们虽然失联几十年，但凡见诸报端有关你或你爸爸的信息我都会关心，依稀感觉好像老人家的第二段婚姻挺幸福，新老伴虽然文化不高但把他照顾得很好，亲戚朋友赞赏有加。看了你的《我有这样一个继母》开始都有点懵，以你爸爸的才学修养、经历见识，怎么会娶了这样一个自私贪婪、浅陋粗鄙的女人！而且竟然共同生活了四十多年。

在"以阶级斗争为纲"的年代，贫下中农自带光环，十五岁就参加革命成了张玉珍一辈子的护身符。但是，中国农村小农意识的狭隘自私一旦攀附上了权贵，就变得肆无忌惮的贪婪，她善于钻制度中的各种空子为自己攫取利益，是天生的权谋家。她本能地知道一个被强制劳改多年的老鳏夫的软肋，无需谈情说爱直奔主题，一旦得手像你爸这样的高级干部，尤其还是最爱惜名声和面子的高级知识分子只能就范。有些人社会形象很好睿智强大，但是生活中比较低能软弱，张玉珍主宰了你爸的生活，控制了话语权"没我老头子早就没命了"。你爸为了有个安稳日子忍让妥协，家里所有的人都要对她感恩戴德，她抢占道德制高点用亲情绑架了全家，甚至你的表姐无奈地对你说："张阿姨好，你爸才能好"，哪怕你被泼了污水受了委屈！我想起鲁迅的话，损着别人的牙眼却反对报复、主张宽容的人，万勿和他接近！包装成老革命的村妇把什么都看成可以变现的钱财，她哪里懂得你爸和老友把玩古董欣赏字画，是进入审美境界的雅趣。那幕她夺过电话冲着你爸昔日难友劈头盖脸责骂的闹剧，就像一只黑粗的爪子撕碎一段美丽的丝绸，真是让人不忍和心疼！至于对你的仇恨，更是她高粱花子脑袋里无法理解的，你是唯一可以继承你爸爸精神遗产的人，你们父女间的默契和交流她永远不懂！

你的妈妈范元甄和继母张玉珍是共党队伍中的两极，一个是怀抱理想的青年学生，高级工程师，一个是痞子运动中的基本盘，草根官太太，但都是党的酱缸文化中人性异化的典型。

小妹，你在一个缺少爱的畸形环境长大，一定受过不少磨难和委屈，你不但顽强地走出困境，还以初中文化的底子自学成才，居然早在八十年代末就带队出国搞技术合作，后来又是美国公司的高级工程师，其中付出多少艰辛和努力只有自己知道。多年来你受委屈遭质疑，克服各种阻力为爸爸整理出版海量的书信和日记，这是非常珍贵的有历史价值的工程，你一辈子干了别人几辈子的事，所幸，上天眷顾你有一个充满爱的小家，很为你高兴，此生足矣！

"继母"连播最后一期互动

冯老师电邮：

读这些文字，深感压抑，透不过气。设身处地，想您的处境，忍辱负重，任劳任怨，为保存传承历史珍贵文献，呕心沥血，备尝辛劳。不阅读这些文字，无论如何不可理解锐老身后，您再陷诉讼泥潭，您的悲愤，您对张玉珍的不宽容。我私忖，诧异，您回敬长者的语言，似少了应有的温顺和谦让。现在方知，原来如此：您父亲的"政委"、您的后妈，犀利洞察您涉嫌"里通外国"的奸细。虽然如此，令人抑郁，我觉得篇末，还是赦免其过失较好。因为，想来想去，我始终没有在《红楼梦》里，找到张玉珍辛苦恣睢、合适恰当的化身。那么，"己欲立而立人，己欲达而达人"，或者"己所不欲，勿施于人"。忠恕而已矣！

李南央回复：

谢谢来信。我用鲁迅先生的一句话回复您最后的建议——赦免。

"假使此后光明和黑暗还不能作彻底的战斗，老实人误将纵恶当作宽容，一味姑息下去，则现在的混沌状态，是可以无穷无尽的。"

谢谢您一直以来对我的文章的关注。我想告诉您：张玉珍这只共产党的鹰犬用她的利齿咬住我的脖子，不咬断我的喉咙绝不松口，我不但对她现在不赦免，将来也不赦免，永远不赦免！而且我对所有那些指责我不应该写这本书，指责我对张玉珍不厚道，不宽容，说李南央不过掰扯鸡零狗碎家务事的人，我尊重他们的话语权，但以为他们是在纵恶。正因了这样的"老实人"太多、太多，鲁迅先生离去八十六年后的今天，中国社会的现状依然是无穷无尽的混沌……

我这个"生在红旗下，长在红旗下"的五零后，环顾身边长我一辈，与我同龄的亲戚、友人，几乎无人能逃过运动的"关顾"；这本书提到的俞润泉先生则是劫劫难逃。而张玉珍自延安起便毫发无伤，她的家人也都活得顺风顺水。我想，我的这本书应该是说清楚了，共产党最信赖、最依靠的最基本的力量就是张玉珍这样的流氓无产者。流氓当道，流氓活得飞扬跋扈，在家里耍流氓，对国事也是耍流氓，处理世界大事还是只会耍流氓。所谓"厉害国"其实就是"流氓国"。面对"流氓国"输出的病毒夺去了全世界六位数以上无辜人的生命，我不宽恕中共队伍中的每一个流氓！绝不！！

犟人李南央（代后记）

丁 东

邢小群画

两个月来，人们的阅读焦点无疑是与疫情相关的文字。然而，有一个人与疫情无关的散文，还是引起了读者的深度关注。她便是李南央。

李南央的散文写她和继母的故事。她们之间不和，我早就知道。李老活着的时候，希望息事宁人，我也曾想起调和作用。李老晚年，我帮助他编发《九九感怀》和《百年回首》两文，都尽力在行文中体现李老希望家庭和睦的苦心。

然而，李老一走，矛盾很快公开化。围绕李老的日记到底是生前捐赠，还是身后遗产，打起了官司，而且是跨国诉讼。作为被告一方的李南央，只能面对。她撰写这篇长长的散文，将前因后果公之于世，也是箭在弦上，不得不发。虽然讲的是家务事，其间公共意义自在。李老的日记，是极有价值的史料。使人联想到赫鲁晓夫回忆录、蒋介石日记，要不要公开，怎么公开，的确不是私事。

李南央的性格特点可以概括为一个字：犟。她要做的事，一定要做到底，几头老牛也拉不回头。

她今年七十岁，我认识她有二十年了。最早的因缘是《老照片》。我是山东画报出版社《老照片》的特邀编辑。李南央是《老照片》的作者。她当时在斯坦福大学的直线加速器中心任磁铁工程师。她也喜欢写散文，讲述家人和亲戚朋友的故事。一些篇什在《老照片》发表。她每次回国，都要约几个朋友一聚。当时我住在德内大街，把聚会地点安排在后海岸边的孔乙己酒家。参加者有《老照片》的编辑张杰，还有许医农、朱正两位出版家，他们和李锐是湖南同乡，也是李老最信任的朋友。李南央对他们特别尊敬，编书、写文章，都请他们指点。

李南央已经开始整理父亲的日记与书信，几乎全部业余时间都投入进去。最先编成的是《父母昨日书》，得到朱正、许医农的赞许。我也尽自己所能，帮她疏通出版发行渠道。这套书后来有两个版本。国内版被向继东纳入广东人民出版社的"新史学书系"，获得了和普通读者见面的机会。

我和她还共同完成了《李锐口述往事》。请李老口述生平是 2002 年的事。我先后和他谈了二、三十次。本来想用流水作业方式，整理成文一部分，就请李老定稿一部分，然后到媒体上选载。但登了一篇就没有继续下去。李老十分繁忙，客人川流不息。他每天写日记都要利用清晨时间。我整理的稿子他只改出一篇，就再也改不出来了。陆续发表的计划只好搁浅。2008 年，李南央决定参与整理父亲的口述自传。我当时清点了一下，2002 年口述的绝大部分初稿都在。我说，你熟悉父亲的经历和交往，和父亲沟通比外人近便得多。我也告诉她，最大的难处，是如何请李老抽出时间校订文稿。这项工作，几年前就是在这个环节搁浅的。李南央联系了一家杂志，连载这部口述自传。如果李老不能及时改出稿子，连载就要断档。这成为一个动力，让李老在长达四年的时间里，不断挤出时间，校订经李南央整理的文稿。我深知李南央付出的心血。整理一篇口述所花费的精力，甚至多于撰写同样篇幅的文章。又要忠实于口述者原意，又要让文字流畅，条理清楚，并非易事。核对人名、地名和历史事实，更需要知识积累和考证功夫。在李老九十六岁时，这项工作终于收官。李老对这本书十分满意。但李南央为给父亲运送样书被扣，她执着地诉讼，持续数年，每月一呼，前后写了 60 多封公开信，李老去世后仍未停笔。

李南央也希望自己的散文能在内地出版。她的散文早就编辑成册，名为《雁过留声》。朋友黎学文曾在某出版社任职，问我有什么书稿可以推荐。我推荐了《雁过留声》。黎学文看了很喜欢，给李南央发电子邮件说，书的内容很好，但书名不合适，建议改成《那个年代那些人》，签了合同。李南央约我写一序，我在序言中说：

从体裁上说，这本书属于散文。从内容上说，这本书可以归入历史，讲的都是过去年代实际存在的人和事。所以我想定位为回忆性的散文。不止是辞章的华美，结构的精致，更有阅历的深厚，命运的沉重。李南央的人生，称得上起伏跌宕。曾经从云端跌落到谷底，又从谷底翻回到人间，尽尝了人情冷暖、世态炎凉。中年以后，李南央离开大陆，经欧洲而美国，在异国他乡重新奋斗，站稳脚跟，穿越大洋，回望故里，自有一番历尽沧桑的意味。特别是《我有这样一个母亲》一文，一经发表，便触动了无数读者的心弦，也引起过沸沸扬扬的争议，一度成为文坛的热点。"为尊者讳，为亲者讳，为贤者讳"，是中国源远流长的文化传统。以往的回忆性散文，基本上沿袭了这一传统。李南央接触了国外文化以后，挣脱了传统对精神的束缚，她在回忆生育养育自己的长辈的时候，想到哪儿写到哪儿，有什么写什么，不加粉饰，直抒胸臆，开启了一种已往汉语中少有的叙事风格，影响了同代的其他作者。比起那些没有机会重踏祖国大地的作家，李南央是幸运的。她回国出差，探亲访友，感受百姓的呼吸心跳。她获得了更广阔的天空，却没有失去原有的大地。所以，她以母语撰写的文字，保持了与故国脉搏的互动，得到了不少读者的青睐。

这本书后来还是功亏一篑。李南央一度对在内地出书已经不抱希望。这时，北岳文艺出版社推出了格致文库，我和小群都有文集入选。我们也推荐了李南央。内容为国外生活记述，书名《异国他乡的故事》。编辑马峻看了书稿，感到文笔上乘。提出作者在内地图书市场并不知名，可否将版税变为样书支付。李南央满口应允。我也不便提及《我有这样一个母亲》曾经如何风行一时。这本书出得很顺利，李南央拿到样书，大感意外。

其实，她更有份量的作品，还在后头呢。

2020 年 3 月

附录

就张玉珍起诉李南央的一封公开信

此信仅代表个人立场，不代表斯坦福大学胡佛研究所和任何第三方。

LimsTim134 与张玉珍启动要回李锐捐赠美国胡佛所历史资料：

父亲李锐（2019）2 月 16 日辞世、20 日遗体告别、26 天后，3 月 18 日张玉珍致信李南央；3 月 20 日 LimsTim134 以张玉珍名义 email 李南央并附张 18 日信同时另件英文发至胡佛所；4 月 2 日张玉珍在北京西城区法院对李南央提起诉讼；4 月 3 日旧金山中领馆派员至胡佛所代张玉珍转达信息；4 月 5 日清明节、李锐末七之日，张玉珍委托的律师向李南央发出函件；4 月 9 日旧金山中领馆代司法部转李南央案件司法文书；4 月 10 日清晨联邦快递送达李南央居所。距 2 月 16 日不足两月。

（一） LimsTim134 会同张玉珍的动作链

一、LimsTim134 电邮李南央

3 月 20 日晚 8:25，陌生人 LimsTim134 从 LimsTim134@protonmail.com 地址发我邮件并附张玉珍 3 月 18 日签名函（两件内容不尽相同），声称李锐日记等物不知所踪，通过网络得知李南央擅自捐献给胡佛，要求撤回捐赠。

二、LimsTim134 电邮胡佛研究所

3 月 21 日上午，胡佛研究所转我 LimsTim134 在 3 月 20 日晚 6 时从同一地址发给他们的英文电子邮件和所附张玉珍签名的英文信，张玉珍在函中告知胡佛所她的联系方式为 LimsTim134 发出邮件的电子信箱。

三、旧金山中领馆官员拜访胡佛研究所

胡佛研究所告我 4 月 2 日，中领馆电话胡佛研究所相关人员，要求拜访。4 月 3 日下午，一位副领事、一位工作人员至胡佛研究所面谈。

四、LimsTim134 再次致电李南央

4 月 5 日清明节凌晨，LimsTim134 发来一封内容空白电邮，含两附件：西城区法院致张玉珍的受理案件通知书、张玉珍的律师张金澎致李南央函。这封张金澎律师函通知我**3 月 31 日接受张玉珍委托……**他的联系方式：<u>LimsTim134@protomail.com</u>，这也正是半个月前**3 月 18 日**张玉珍英文函告胡佛所的她的联系方式。

两个附件有如下看点：

1. LimsTim134 将法院发给原告张玉珍的受理通知书转发给了被告李南央。

2. 律师将 3 月 20 日 LimsTim134 电邮提出的"继承遗产"，而不是张玉珍 3 月 18 日签函提出的"商议遗物"定为起诉案由。

3. 律师在知会李南央已被张玉珍告上法庭的同时，代司法官之职，通知了裁决结果：一、将李锐日记及其他李锐信件、工作笔记等遗产继承权判给张玉珍；二、裁定李南央无权擅自处理李锐的遗产；三、裁定李南央捐赠给胡佛研究所的行为无效；四、裁定李南央应立即撤回捐赠行为；五、若不按本律师告知裁定立即停止……本律师将代表张玉珍女士追究（注意：不是起诉）你与（或）胡佛的侵权行为的法律责任。

4. 在第六条中向李南央强调法院裁决结果——必定给你带来不可避免的损失。

这位张金澎律师"狂"得可以——信的落款日期 4 月 5 日离法院规定的原告张玉珍缴纳 35 元诉讼费的 7 天期限尚余 4 天，就笃定地向被告李南央宣告了判决结果。我因"李南央状告首都机场海关案"跟北京第三中级法院打了五年多的交道，早就领教了中国的"法"是怎么回事。但嚣张到连马脚都懒得遮掩，真是黑得越发低级了！

五、中领馆用联邦快递代司法部转李南央司法文书

4 月 10 日清晨 7:53 美国联邦快递员将中领馆 4 月 9 日寄出的司法文书送达我家，内含：

A. 张玉珍民事起诉状

- 被告：李南央。张玉珍准确地填写出她根本不可能知道的李南央的住址和旧金山中领馆在 2 月 15 日（北京时间李锐去世当日）签发给李南央新护照的号码。
- 第三人：美国斯坦福大学胡佛战争、革命与和平研究所。该所英文名称、地址、负责人姓名、电话号码一应俱全。
- 案由：继承纠纷。
- 张玉珍诉求：1. 判决李锐**全部**日记、信件、工作笔记等文稿原件（1935 年至 2018 年）由她继承；2. 判决第三人向原告返还 1 条所列原件；3. 由被告承担全部诉讼费用。
- 张玉珍"事实与理由"：1. 李南央未经李锐及张玉珍同意，私自将诉求 1 中原件带往美国，且未经原告同意捐献给第三人，被告与第三人在互联网上宣称将公布文稿内容；2. 张玉珍与李锐共同生活 40 年，文稿大量内容属于原告隐私故应归原告所有；3. 李锐生前公开声明不得公开日记内容……

B. 法院传票

开庭时间：6 月 25 日 9 时 30 分。掐指一算，从 4 月 2 日律师代理张玉珍向西城法院提起诉讼/法院当日发出受理通知算起（含 4 月 2 日当日），仅只 84 天。同李南央为《李锐口述往事》样书被扣"状告首都机场海关案"于 2014 年 1 月 7 日提起诉讼，半年后的 6 月 18 日方获法院受理，至 2019 年 6 月 25 日共计 5 年 6 个月又 18 天相比（假设沾张玉珍的光，"海关案"可同日开庭），守护了李锐四十年的共产党政委张玉珍同志确实比李南央厉害！

C. 身份证明

- 张玉珍代理律师资格 2019 年 5 月到期，6 月 25 日他没有资格代表张玉珍出庭。不过 LimsTim134 确保张金澎通过年度考核应该是小菜一碟。
- 张玉珍提供的身份证明：第一代身份证，居住地是她前夫的，且身份证号缺位。

（二）反驳张玉珍的诉讼请求

我当然不会通过 LimsTim134 给张玉珍回话（我知道"134"

是谁，"134"也知道我知道它是谁）。法院"应诉通知书"中告与被告：可以行使《中华人民共和国民事诉讼法》第五十一条：**被告可以反驳诉讼请求，有权提起反诉**。不过根据我"状告海关案"被延审十七次的经验，中国的法院不是给我这样的公民开的，"反驳"不会取信、"反诉"不会受理，所以现对张玉珍诉讼请求公开反驳如下：

一、张玉珍清楚地知道，她在 3 月 18 日给李南央的信里说的："李锐日记、信件和工作笔记不知所踪"是弥天大谎；所谓"近日通过网络得知……"同样是弥天大谎！张玉珍将这些谎言作为"事实与理由"写入她的"民事起诉状"，是欺骗法庭的行为，在法治国家是犯罪。进而，她建立在谎言之上的案由"继承纠纷"，法治国家的法官不会立案；代理律师若明知原告撒谎，仍为其代理，轻者被罚、重者吊销执照甚至判刑。

我在这里仅举李锐 2017 年的三则日记以为明证：张玉珍清楚知道"交胡佛馆存"是李锐的决定，不是李南央的"私自"行为；她对此不但知情，还参与了谈话，并当着李锐和李南央的面表示"同意"；且对第三者杜导正表示了对李南央的"赞扬"。

一月卅日 星期一 晴间多云

六点起床，看电视。南央一早来，同玉珍一起谈日记问题。杜老知道信息多，**她同意我的同样处理，交胡佛馆存。**

二月三日 星期五 晴转多云

六点半起床，看电视。南央今天回美国（房子在改造）。**留下带走和没带走日记的清单。**

二月廿二 星期三 阴

……杜老来，谈《炎黄春秋》老人，没有一个投降的。**玉珍谈南央管《日记》事，赞扬了她。**

这三则 2017 年的日记除了证明张玉珍在诉讼状中撒谎，也给出了张玉珍引为证据的 2016 年"李锐声明"第七条中所说："我会在谢幕人生之前，另作嘱托"所言"嘱托"为何的答案。因此，张玉珍提供给法院的证据，恰是李南央反驳她的佐证。李南央的证据：李锐 2017 年日记，加上张玉珍的佐证：2016 年李锐声明，无可辩驳地证明了：张玉珍诉求的李锐日记根本就**不再是什么李锐遗产**，而是他"嘱托"女儿李南央完成的**赠与胡佛所的馆藏**。（我另有证据证明李锐信件和笔记的物性与日记相同，这里不赘）张玉珍起诉案由"继承纠纷"，立案无名。

二、张玉珍在诉状"事实与理由"中说："上述文稿所涉及的大量内容属于原告的隐私……"她提供给法院作为证据的外媒报导复印件内容，恰是我反驳的依据。现将张玉珍证据——7 页"外媒报导"复印件中涉及李锐资料的内容一一列出：

- 日记里记录了中共的"批条子文化"；
- 日记里有非常多的内容能反映出来，中国的所谓改革开放根本不是市场经济，还是条子经济，还是领导人说了算；
- 这些历史的素描从共产党的内部看共产党是怎么做决策的；
- 1959 年参加庐山会议时的工作笔记，庐山会议是共产党夺取政权之后召开的里程碑式的会议，之后许多党内的反对声音消失了；
- 李锐与范元甄交往之初的传情信，和年轻时的叶剑英用毛笔留言"打气"。在李南央看来，这些表现了李锐及其战友在时代动荡下的感情，"是一个个鲜活的人，一步步走到最后。留给研究者去琢磨、去体会。"

这其中没有一项涉及原告张玉珍隐私。李锐和前妻范元甄的传情信更是跟张玉珍拉扯不上，遑论她的隐私！顺带说一句：张玉珍在诉状中说"被告与第三人在互联网上……"也是子虚乌有。她提供给法院的 7 页"外媒报导"，都是李南央接受采访的报导，"第三人"根本没有参与。张玉珍所诉事实不实，理由无据。

（三）我的决定

张玉珍没文化，不知道自己提供的证据处处跟自己作对，西城法院受案法官和律师张金澎可是有学历的人，我不信他们看不出张玉珍所举"证据"的荒诞。2014 年 1 月我起诉首都机场海关，三中院在我的身份证明上做足了文章，拖了半年才予立案，张玉珍却可以拿着号码缺位，早就作废的第一代身份证在西城法院当日立案。张玉珍这桩"继承纠纷"案是个什么案，我当然心如明镜，更何况 LimsTim134 从一开始就没藏着掖着不让我知道它是谁。从九岁开始，我就领教了党法的厉害。正是这种经历，让我早就体会到，恐吓对不惧怕的人是一种激励。这桩不按民法、按党法的案子，我不奉陪！

不过我还是有些好奇，因此给西城区法院写了一份"管辖权异议申请书"，想看看在确凿的证据面前，张玉珍的这桩"错案"怎么往下走。五年多来，作为原告，我对延审十七次不开庭审"状告海关案"的北京第三中级法院紧跟不舍，是因为我坚信，让中国的各项法律从纸上走下来，要靠公民自己去争取。这一次作为被告，我也不会退缩。更何况，李锐已经不能出庭作证，我若胆怯，何以面对父亲在天之灵。

（四）对张玉珍说几句

张玉珍，你笃定这场官司你是赢家。其实打了这场官司，你输惨了。替你写那封在李锐遗体告别日散发的"感谢信"的奚青们，在《伤心桥下春波绿》里编织的"张玉珍朴实、善良、正直……"就没人再会相信。你走了以后，你的养儿、养女也别想用李锐再从 LimsTim134 那里勾兑出任何好处。

张玉珍，你在"感谢信"里说："他生前曾经不止一次的同我谈过：'我想百年之后，回到平江，回到我父母身边去，你愿意同我一起去吗？'我告诉李锐，'你到哪里，我就到哪！'我会遵从李锐这个遗愿的，我更会信守我的承诺！'"

我现在可以告诉人们了，回到家中你的说法就变成了：李锐回平江，我一分钱都不会出，应该组织上出钱。李锐平反一分钱的工资都没有补发，组织上欠李锐的。李锐的骨灰盒被你放在八宝山那个玻璃柜最下层的小格子里，他生前在秦城坐了八年牢，死后你还让他坐牢。

张玉珍，你在"感谢信"里还说："我和李锐一起生活了四十年（这也是你在诉状中提供的事实与理由），这一生，李锐是陪伴我最长的人，我也是陪伴他时间最长的人。"李锐生前有诗："何时宪政开张了，让我灵魂有笑容"，你应该比任何人都耳熟能详。张玉珍，你没有文化，你不懂李锐，我可以不跟你讲理，但是你既然以"四十年夫妻"为由把我告上法庭，那情是必须要讲的。李锐生前对你那么好、那么地迁就你、那么地委屈自己同自己的女儿和其他家人——李锐的家人都是客，只有你的家人可以自由地出入家门。你却如此报答于他——他走后七七未满，你就把完成了他嘱托的女儿告上法庭。只能说，你对李锐从来就不存夫妻之情！

张玉珍，我早就公开地表达过：你若不将手伸到李锐捐献给胡佛的资料，我什么都不会说、什么都不会做。如今你既然真地做了，我现在就将 2017 年 10 月 24 日有两位旁人在场，李锐谈张玉珍的音频与这封公开信同时上网。在这个音频中，李锐说：**"我连毛泽东我都看清楚了嘛，一个张玉珍我难道不看清楚了？"** 他还说：**"我的所有的书，我跟你们讲，所有写的东西，她从来没有看过。"** 听过李锐的声音，人们不会再把你对我的起诉看成"家庭纠纷"——看透了毛泽东和张玉珍的李锐，会让张玉珍继承他的文字？李锐写的东西从来不看的张玉珍眼下干的是什么活儿？不用我再多说一句。

顺带说一句，我注意到 3 月 18 日你签名的那封信里与 LimsTim134 的邮件不同，你避用"遗产"、不提"继承"，因为你清楚地知道，李南央是不会主动提出"遗产继承"的，你若挑起，将会引火烧身。你占有的那些、李锐生前没有立下任何字据"归张玉珍一人所有"的东西，即便李南央并不全部知晓，也可开出一个清单（见下）。你和你说的"等其他继承人"——你的养儿、养女已经吞没的李锐全部遗产就成了案板上的肉。

1. 李锐存字：毛泽东（2 幅）；康有为、梁启超（李锐父亲李积芳所藏，李锐平反复出后李锐大姐李琬华从长沙带到北京送给李锐）、郑板桥……
2. 李锐存画：任伯年（2 团幅）、吴作人（"饮清流"李锐落难时曾赠予照顾他生活的二姐李英华长子李力康，平反复出后要回）、齐白石、徐悲鸿、黄胄、陆俨少……
3. 李锐肖像画：严培明（享誉世界的法籍华人艺术家）、王

　　申生、李斌、刘宇一、夏葆元……

4. 李锐版税、稿费、售书款：一千五百套《李锐文集》（以
　　最低价格一千元一套计）……

5. 李锐、张玉珍共同存款。

6. 李锐的抚恤金。

　　最后赘述一句：就你的起诉，我的律师有"律师函"致你，你应该已经收到了。相信你会即转"134"过目。与此公开信发出同时，我也将此函公布，请公众过目。

张玉珍起诉李南央案跟进报导（一）

——西城区法院违法：5月10日前未对我提出的"异议"作出书面裁定

我于 2019 年 4 月 10 日晨八点左右，收到旧金山中领馆通过美国联邦快递隔夜送达的北京西城区法院受理原告张玉珍起诉我继承遗产纠纷案的司法文件。我于 4 月 17 日寄出"管辖权异议申请书"（附件 1），指出西城区法院以"继承遗产纠纷"为案由进行立案有误，并出示证据证明李锐日记等原件实为李锐生前对美国胡佛研究所的赠与而非遗产。因此西城法院对张玉珍起诉的立案管辖依据"民诉法"第 33 条"继承遗产纠纷"与本案实际性质不符，对其管辖权提出异议。

整一个月后，5 月 10 日晨八点左右，收到旧金山中领馆通过美国联邦快递隔夜送达的北京西城区法院于 4 月 29 日签发的"告知书"（附件 2），告知 4 月 25 日收到我的"管辖权异议申请书"（请注意：4 月 27 日、28 日是周末，此"告知书"在一个工作日内完成），但是该"告知书"中未对我的申请作出裁定，只通知我提出的异议申请"应在案件审理过程中予以审查和处理"。这一"告知"不但违反"民诉法"的法定程序：对当事人提出的管辖权异议裁定之前，案件不能进入实体审理，同时公然剥夺了"民诉法"赋予我的、若对裁定不服可提出上诉的权利。现将我对西城区法院《告知书》的复函公开于此，将它无视法条的行径昭示天下。即便我在 4 月 20 日"就张玉珍起诉李南央的一封公开信"中说："这桩不按民法、按党法的案子，我不奉陪！"但是西城区法院若无视法条，强行开庭对张玉珍诉李南央案进行实体审理，我不会放弃对该案合议庭成员：审判长张涛、审判员杨桂林、王凡责任的追究。

李南央

2019 年 5 月 11 日

对北京市西城区人民法院

（2019）京 0102 民初 17194 号《告知书》的复函

北京市西城区人民法院：

本人于 2019 年 5 月 10 日（北美西岸时间）收到贵院（2019）京 0102 民初 17194 号《告知书》，告知本人"在《管辖权异议申请书》中提出的相关主张应在案件审理过程中予以审查及处理，不属于管辖权异议的审查范围"。本人认为该《告知书》的形式及内容均违反法定程序，特向贵院提出复函。

中国法律对管辖权异议的处理方式规定如下：

《民事诉讼法》第一百二十七条："人民法院受理案件后，当事人对管辖权有异议的，应当在提交答辩状期间提出。人民法院对当事人提出的异议，**应当审查。异议成立的，裁定将案件移送有管辖权的人民法院；异议不成立的，裁定驳回。**"

《民事诉讼法》第一百五十四条："**裁定适用于下列范围：……**（二）对管辖权有异议的；……对前款第一项至第三项裁定，可以上诉。"

《最高人民法院关于在经济审判工作中严格执行〈中华人民共和国民事诉讼法〉的若干规定》第 5 条："人民法院对当事人在法定期限内提出管辖权异议的，应当认真进行审查，**并在十五日内作出异议是否成立的书面裁定。**当事人对此裁定不服提出上诉的，第二审人民法院应当依法作出书面裁定。"

江平、何之慧等学者针对《民事诉讼法》第一百二十七条进一步解释："人民法院对当事人提出的管辖权异议，**未经审查或审查后尚未作出裁定的，不得进入对该案的实体审理**"；唐永忠、田平安等学者则指出："根据《民事诉讼法》第 127 条的规定，管辖权异议成立应当符合下列条件：(1) 法院已经受理案件，但尚未进行实体审理。没有受理的案件或者**已经进入实体审理的，不得提出管辖权异议。…**"

按照以上法律规定，贵院于 2019 年 4 月 25 日收到本人的管辖权异议申请后，应当进行审查，**并于 2019 年 5 月 10 日前作出异议是否成立的书面裁定。**如果贵院裁定驳回管辖权异议，本人有针对该裁定进行上诉的权利。现贵院在法定期间内未进行审查、作出裁定，并以"告知书"要求本人在实体审理中解决管辖权异议，严重违反了法定程序。

本人现要求贵院依照法定程序对本人的管辖权异议申请进行审查，并作出裁定。在贵院确认管辖权之前，本人拒绝对本案进行实体答辩。

如贵院未对管辖权异议作出裁定即进行实体审理，本人将对有关责任人员提出申诉控告。

李南央 2019 年 5 月 11 日

附件 1：管辖权异议申请书

致：北京市西城区人民法院

本人李南央于 2019 年 4 月 10 日收到贵院已受理原告张玉珍起诉本人继承遗产纠纷一案的应诉通知，通知本人提出答辩。

本人现向贵院提出对此案管辖权的异议申请。事实与理由如下：

一、贵院立案之案由有误。本案原告张玉珍并未提出争议标的（李锐日记等原件）属于遗产的任何证据，并对贵院隐瞒了案件事实。贵院在不知事实的情况下，以"继承遗产纠纷"为案由进行立案。《继承法》第三条："遗产是公民死亡时遗留的个人合法财产"，而原告提出之争议标的并非遗产，实为家父李锐在生前对本案第三人（美国胡佛研究所）的赠与，本人仅是受家父之托转交。就此向贵院提供证据如下：

1. 原告所提供证据二（BBC 报道）中，第 7 页写明"李锐把他在1935 年到 2018 年期间所有的日记原件、信件、以及他参加庐山会议时和参加土改时的工作笔记都捐给了位于美国斯坦福大学的胡佛研究所"。原告自行举证证明捐赠人为李锐本人而非李南央，何以将李南央作为被告？

2. 向贵院提供李锐 2017 年 1 月 30 日日记（见附证据一），其中写明："（李）南央一早来，同（张）玉珍一起谈日记问题。杜老知道信息多。她同意我的同样处理，交胡佛馆存"。此证据证明：李锐本人在生前，作出将日记"交胡佛馆存"的明确意思表示；且原告张玉珍参与讨论，对此知情，并向贵院隐瞒事实以立案；

3. 向贵院提供李锐 2017 年 2 月 3 日日记（见附证据二），其中写明："南央今天回美国，留下带走和没带走日记的清单"。此证据证明：李南央于 2017 年 2 月 3 日携李锐日记赴美交于胡佛研究所，李锐知情且同意。

以上证据，足以证明：家父李锐为赠与人，本案第三人为受赠人，此赠与行为是于家父生前完成。贵院以继承遗产纠纷为案由立案有误。

二、此前贵院立案管辖依据，为《民事诉讼法》第三十三条对继承遗产纠纷的专属管辖。既然本案显非继承遗产纠纷，则贵院不具有专属管辖权。

三、望贵院依据《民事诉讼法》第二十一条作出管辖权异议审查，并请依据《民事诉讼法》第一百二十四条、《民事诉讼法解释》第二百

证据一：

证据二：

一十一条、第五百三十二条之规定，裁定驳回原告之起诉。

申请人：李南央 2019 年 4 月 16 日

附：　证据一：李锐 2017 年 1 月 30 日日记

　　　证据二：李锐 2017 年 2 月 3 日日记

附件2：中华人民共和国北京市西城区人民法院告知书

（2019）京0102民初17194号

李南央：

本院于 2019 年 4 月 25 日收到你向本院邮寄的"管辖权异议申请书"及附件（李锐 2017 年 1 月 30 日、2017 年 2 月 3 日日记节选复印件）。现就你在"管辖权异议申请书"中提出的相关意见，告知如下：

你在申请书中认为本案以继承纠纷为案由立案有误，进而要求裁定驳回原告的起诉。而原告于 2019 年 4 月 2 日向本院提起诉讼时，起诉书中所列明案由为继承纠纷，诉讼请求亦为要求继承李锐的遗产，本院依据原告起诉时的案由及诉讼请求将本案以继承纠纷立案，符合法律规

定。现你在"管辖权异议申请书"中提出的相关主张应在案件审理过程中予以审查及处理，不属于管辖权异议的审查范围。

现就上述情况对你方予以告知。你方应依法定期限向法院提交答辩状及相关的证据，有权委托代理人参加诉讼，并按照传票确定的2019年6月25日开庭时间准时出庭。

北京市西城区人民法院
二〇一九年四月二十九日

张玉珍起诉李南央案跟进报导（二）

——西城区法院的蒙混之术

今晨八点零七分（2019 年 6 月 6 日），收到旧金山中领馆通过美国联邦快递送达的北京西城区法院又一纸"告知书"（见附件）。

先简单回顾一下我与西城区法院就"张玉珍起诉李南央案"的几次"互动"：

4 月 10 日晨八点左右，收到中领馆快递送达的法院受理原告张玉珍起诉我"继承遗产纠纷案"的司法文件。起诉书谓："李锐于 1935 年至 2018 年亲笔所写的日记、信件、工作笔记等文稿……所涉及的大量内容，属于原告的隐私，文稿应由原告继承……"

我于 4 月 17 日寄出"管辖权异议申请书"，向法院出示证据，证明张玉珍提出的争议标（李锐等文稿）实为李锐生前对美国胡佛研究所的赠与而非遗产，故西城法院对张玉珍起诉的立案管辖依据"民诉法"第 33 条"继承遗产纠纷"与事实不符，实不具管辖权。

5 月 10 日晨八点左右，收到中领馆快递送达法院 4 月 29 日签发"告知书"，告知收到我的"管辖权异议申请书"，指我提出的"异议"应在案件审理过程中予以审查和处理，要求我按"传票"确定日期准时出庭。

我于 5 月 11 日复函法院，述其"告知"不但违反"民诉法"的法定程序：对当事人提出的管辖权异议裁定之前，案件不能进入实体审理，同时公然剥夺了"民诉法"赋予我的、若对裁定不服可提出上诉的权利。

今晨中领馆转来的这份"告知书"为 5 月 24 日签发，是法院对我 5 月 11 日"复函"的回复。其要旨是：

"……你在《管辖权异议申请书》中所提出的基于李锐已将争议标的赠与、争议标的并非遗产，本案以继承纠纷为案由立案有误的意见，应为对原告诉讼请求的实体答辩意见（即原告认为就争议标的的存在继承关系，你认为不存在），属于管辖权异议的事项，你所提异议内容应通过开庭审理解决……"

法院的这个答复佶屈聱牙，但其所述意思还是能够看清的：

张玉珍诉争议标为应由她继承的遗产；

李南央认为张玉珍与争议标不存在继承关系；

故，原告和被告对争议标的争议属于本院管辖范围，李南央"提出的异议名为管辖权异议，实际并非管辖异议事项"，所以本院对李南央的的异议申请不做裁决直接进入实体审理符合法律规定。

李南央申明的是："争议标**不是遗产**"；这份"告知书"偷梁换柱，说李南央争的是"张玉珍与争议标**不存在继承关系**"，这位写手可能以为自己十分聪明，只不过文字游戏是蒙混不过法条这道门槛的。

西城法院所坚持的是：在实体审理中判定李南央提出的管辖权异议。按照这个做法，如若我当庭提出的证据确凿无疑地证明了争议标不是遗产，法官显然**应当**判原告败诉，但这就出现了一个悖论：判原告败诉=承认本院不具管辖权；本院不具管辖权=**无权**判原告败诉。正是为了避免出现这样的情况，"民诉法"设立了"管辖权异议未解决，不得进入实体审理"；"如进入实体审理，不得提出管辖权异议"这两个原则。张玉珍案合议庭却硬是无视此二原则，将自己置于逻辑的荒唐，其用意只能解释为引诱李南央进入实体审理，而一旦进入实体审理，则"不得提出管辖权异议"，如此李南央便掉入承认"李锐生前赠与"为"李锐遗产"的陷阱。

这不是法院的聪明，而是令法界（本案还包括了美国法界）和我这个中国公民鄙视的权诈。张玉珍案合议庭成员为：审判长张涛、审判员杨桂林、王凡。你们炫耀无耻，但我不齿与无耻再多说一句——就此停止复函"法院"的任何文书。

李南央

2019 年 6 月 7 日

附件：中华人民共和国北京市西城区人民法院告知书

（2019）京0102民初17194号

李南央：

本院于 2019 年 5 月 22 日收到你向本院邮寄的《对北京市西城区人民法院（2019）京 0102 民初 17194 号〈告知书〉的复函》。现就你在上述复函中提出的相关意见，告知如下：

你在复函中认为本院之前出具的《告知书》形式及内容均违反法定程序，要求本院依照法定程序对你在《管辖权异议申请书》中提出的相关主张进行审查、作出裁定，并提出相关法律规定和学理论述佐证。

本院接复函后，经再次认真审查认为，我国法律规定的管辖权异议审理前提应是被告提出的异议属于管辖权异议事项。而你在《管辖权异议申请书》中所提出的基于李锐已将争议标的赠予、争议标的并非遗产，本案以继承纠纷为案由立案有误的意见，应为对原告诉讼请求的实体答辩意见（即原告认为就争议标的存在继承关系，你认为不存在），不属于管辖权异议的事项，你所提异议内容应通过开庭审理解决。故我院认为你提出的异议名为管辖权异议，实际并非管辖权异议事项，依法不应进入管辖异议程序。本院就你在《管辖权异议申请书》中提出的相关主张以《告知书》的形式予以答复符合法律规定。

现向你方重申应依法定期限向法院提交答辩状及相关的证据，有权委托代理人参加诉讼，并按照传票确定的 2019 年 6 月 25 日开庭时间准时出庭，届时你方若无正当理由未到庭参加诉讼，不影响本案庭审的正常进行。

北京市西城区人民法院

二〇一九年五月十四日

张玉珍起诉李南央案跟进报导（三）

——斯坦福大学对张玉珍提起反诉

我在上一期"跟进"中，自以为对西城法院坚持告知李南央必须出庭，管辖权异议需在实体审理中判定实为陷阱已经解释得很清楚了。不成想，还是收到国内一位朋友转来的他的律师朋友的如下意见：

我的律师朋友看了您发给我的材料，他认为目前您的应对不是最佳方案，他精通法理，分析了各种情况，比如物权（日记原件）与著作权（日记内容）是不同的；法律程序（即现在的管辖权异议）与实体（日记原件该归谁）也是不同的。这个案子的情况相当复杂，目前在程序上您还有很多可以争取的方面。

他认为不应诉不是办法，这等于放弃了诉讼权利，因为不应诉可以缺席审判，最后还是要执行，您还是中国国籍，以后会有很多麻烦。

组织的目的当然是要拿回东西，封存历史。在程序上他们现在还不能直接和胡佛打官司，但您败诉后他们就有理由向胡佛要。

"134"在它发给我的第一封邮件中，就已经明白无误地告知了我败诉的判决结果，所以这位律师提醒我的："败诉后他们就有理由向胡佛要"是个伪命题。其实我的麻烦根本不在应不应诉，而是我帮助父亲李锐将他的资料捐赠给胡佛的行为让张玉珍和她背后的力量不爽。我回复这位好心的朋友说：

我已经说得很清楚：应诉就等于承认这些资料是李锐遗产而不是胡佛的馆藏。你的这位律师的思路我不认同。这个案子一点儿都不复杂。张玉珍所诉争议标的实质是已经存放于胡佛所的李锐生前捐赠，即为胡佛的馆藏资产，跟我毫无关系。除非李锐起死回生，由他本人撤回捐赠。否则，谁想要，谁到美国来跟胡佛打官司，跟李南央打不着。这个案子的主打方应该是胡佛而不是我，张玉珍和她背后的那个力量对我下手是找错了对象。

现在可以告诉大家的是，斯坦福大学对张玉珍在北京提起的"继承遗产纠纷"诉讼已经作出回应：向美国法院提交了对张玉珍的反诉讼。斯坦佛大学在诉讼中认定：李锐的捐赠物现在美国，对胡佛的捐赠手续是李南央在李锐去世之前完成的。故对李锐捐赠物所有权的争议，应该由捐赠物实际所在地的美国法院作出裁决。

我以为，这是斯坦福大学以美国的法律为武器来对付中共党法管制下的北京西城法院了。如此一来，即使西城区法院罔顾事实，强行将胡佛的馆藏按李锐遗产判给张玉珍继承、且只她一人继承，但真要把东西要回来，张玉珍得到美国应诉，打赢斯坦福大学反诉她的官司。不过，张玉珍若将她提供给中国法院的伪证和成不了证据的外媒报导当作证据，在美国的法庭出示给美国的法官，被法官驳回算是轻的，也许她背后的那个"134"会为她交上诉讼费用；但是对美国的法庭撒谎，重则是会判处监禁的，那就只能是张玉珍自己体验了。

大陆的"法制"是个什么东西，前中顾委委员、前中共中央委员、前中共中央组织部常务副部长李锐的文字两案——李南央状告海关案、张玉珍诉李南央案，显现的是再清楚不过了。现在百万香港人上街游行，为保卫香港的司法独立对党法说"不"！壮哉港人！伟哉港人！我这滴水珠终于汇入了迎面涌来的澎湃浪潮……

李南央

2019 年 6 月 12 日

张玉珍起诉李南央案跟进报导（四）
——查不到开庭信息

北京西城区人民法院在 2019 年 4 月 3 日对我发出的传票中告知的 "应到时间" 是：2019 年 6 月 25 日 9 时 30 分；"应到处所" 是：西城区人民法院（北区）三层第十八法庭。我请北京的朋友查询当日的开庭信息，在西城法院公布的数以百计的 "依法公开审理" 案件中，查不到张案的开庭公告。看来，张玉珍起诉李南央案会 "依法不公开审理" 了。

不过，传票中告知的案由是：继承纠纷。一桩继承纠纷的民诉案，不公开审理，就有了点儿不打自招的味道：张玉珍起诉李南央案不是民诉。那么不是 "民诉" 就应该是 "公诉" 了。可原告明明又是西城区居民张玉珍，不是行使国家检察权的某检察官。这算是掩耳盗铃？自欺欺人？还是欺人自欺？

西城区法院将一桩自己根本不具管辖权的案子："美国胡佛馆藏（李锐生前捐赠物）所有权争议"，硬说成是 "李锐遗产继承纠纷"，强行纳入自己的管辖范围，却又不敢公开审理，除了因为理不直、所以气不壮，好像找不到别的解释。更搞笑的事，我的一位朋友向张玉珍的女婿/李锐生前专车司机，现在是张玉珍的专车司机电话询问开庭信息，他的回答竟然是：根本不了解此事，什么也不知道。又有朋友搜寻到张玉珍律师张金澎的电话号码，手机那边的人说："不认识"，座机则是："网络忙"。我真是希望对此案有兴趣的媒体朋友们届时前往西城区法院北区三层第十八法庭一探究竟。

我在谷歌上看到西城区法院有三个办公区：第一办公区、第二办公区、第三办公区和金融街人民法庭（广成街 4 号院 2 号楼），并无北区。因此建议记者朋友最好事先踩一下点儿，确认一下北区三层第十八法庭的准确位置。上边是法庭给我的传票，供你们参考，下边是张金澎律师的网上照片，供你们辨认之用。

张玉珍起诉李南央案的实质是她起诉亡夫生前"赠予胡佛"的所为。李锐已经不在人世，无法为自己辩护。我在 4 月 20 日"就张玉珍起诉李南央的一封公开信"中曾公布过父亲 2017 年的三则日记，现在从多年回国探亲时录制的影像和录音中节选出能够表明李锐捐赠胡佛意愿和张玉珍态度的部分做一汇集（打包随此"跟进"同时发出）作为"李锐证词"公之于众。为了方便耳背的老者和对湖南、陕北口音不熟悉的听者，特将影像、录音文件的声音输入成文字，请见附件。

李南央

2019 年 6 月 23 日（北美时间）

附件：李锐证词

一、 录像

#1 张玉珍谈李锐日记：A.百年之后出 B.我绝对不要

时间： 2010 年 10 月 11 日
地点： 北京西城区木樨地 22 号楼李锐寓所饭厅、客厅
在场人： 李锐、张玉珍、李南央、巴悌忠

张玉珍： 出这个日记，我也没有意见。但是类似里边这些东西，大家、同志们说应该删掉，不应该留，我也觉得不应该放上。但是，你爸爸的想法和我不一样。
出这个日记嘛，大家的意见呢，就是百年以后出。

李锐： 她是当家人（用筷子指张玉珍）。

李南央： 我已经告诉那个 ⋯⋯

张玉珍： 你不能这么讲啊，这是你的事情，我只能提建议。

李锐： 哎、你 ⋯⋯

张玉珍： 真的。

李锐： 你别客气啦，（众人大笑）你是我的政治委员。没有张玉珍，哪里有李锐的今天。

张玉珍： 我以前讲过，共产党对你太不好啦，哎，你受了非常大

的委屈，我呢……

李锐：　你代表共产党，我向你表示感谢。（笑……）

张玉珍：　哎，我是共产党员，真的，全心全意为你服务。

饭后移至客厅

张玉珍：　共产党对我们的教育，那就是很深、很深。有些事情，你比如说有些事情，看的和听的、做的，那都听党的话嘛。

这个、这个日记上啊，我是这么想的，东西我也是这样想的。我呢，绝对不要，我也没有这个水平。说实在，你给我，我也没有这个水平，我整理不了（面向李南央），我也帮不了你这个忙。

#2 李锐谈资料保存下来交与李南央

时间：　　2010 年 11 月 27 日

地点：　　北京西城区木樨地 22 号楼李锐寓所

在场人：　李锐、张玉珍、李南央、丁东、王笑梅（美国溪流出版社编辑，《李锐日记》1、2、3，《云天孤雁待春还——1975-1979 李锐家信集》的出版社）

李锐：　所以，你帮助她（手指李南央）出书，谢谢你！（向画外王笑梅作揖）

众人：　笑……

王笑梅：　应该的，应该的。

李锐：　她（手指李南央）那个书，不是她搞，我自己也管不了。

王笑梅：　她很厉害的。她很不容易，搞的这些。

李锐：　你知道她的厉害呢，也还是得我帮助她。

王笑梅：　哦，你帮助她。

李锐：　为什么呢，你知道吧？

王笑梅：　不知道。

李锐：　延安我被抓了，关了以后哇，那个保安处啊，就把我所有的东西都收走了。那个审查我的人呐，把我那些玩意儿，给她妈妈的通信什么的，都编好了，一本一本编好，上面题了哪一年到哪一年的通信，都收集起来了。

我从保安处放出来以后哩，他又都还给我了，所以我就保存下来了。而且保存下来了呢，从延安出来以后，我都带走了，没有毁掉。庐山我出了问题，就问我：还放过什么毒？我就把我过去所写过的文章，交上去，然后把延安那一大包子的东西，都交上去了。你们查吧，李锐这个人。

1979 年，我回来，恢复工作，就是我过去的东西啊，我都交上去了，都找不到了。就只给我退回一些乱七八糟的东西，那个文字的东西，一点都没有了。我就很着急吧，因为还有庐山会议实录的笔记本哪，都在里面，都没了。我就要我的秘书去找。结果在电力部、水利部的那个地下室，找到一个大保险柜，封起来的。后来打开一看，这一保险柜，全部是我的资料。我也懒得看，都给了她了（指李南央），大部分都给她了。她后来就利用了，搞到（出）了三本书。（指：《李锐日记》、《父母昨日书》、《云天孤雁待春还——1975-1979 李锐家信集》）

#3 李锐担心习近平烧档案，张玉珍认为不会

时间：　　2010 年 11 月 27 日
地点：　　北京西城区木樨地 22 号楼李锐寓所
在场人：　李锐、张玉珍、李南央

李锐：　　我跟你讲，台湾的中央研究院，也有人在研究李锐。

李南央：　他主要研究你这个人呐，因为你资料比较全……

张玉珍：　对。

李南央：　他琢磨不透共产党是怎么回事 ……

李锐；　　啊？

李南央：　他琢磨不透共产党是怎么回事嘛。

张玉珍：　对，他一直在上层。

李南央：　他是被共产党打垮的嘛，他要看看这个共产党到底是怎么回事。你留下来的东西算是最全的，你的资料留的是最全的。

张玉珍：　对、对，这个对。

李南央：　最全的一个个案……

张玉珍： 对，也可靠。

李锐： 现在很担心，担心的是什么嘞，说习近平的讲话里面呐，将来可能把所有的档案烧掉。

张玉珍： 那不可能。

李锐： 因为，为什么呢？苏联的档案全部都保存了，全部暴露出来了。

张玉珍： 不可能，咱们也不可能。你怎么能把历史的档案烧掉呢？不可能。习近平他也不敢。

李锐： 哎、哎。现在有人担心。现在就是呢，共产党过去的错误，绝对不准讲！

李南央： 那，你不管怎么着，周恩来的是被烧掉啦。

李锐： 周恩来的已经烧掉了。

李南央： 对呀，周恩来的已经烧掉了，已经没了。

李锐： 他离开延安的时候，他烧掉了一些……

李南央： 嗯，对，毛泽东……

李锐： ……毛泽东。所以，要命，中国这个，所以我这个嘞……

张玉珍： 烧掉太不对了。

李锐： ……是一点皮毛，老实讲，我留下来的呀，一点点皮毛。《庐山会议实录》倒是宝贵的，没有我，出不来，庐山会议的真相没有人知道。

#4 李锐谈出版文集、日记和家信

时间： 2013 年 5 月 29 日
地点： 北京西城区木樨地 22 号楼李锐寓所
在场人： 李锐、张玉珍、李南央、巴悌忠

李锐： 反正我现在这个人呐是比较特殊了，活着的时，出了这么多书。这么多人，跟我的关系，公开了都。没有哇。你看，除开《文集》19 卷以外，这两年研究文章，薛京还在编，那就是 20 本著作了。其他的著作，我都记不清楚了。你看，《直言》，对吧，《李锐诗文选》、《李锐上书集》，就是给中央写信呐，《李锐上书集》，都公开出版啦。宋晓梦的传记，《大哉李锐》……

李南央： 《李锐日记》……

李锐： 啊？

李南央： 《李锐日记》三本……

李锐： 那是你搞的了，《李锐日记》，还有那个信件，还有《父母昨日书》。

李南央： 对，《云天孤雁待春还》……

李锐： 8 本啦，那是我的《文集》之外。噢，还有《李锐诗词本事》，那就是 10 种书，再加上这个《口述往事》，不得了哇。

李南央： 《口述往事》大概要有一个轰动。

李锐： 啊？

李南央： 《口述往事》大概要有一个轰动。

李锐： 韩磊在搞一本什么嘞，《照片与文字》。

#5 李锐谈胡佛、谈中国烧资料

时间： 2013 年 10 月 19 日
地点： 北京西城区木樨地 22 号楼李锐寓所
在场人： 李锐、张玉珍、李南央、陈 xx、邓 xx、王建勋

李锐： 你刚才讲的是那个斯坦福的胡佛图书馆是吧？

李南央： 对，胡佛中心，胡佛研究中心。

李锐： 那个胡佛中心厉害，我看到什么两个东西呢？一个，蒋介石的日记，存在它那里；第二，五四运动时候的学生的刊物，全部，我看到了。另外我还知道的一件事情，我们十年文革啊，所有红卫兵出的东西，美国人有全套。美国人请我去，都是那些著名大学，它有中国研究所嘛，找我座谈嘛。他们是真正研究历史的。我们将来啊，要研究中国当代的历史，那个资料哇，我看都在国外。你文革内部的资料，听说北大图书馆呐……北京图书馆有一套，听说有一套烧掉了。文革的那些资料啊……

陈 xx： 文革的那些东西呵，民间还有……

李锐： 那不全哪……

陈 xx： 不全，但是大部分还有。最可怕的是上边的资料，档案

那个地方，到底烧了多少，咱们说不清楚了。

李　锐：　　现在香港倒是出一点东西喽。我也收到什么文革的那些图片啊，出了两厚本，印刷的。

王建勋：　　周恩来的烧了一些，邓颖超 ……

李南央：　　他（李锐）的日记里都有。

李　锐：　　文革的历史啊，我告诉你呀，全部弄清楚啊，那不得了啊。

王建勋：　　八十年代初，烧了一大批 ……

邓 xx：　　胡耀邦在的时候，有一千多件，两千来件 ……

#6 张玉珍谈李锐日记李锐走了之后再出

时间：　　2015 年 2 月 25 日
地点：　　北京西城区木樨地 22 号楼李锐寓所
在场人：　　李锐、张玉珍、韩钢、李南央

张玉珍：　　反正这个日记，我记得咱们几个人开会，是坚决不同意老头儿在的时候出……

韩　钢：　　对，这个意见是一致的。

张玉珍：　　哎，老头儿走了以后再出，就这样。

#7 范世涛采访李锐，李南央告知信、1980 年前日记已存胡佛

时间：　　2015 年 3 月 1 日
地点：　　北京西城区木樨地 22 号楼李锐寓所
在场人：　　李锐、范世涛、李南央、巴悌忠

李南央：　　我现在在斯坦福大学的胡佛研究中心 ……

范世涛：　　哦。

李南央：　　做客座研究员。就是说，你如果是要看他的那个，就是信呐，我父母之间来往的信，还有 75 年到 79 年，这个信里头能够看出，他后来给《历史研究》——文革中他怎么写毛泽东初期、早期的革命活动，增补什么的，这些资料现在都在胡佛，你都可以查到。还有他的日记，到 1980 年以前的日记，都在胡佛研究中心，都可以看到。关于土改那段、关于他给陈云当秘书那段，都有。

范世涛：　　哦，都有。

李　锐：　　我这个《文集》你有没有？

范世涛： 这个我有了。

李　锐： 哦，你有了，那好。

范世涛： 然后，但是那个《日记》很不好买。

李南央： 他说的是第一期（卷）到第三期（卷），就是在美国 ……

李　锐： 那是你编的（手指李南央），那你给他吧，想办法。

李南央： 就是《李锐日记》一、二、三。

二、 录音

#1 李锐南央谈口述、录入日记

时间： 2005 年 10 月
地点： 北京西城区木樨地 22 号楼李锐寓所
在场人： 李锐、李南央

李　锐： 我就不晓得丁东，我的那个《口述历史》，他是怎么样。因为我也没有看了，我只看了一篇，发表了。

李南央： 他说他都给你了弄好了，在等你看呐。

李　锐： 就是啊，我现在。哎呀，这个薛京，假如你来当我的秘书，就好了，就把它整好了。薛京，你跟薛京打个（电话），谈一谈。你做的这些事情，完全应当他做的。这个信件呐，都应该是他的事情。

李南央： 我现在是这么想，我这两批信件，我都搞完了。

李　锐： 啊？

李南央： 我这两批信件呐，我都搞完了。我下面就，又可以有时间了。

李　锐： 两批信件就是，《父母昨日书》，和 ……

李南央： 和春雁……《云天孤雁待春还》，这两部分大批的手稿已经完全搞完了。那我又有一些余下的时间，你是愿意我帮你做《口述历史》那部分的整理，还是愿意我掺合到你的这个日记里头来，你愿意我搞哪一样？反正你知道，我搞比他们快得多的多，我搞得很快。我是比较愿意那个什么呢，搞日记那部分。我想集中精力，先把最难的那部分日记，弄出来，我把需要你来解释的，不清楚的，必须要你本人来解释的东西，我把它用红线 ……

李锐：	好像我，日记，待会儿，哪一天呐，你把薛京找到，咱们三个人，把我已经看过的日记啊，我看过的，都不要再看了。
李南央：	那就是，你没有看的，我就照着光盘看，就完了。
李锐：	那可以。

#2 李锐、李南央谈日记信件整理保留，谈胡佛

时间：	2007 年 10 月
地点：	北京西城区木樨地 22 号楼李锐寓所
在场人：	李锐、李南央、巴悌忠
李锐：	我的日记呀，这是个历史资料里面呐，是最有价值的，特别 82 年以后。
	中国的档案呵，不晓得哪年才能开放，已经烧掉一批啦，我知道的。
李南央：	而且我觉得，就是你的这些日记 ……
李锐：	对周恩来不利的，档案全部都烧掉了。离开延安时候，毛泽东烧掉一批档案，跟师哲在一起，三个人烧的。对周恩来的档案，是胡耀邦一起烧的。
李锐：	斯坦福的那个 ……
巴悌忠：	胡佛研究所
李锐：	胡佛研究所我去看了嘛，五四运动时候的刊物都有，那个真厉害。
李南央：	美国是公开的，
李锐：	啊？
李南央：	美国是公开的，蒋介石的日记，宋子文的东西。那咱们就别遥遥无期吧。
李锐：	啊？
李南央：	别遥遥无期啊。
李锐：	不会，不会。我现在眼面前的东西啊，这个十七大的这篇东西写完以后，就不想搞了。
李南央：	好，好，太好了！
李锐：	我就搞我自己的东西了。搞完日记，我就搞信件。
李南央：	好，好，好，太好了！信件那就是还这样，我给你打。

李　锐：　　啊？

李南央：　　我给你打，打印完了以后，我给你成册，然后什么。但是，你可以挑哇，你可以先挑，哪一部分你觉得先搞好。

李　锐：　　你们现在每年能够回来一两次，就好办了。

李南央：　　就是说，我给你做完了以后，我不在的时间，你就自己看吧，对吧。

#3 李锐、李南央谈日记注释、分册及封面

时间：　　　2007 年 10 月
地点：　　　北京西城区木樨地 22 号楼李锐寓所
在场人：　　李锐、李南央

李　锐：　　这个日记呀，我已经改好好几年的了。你那个呢，你那本我翻了一下，那个注解呀，有的你就没有法注，你就不懂得，没注解出来。比如在承德的时候，有些人呐，在张令彬那里的"黄"啊……

李南央：　　对，我不知道 ……

李　锐：　　就是黄永胜嘛。

李南央：　　哦——

李　锐：　　黄永胜、邱会作，我都是在承德时候认得的。

李　锐：　　日记问题呀，我现在搞的，都是 42（口误，改口）82 年以后的。

李南央：　　对呀，我就说，这以前的，就没人给你搞。

李　锐：　　这以前的，你继续搞，你搞好。

李南央：　　好，好，我已经到 79 年了，全搞完了。

李　锐：　　搞完啦。

李南央：　　搞完了，我所谓搞完了，就是全部都打印出来了。但是呢，还没有排成这种，排成书的，就是这一段。然后那一段，我正在弄成书，正在做成书。下一次呢，就是 79 年以前的，就全部都成书了。

李　锐：　　你那一部分日记，叫做什么名字哩？我这一部分哩，是 65 岁以后的日记。你的那个，就是 65 岁以前的日记。

李南央：　　那就是还是说，还是这样嘛，就叫《李锐日记》嘛，就

叫《李锐日记》几几年到几几年，《李锐日记》几几年到几几年，然后你那个，还叫《李锐日记》，然后就 82 年到几几年。

李锐： ……那是两个版本嘛。

李南央： 哦，对对对，两个版本，不是一个出版社的。

李锐： 封面不一样。封面你用的那个朱维民的画像，那个画像比较好。

李南央： 是啊，朱维民也感到安慰呀，人家费那么大劲，给你画。

李南央： "李锐日记"这几个字，（书封面）我用的是你的《出访篇》的那个"李锐日记"。

李锐： 可以。

李南央： 就用这四个字算了。

李锐： 那四个字可以。

#4 北京医院李锐同李南央谈日记——张玉珍不理解

时间： 2008 年 3 月
地点： 北京医院病房
在场人： 李锐、李南央

李南央： 你这次出院以后啊，你要给自己理一理啦，哪个是最重要的事情，要办的。

李锐： 啊？

李南央： 哪个是最重要的事情要办的啦。

李锐： 我啊？

李南央： 要想好了，啊。是啊，写文章第一呀，还是日记呀？

李锐： 别的我都不搞了，我把我的日记搞完。这是未了的事情。

李南央： 对呀，所以你要把这个事情定下来以后呢，别的事情就要推了。

李锐： 啊？

李南央： 别的事情就要推了。

李锐： 是呀，我现在，我最近不看报纸了。

李南央： 信也不要写啦，题词也不要题啦。游泳还游吗？

李锐：　　　游。

李南央：　　还要游，一定游？

李锐：　　　出去游。

李南央：　　现在，我就是说出院以后，这是个问题了。

李锐：　　　身体嘛，玉珍确实她是无微不至照顾。

李南央：　　那是，那是。

李锐：　　　当然，我做这些事情呢，她，理解呀——她很难理解。比如这日记这些事情，她说：你搞这些事情干什么？（笑……）

#5 李锐谈"龙胆紫"存何处，张玉珍不懂

时间：　　　2010 年 10 月 11 日
地点：　　　北京西城区木樨地 22 号楼李锐寓所
在场人：　　李锐、张玉珍、李南央、巴悌忠

李锐：　　　所以现在呢，奚青提了一个意见，跟张阿姨（张玉珍）讲了，张阿姨就说要跟你们两个人谈一谈。她就是担心呐，担心我啊，她现在就是，从身体到各种原因呐，她害怕。就是希望啊，基本上希望，死了以后再说。

李南央：　　对，对，那肯定的，绝对的。

李锐：　　　所以，等一等啊，她要跟你们两个人谈一谈这件事情。你们干你们的，我可能，我有精力的话，我也把它看一遍。（注：录像#1，即为这里讲的张玉珍"要跟你们两个人谈一谈"的主要内容）

李南央：　　那行。

李锐：　　　所以你呀，搞这三套书啊（《李锐日记》1、2、3，《父母昨日书》、《云天孤雁待春还——1975-1979 李锐家信集》），那确确实实是对历史有价值的。共产党就是这么搞起来的，把知识分子都俘虏了。斯坦福那个胡佛图书馆呐，我看到了，"五四"运动时代的北大的校刊，它都有。

李南央：　　这就是所以为什么，你看，蒋介石日记，宋子文的东西，都留在胡佛嘛。

李锐：　　　对。妈妈（张玉珍）的问题就在，她对这些东西，毫无认识，她不懂得。人是个好人，她完全不理解这个东西

的价值。所以，你那个三套书在国外的影响啊，那是，我估计是很大的。

李南央： 你想给谁——"龙胆紫"（秦城监狱马列文选内书龙胆紫诗原件），你想给谁？我们一定会按照你的想法。现在肯定是不行。我现在的想法是，暂时存在哈佛或者是斯坦福。

李　锐： 我们都可以谈，下午，公开来谈。她就是担心呐："这个好东西不能留在国外"。

李南央： 但是，问题是，只有留在国外，你保存下来啦。

李　锐： 就是、就是，她不懂得呵。

李南央： 你留在中国，你换一个头头，就没有啦。

李　锐： 这点我知道了，我这个所有的东西呀，现在国际上重视。

#6 李锐对南央谈赞成存胡佛

时　间： 2015 年 11 月 4 日
地　点： 北京西城区木樨地 22 号楼李锐寓所
在场人： 李锐、李南央

李　锐： （轻声说）你们要注意这个问题（前面谈到要南央特别表示对张玉珍对他照顾的感谢）。（正常声音说）我倒是赞成你啊，赞成那个胡佛图书馆呐，蒋介石日记都在它那儿。我进去看过，胡佛图书馆，它还有什么哩，"五四运动"的时候，北京大学，所有北京这些他们校内的刊物，它有全套，国内都没有的。

#7 李锐对傅家姊妹谈南央夫妇帮他整理日记发表

时　间： 2017 年 4 月 13 日
地　点： 北京西城区木樨地 22 号楼李锐寓所
在场人： 李锐、李南央、傅家姊妹（湖南人，所以李锐用了湖南方言）

李　锐： 所以我这一生的经历呀，能够让我啊，把这三个问题搞清楚。而且我哩，还敢讲一点话吧。我写的文字方面，大概总有上千万字，这套《文集》是五六百万字，还有其它的。我的这个女儿现在也帮我的忙，他们两个人，把我一些东西、日记什么整理发表出来。

张玉珍起诉李南央案跟进报导（五）

——法庭没有宣判

此文仅代表李南央个人立场，不代表胡佛研究所

一、

6月24日傍晚6点30分/北京时间6月25日上午9点30分张玉珍诉李南央案开庭之时，我打开电子邮箱，6点38分进来了第一条信息：

现在北京时间9:36，我与xxx在北京西城法院十八法庭外。此庭不公开审理，不许旁听。我说是李锐、张阿姨、李南央朋友，也不让进。张阿姨的张律师，9:25一人进入法庭。

7点42分，收到同一位朋友发来的第二条信息：

十点四十分，张律师出来了。

我随即发问：一共一个小时。你没跟张律师搭上话？除了你们俩还有别人在门外等吗？

朋友答：开始十余人，后来剩几人。张律师说他的材料不全，没有宣判，下次再开庭，

今天早晨（6月25日）7点11分打开手机，看到另一位朋友的电邮：

今天开庭很有意思。上到三楼都没事，但民庭（十四—十八庭）堵上栅栏，4个法警，3个年轻都很和善，一个老警恶狠狠："十八庭案不公开审理，你们不能进"，"你什么人？"

"李锐、张玉珍、李南央朋友"。

"不许进！"（指洪振快）"你，把照片删了，不许拍照，不许录音！"

多次纠缠后断喝："把他押出去！"

……张律师出来后我们紧随追问："判了吗？"

"没判"。（这位朋友后来在电话里告诉我，张金澎看上去十分地沮丧。）

"还开庭吗？"

"不知道"。

我问："您知道斯坦福大学胡佛研究所反诉张玉珍一事吗？"

"不知道"。

"您愿意知道吗？"

"愿意"，但脚下不停步，也不问我要联系方式。

知道洪振快也去了，而且被押出去了，我立即电邮振快，询问究竟。他很快回复了：

审理张玉珍起诉案的第十八法庭，恰好是三年前狼牙山五壮士后人起诉我时特意安排的开庭法庭，当时法官告诉我该庭是涉外案件审理庭，是设备条件各方面最好的，旁听席也多，人大代表、政协委员会来旁听。开庭后，我发现旁听席的人都很年轻，像记者而不像人大代表、政协委员。后来我问法官怎么开庭时没看到人大代表、政协委员，法官透露：嗨，在另外一个屋子呐。我这才知道，原来开庭时有另外一个屋子的人在看现场直播，这也意味着有后台可以随时遥控前台的审理。

6 月 25 日我约了媒体朋友去旁听庭审。在大门外公告牌上看了半天，没有发现张案信息。九点多一点进入三层，发现第十八法庭还没开，就用手机随手拍了几张照片。后来被告知该案是不公开审理，不能旁听。因看到有可能是张玉珍代理律师的两位女士走过来，就拍了张照片。那女律师看到拍照，说拍了她的脸，要求删掉。后来我让她看了，她看照片模糊，就说不用删了。但法警过来干预要我把手机给他们，删掉所有在法院内拍的照片。我问他们不让拍照的法律依据是什么，因为法庭外面的走廊通道是公共空间，为什么不能拍照。三个法警中的小头目说：在法院内，未经法官允许，都不能拍照，我的话就是法律。并气势汹汹地问我能不能配合（把手机给他们删除照片）？我没答复。小头目就命令另两个法警，把我反剪双手，从三楼一直押出大楼，到另一座楼的一个警务室，关上门，逼迫将手机交给他们，将进入法院院内的所有照片全部删了。被两个法警像押犯人一样反剪双手押着去警务室，这在我是平生第一次，想起来很耻辱，便咨询律师如何据法提出抗议。律师说：法律方面有明确规定的就是庭审时和在诉讼服务中心（立案庭）不能拍照，其他地点并无不许拍照的明确规定，禁止拍照的是特定场所、对象和内容，而不是法院内任何区域。但是律师又说：你在法院的屋檐下，禁止了你能怎么？

二、

因为 24 日晚上曾收到美国之音驻北京记者叶兵的电邮，向我询问案审情况。25 日一早便打开手机上到美国之音主页，第一条就是叶兵发自北京的报导："李锐日记遗产纠纷案在北京闭门审理"，其中还播放了一段他和张玉珍的代理律师张金澎的通话录音：

当天中午，美国之音记者拨通代表原告的张金澎律师手机并表明身份，张律师说，我不认识你。他在回应记者关于审理情况的问题时表示，要向第三人询问。

记者：李锐日记继承的这个案子现在进行得怎样了？

张金澎：您问问第三人就知道了。

记者：谁是第三人？

张金澎：您查一查，就知道了。

记者：（庭审）现在结束了没有？

张金澎：……（挂断电话）

张玉珍民事起诉状中列出的"第三人"是美国斯坦福大学胡佛革命、战争与和平研究所。据我所知，斯坦福大学委托了北京的君合律师事务所代理出庭应诉。我曾在 6 月 12 日去胡佛研究所对已经完成的李锐捐赠文件作了公证（一式两份），6 月 18 日下午斯坦福大学又请公证人到我家对 16 页李锐日记一页页作了公证（一式两份）。斯坦福大学的律师告诉我，这些经过公证的文件，都将作为斯坦福大学的证据由君合事务所的律师提交法庭。但是由于时间过于紧迫，这些经过美国公证人公证的文件一份快递给君合的律师，一份拿到中国驻美领馆公证（按中国的规定，美国的公证文件需经中国领馆公证后方可生效）。

6 月 19 日（星期五）下午 3 点 30 分，我接到洛杉矶中领馆一位女士的电话，向我询问申请公证事起何因。说是领事让她打电话问的，了解情况后方可决定做不做公证。我简述继母张玉珍将我告上北京西城法院，认定我替父亲生前捐赠给胡佛研究所的物品为应归她一人所有的遗产。但是我认为这些物品不是我父亲的遗产是胡佛研究所的馆藏，与我无关，不准备应诉。只因胡佛研究所同时被张玉珍以"第三人"告上法庭，胡佛研究所委派了北京的中国律师应诉，公证申请是经胡佛代理人而不是我自己提交的，只为证明捐赠文件上的签名确为我本人签署，胡佛所提供的李锐日记影印件确为李锐日记原件的影印件。那位女士说："噢，我明白了"。我欲问她的姓名，电话已经挂断了。

三、

综合庭审前发生的事情和庭审当天朋友们发来的信息，我的判断是：张玉珍背后的"134"没有料到斯坦福大学会在美国对张玉珍（含所有申索胡佛李锐资料馆藏所有权方）提起诉讼，而自己在设定开庭之日时又考虑不周，恰值 G20 大阪峰会前的"敏感"时段。如果在 6 月 25 日判李南央和第三人败诉，"134"认为可能会引起美国媒体关注，破坏 G20 峰会时川习见面的"友好"气氛。但是若判张玉珍败诉，就破坏了"134"过去、现在，永远正确的铁律。退了这一步，会不会就推倒了多米诺骨牌链中的第一块？李锐——胡佛毕竟是两块"大牌儿"呵！

既然判也不是、不判也不是，当然就只能是拖而不判了。君合所提交文件的手续不全恰恰给了法庭一张合情合理的"拖牌"。我猜想，当张玉珍案审判员张涛告诉张金澎第三人因手续不全，此案暂不审理时，张金澎一定是毫无心理准备，大为光火："搞什么搞！咱们本来是一伙儿的，说好了替'134'演过场戏的嘛。你们现在跟我装什么蒜啊？"这是我能够想到的，张金澎在法庭里面足足呆了一个小时，出来后仍无法掩饰沮丧之情的原因。根据张玉珍诉状之诉求三："被告负担本案的全部诉讼费用"。法庭不判，张金澎就拿不到一分钱的诉讼费。既无钱，又窝囊，搁谁身上都会沮丧。只不过张金澎早就应该想到给"134"当狗的下场。

所以我看，只要中美关系不确定，张玉珍诉李南央案会跟李南央状告海关案一样被拖下去。只不过张案可能会由洛杉矶中领馆出面"拖"——以种种借口不为斯坦福大学提交的美国公证文件做公证，如此，君合所的手续不全，就不能出庭；永远不全，就永远开不了庭。但是张玉珍诉李南央案长不过李南央诉海关案则是一定的。张玉珍 1930 年生人，李南央 1950 年生人；更况张玉珍案对前夫背信弃义，将为了她同李锐的和睦、为了父亲的意愿得以实现，一直委曲求全、任由她和她的养儿女们吞没父亲全部财产的李南央置于死地地迫害；是为：多行不义必自毙。张玉珍死了，案子也就不了了之……

李南央 2019 年 6 月 25 日

张玉珍起诉李南央案跟进报导（六）

——张玉珍 625 声明真伪辨

昨夜（美西 6 月 27 日）11:25，一位住在洛杉矶的朋友用手机短信发我一页张玉珍声明（下称 625 声明），说是从网上看到的。细阅之间，手机接连地震动起来，提示我有新的邮件进入。我用手指拨动着屏幕，朋友们的电邮或曰"张玉珍已经不奉陪了"，或曰"你已经赢了"，甚或"庆祝胜利"，只有一封电邮询问真假。

张玉珍声明的落款日期是 2019 年 6 月 25 日，是法院开庭审理张玉珍诉李南央案的当天。而那天上午的 9:25，不止一人见证了张玉珍的代理律师张金澎进入了西城法院北区三层第十八号法庭，于 10:40 方才出来。按正常的逻辑判断，这份声明应该是假的，否则张的代理律师不会出庭。

但是在我提笔之时，已经是北京的 6 月 29 日了，张玉珍没出来对这份传得沸沸扬扬的声明进行辟谣，加之 625 声明的签字确是张玉珍的笔迹，又像是真的。那如何解释张律师在被代理人已经声明"我希望打官司这件事不要再来找我了"的时候，还要代理她出庭呢？答案只能是：张金澎不知道张玉珍准备发出 625 声明这回事儿。也就是说，张玉珍把自己委托的、替自己办案的律师给卖了。

我对张玉珍出卖自己的律师不感到奇怪。她在起诉李南央之时先已背叛了亡夫李锐；起诉之后接受《南华早报》记者电话采访时说："你去找中组部老干部局。（邮件和律师函）是他们发的。"现在又落在了纸上说："与李南央打官司，并不是我的个人意愿。"扎扎实实地卖了她背后的"134"。

一个背叛共同生活了四十年丈夫的人、一个背叛同谋者的人、一个出卖替自己严辞致信李南央："已于 2019 年 4 月 2 日代理张玉珍女士向中华人民共和国北京市西城区人民法院对你提起继承纠纷诉讼……"的代理律师的人，你能相信她吗？张玉珍今天这么说，谁能保证她明天不那么说："写这个 625 声明不是我的个人意愿"？

张玉珍 625 声明本身即是张玉珍毫无诚信的证据。

声明开篇即言："关于所谓我'与李锐的女儿李南央打官司争夺李锐遗产'"……

"所谓"之事，即为"谓某些人所说的，含不承认之意"（可查辞典）。而张玉珍签字画押的民事诉状是与盖着法院鲜红大印的应诉通知书及一应司法文件，由中华人民共和国驻旧金山总领馆于 2019 年 4 月 9 日送寄李南央的，上面写有领馆联系信息：Huo Huijian, 1450 Laguna St. San Francisco CA 94115。此后，中领馆又于 5 月 7 日、6 月 3 日再二、再三地向李南央送达了法院 4 月 29 日、5 月 24 日的告知书。将明白无误地冠有 (2019) 京 0102 民初 17194 司法案号的一宗、明白无误地指明是张玉珍起诉的民诉案，称之为"所谓"，成了件别人栽赃于她的事儿，这瞎话说得也太没边儿了吧！

声明的第一条："与李南央打官司，并不是我的个人意愿"。"134"电邮给李南央盖着法院大印，4 月 2 日签署的"受理案件通知书"上写得明明白白："张玉珍起诉李南央继承纠纷一案……"；4 月 2 日民事起诉状上也写的明明白白："原告张玉珍"；诉状下方具状人还是明明白白地由张玉珍签名、按手印。在开庭之日声明：将李南央告上法庭不是我张玉珍的意愿，若还有人相信这种谎言，我再举出两个事实：

一、4 月 2 日法院给张玉珍发出的受理通知书上写着："……在法定期限七日内（含节假日）到中国农业银行各营业网点办理交费手续……如未在法定期限内交纳诉讼费用，审判庭查明后将裁定按撤诉处理。"也就是说，如果张玉珍声明的没有同李南央打官司的意愿是真话，她完全可以不交纳 35 元的诉讼费，案子也就轻而易举地撤销了。事实是，她交了诉讼费。

二、4 月 18 日我委托聘请的张玉珍诉案法律顾问夏楠律师致函张玉珍，信尾恳切陈词："您与李南央女士俱为李锐先生至亲。先生仙逝未久，您即将李南央女士告上法庭，于理不合，于法无据，且欲致李锐先生一生心血不见天日，于己何益、于心何忍？先生泉下有知，恐将失望伤怀。本律师恳切建议，还望您以家庭亲睦为念，撤回起诉为宜。"此时，距开庭审理尚有两个月零一周，张玉珍在此期间没有撤回起诉，只在开庭当日发出声明。你信哪个？

声明的第二条"事实上也并不存在我与李南央争夺李锐遗产之事……"从一开始我就明确申明：张玉珍争的不是李锐遗产，是李锐生前捐赠给胡佛研究所，属于胡佛的馆藏。张玉珍对李锐遗产有兴趣，我没兴趣，我不想为证明这又是张玉珍的谎言而多费笔墨。

声明第三条"我今年已近九十岁了，身体长期多病……"打出了一张九十岁多病老太太赚取怜悯的悲情牌。但是张玉珍在诉状上签名画押时，不但明明白白地知道我患有血癌（从他人口中得知我的病情时，张玉珍说："她活该！"这个他人不禁冲口而出："张阿姨你不要这样说，这是要遭报应的。"）；而且明明白白地知道悌忠的母亲跟她岁数相当，父亲比她大三岁，二位老人双双病卧在床；她更是明明白白地知道，一旦将李南央告上法庭，她和丈夫就不能回国了。（有朋友告诉我电话张玉珍家探问，接电话的人说：李南央她敢回来，回来就把她抓起来！）6月20日悌忠的父亲去世，作为长子不能回家奔丧（假若他被当作人质扣留，老母亲是无法承受双重打击的）。谁愿意买张玉珍的悲情牌尽管买，但我知道有不买的人。一位朋友看过625声明发我短信："这个张玉珍太坏，得了便宜装可怜！"

张玉珍声明中的最后一句话是："我希望打官司这件事不要再来找我了。"官司是张玉珍打的，律师张金澎是她请的，起诉状是她递交的，诉讼费是她缴纳的，法院的司法文件是西城法院盖了大印，一次次由旧金山中领馆快递到李南央家的。通观声明全文，张玉珍没有一句、哪怕是半句的暗示她会撤诉。张玉珍的意思很明白：官司你们（"134"、张金澎）继续跟李南央打，不过不要来找我，我要"平平静静度过我的余生"。但是正如高瑜在推特里说的："只是不知组织岂可放过她"。美国的斯坦福大学更不会因为一纸不具任何法律效力的声明而停止已经启动的反诉张玉珍的法律程序。

综上所述，张玉珍625声明是真是伪，均无意义。唯有撤诉才是真的。否则，张玉珍继续演她的闹剧，我继续写我的"跟进"，与朋友们分享我对党法和配合党法作恶的人事儿的透视。

李南央

2019年6月28日

张玉珍起诉李南央案跟进报导（七）

——当奴才、还是做人

此文只代表本人立场，与胡佛研究所无关

8 月 24 日从女儿家回到湾区自己的家，翌日中午，掐着美国联邦快递营业部周日开门的点儿，取回存放在那里的旧金山中领馆 8 月 13 日发出的快件。本以为会是 7 月 25 日二次开庭的判决结果，打开一看，却是通知我 10 月 14 日上午 9：30 出庭的传票。

6 月 25 日的开庭情况，我在"跟进 6"中已叙述过了；7 月 25 日开庭是怎么回事，因知之甚少，没有写"跟进"介绍。那天，据我了解，美国胡佛研究所委托的中国律师事务所的律师首先发言：

我们在网上看到张玉珍有份公开声明……

法官立即打断：这个问题不归你谈，我只问你今天带没带来胡佛研究所的委托书？

（6 月 25 日开庭时，该所律师向法庭出示的是美国斯坦福大学的委托书，审判长认为张玉珍起诉案"第三人"是胡佛研究所不是斯坦福大学，该事务所律师不具代表资格，令其回去办理胡佛的委托书于 7 月 25 日交递法庭。）

律师回答：没有。

法官即说：你给我出去。

胡佛研究所隶属于斯坦福大学，不具独立法人资格，故由斯坦福大学出具委托书，此点 6 月 25 日受托律师已向法庭说明。很显然，合议庭拒绝取信，并以此为借口将胡佛所委托的中国律师逐出法庭，就此避开与已在美国为保卫馆藏对张玉珍提起反诉、态度强硬的胡佛研究所交锋。此一次开庭传票只发李南央一人，单挑"软柿子"捏，似乎挺聪明，其实合议庭的理屈心虚已然暴露无遗。

6 月 9 日香港人第一次举行"反送中"大游行，迄今已经两个多月了。我看到为了求得个人利益不受侵害的香港人，在无人领导的情况下集合在一起，其势汹涌澎湃、其韧浪浪相推，不为中

共在深圳集结待命的武力威慑所动，脊背挺立的伟岸令我感动不已。

反观大陆：曾经的毛泽东，一人将党、国、人民随心所欲地玩于股掌之中；后继的邓小平一人说了就算，在奔腾的长江上立起三峡大坝将母亲河拦腰截断，调令本应抵御外敌的国家军队的党卫军为一党的私利血腥镇压手无寸铁的学生、市民；而今的习近平更是以一人雄赳赳气昂昂的意志，欲将整个世界纳入"习近平命运共同体"。这些中共党魁何以能有如此的淫威，将偌大中国统治得铁桶一般，如今又走向世界？要我说，是一茬接一茬的奴才们助纣为虐的结果。

"张玉珍起诉李南央案"是为实例。为"134"效力，争夺李锐捐献给美国胡佛研究所馆藏的奴才们是：

1、张玉珍。一个享受着中共副部级医疗待遇，侵吞了亡夫所有遗产后仍想与中共勾兑出更大利益而心甘情愿地当奴才的中共的草根。

2、张涛。张玉珍起诉李南央案的审判长。一个智商足以看清原告张玉珍提供起诉证据的荒谬，及张玉珍所诉实为李锐生前捐赠的胡佛所馆藏，西城法院并不具管辖权；却充当为党效力的奴才，尽失法官职业操守。

3、张金澎。一个被委托人从身后捅了一刀的人（自己正为张玉珍出庭的时辰，她却那边厢在网络上公开声明："与李南央打官司，并不是我的个人意愿"、"事实上也并不存在我与李南央争夺李锐遗产之事"），还要舔着伤口为捅刀子的人继续卖力，去争夺她声明并不存争夺意愿的"李锐遗产"。张金澎十分珍惜 2011 年、2014 年所获北京市朝阳区律师优秀党务工作者的"荣誉"，大概是他唾面自干的原因吧。

4、Huo Huijian。旧金山中领馆于 4 月 9 日、5 月 7 日、6 月 3 日、8 月 13 日，四次以领馆联系人身份向我送达西城法院司法文书及收到回执应该寄达的通讯人。一个以行政部门官员身份掺和司法案件，失去外交官应有操守的人。

父亲李锐曾经写过一篇文章《不当奴隶，更不当奴才——纪念胡耀邦》，内中有这样一段话："胡耀邦能在共产党内出现，非常了不起，战争年代出来的人，服从惯了，更不容易了。他独立思考，他不当奴隶，更不愿意当奴才。"他在这篇文章中还说："像胡乔木那样的人，不当奴才不行啊！他愿意当奴才，因为有好处。中国历史上有很多这种人物。"

我以为，中国人若要看到宪政开张的曙光，首先要铲除"愿意当奴才"的土壤。而中共副部级以上的官员、中国的法官、律师、驻外领使馆的工作人员，更应该是首先不做奴才的人群。否则，习近平下台之后，换上来的人还会被新一茬胡乔木式的奴才们簇拥着，不继续一党专政/领袖专政，才有鬼呢！

就 10 月 14 日的开庭，我的法律顾问夏律师给张玉珍发了一封信，信中说："如该份《声明》是您目前的真实意愿，还望您指示贵方律师，向西城区人民法院提出撤诉为盼。"（附件）

且看张玉珍起诉李南央案中：享受副部级医疗待遇的张玉珍、审判长张涛、律师张金澎和旧金山中领馆的 Huo 先生是选择继续做奴才，还是以香港人为榜样，挺直起自己的脊背，"不当奴隶，更不当奴才"！

李南央

2019 年 8 月 28 日

附件：律师函

敬致张玉珍女士：

就您向北京西城区人民法院起诉李南央纠纷一案，李南央女士委本律师为法律顾问。

据悉，2019 年 6 月 25 日互联网上出现以您名义发表的《我的声明》，内容为："首先声明，与李南央打官司，并不是我的个人意愿"、"事实上也并不存在我与李南央争夺李锐遗产之事"、"我希望打官司这件事不要再来找我了"。

现致函向您确认该份《声明》是否属实。目前西城区人民法院尚未接到贵方撤诉申请，并将于 2019 年 10 月 14 日再次开庭。如该份《声明》是您目前的真实意愿，还望您指示贵方律师，向西城区人民法院提出撤诉为盼。

此致

康安

北京市华一律师事务所

律师 夏楠

二〇一九年八月二十七日

张玉珍起诉李南央案跟进报导（八）

——李锐的后人

提笔写这篇"跟进"，正值国殇日，而于我是家伤日。

昨天上午 9∶17 分，门铃响了。我知道，除了旧金山中领馆的快递不会是别的。但是再次开庭的传票已经发给我了，这次又是什么幺蛾子？

快递员递过来的信封很沉，拆开一看厚厚的一叠，是领馆的送达文书：1. 起诉书；2. 追加第三人申请书；3. 开庭传票；4. 告知合议庭组成人员通知书；5. 举证通知书；6. 参加诉讼通知书；7. 证据材料。起诉状的具状人是范茂，我的妹妹；参加诉讼通知书中的原告是范茂、范苗（追加原告）——我的哥哥。受理法院是北京市东城区人民法院。

我挪开正在输入父亲李锐工作笔记的手提电脑，将文件一页页在桌上摊开，抑制不住的厌恶一阵阵地涌了上来，禁不住要呕吐。受理张玉珍的西城区法院是蛮横无理，罔顾事实硬将美国胡佛研究所档案馆的馆藏说成是李锐遗产；而受理范茂和范苗案由为"遗嘱继承纠纷"的东城区法院简直就是胡闹了。

1. 文件中没有盖有公章和文件编码的"送达委托书"——东城区法院向中国驻美大使馆说明委托送达法律文件原由并一一列出文件名称，请求大使馆协助送达。

2. 范茂的"起诉状"具状人落款处打印的姓名下没有手书签名和指印。

3. 追加原告范苗，没有任何经他签名、按手印，证明他参与起诉的文件。

4. 文件中没有"受理案件通知书"，故无从知晓东城区法院是在哪一天受理范茂和范苗起诉李南央案的。但范茂起诉状写于 5 月 20 日，按中华人民共和国民事诉讼法第 123 条，受理起诉后应在**七日内**立案；又据第 125 条，立案之日起**五日内**应将起诉状副本发送被告，被告应当在收到之日起**十五日内**提出答辩状。东城法院仅于 8 月 22 日发出一份"参加诉讼通知书"，通知李南央作为被告参加讼诉。这三个月的空当是怎么回事？东城区法院掩盖不了其无视民诉法第 125 条，公然剥夺被告李南央答辩程序的违法行径。

5. "追加第三人申请书"的申请人范茂，没有手书签名，落款处则多了一个代理人，这个代理人倒是有手书签名，似乎是：闵学晶（不敢肯定）。但是其为何人——职业、资质？代理何事？不见委托人签字按手印并由受委托人签名的"授权委托书"以为证明。

6. 范茂起诉状中请求依法将《余润全信函集》中范元甄文字材料的全部原件由原告继承保存。而这是一本根本就不存在的书，存在的是《俞润泉书信集》，内中根本就没有范元甄的任何文字。明摆着范茂对此书一无所知，东城法院是在纵容诬告！

7. 文件中所附证据材料之 5 和 6《父母昨日书》（广东人民出版社 2008 年 12 月出版）另有早在 2004 年底发出的自印本和香港国际时代出版有限公司的香港版。在范元甄的询问下，我托她的好友徐瑞璋阿姨的儿媳妇送去一套自印本。范元甄于 2008 年 1 月 24 日去世，这期间，母亲从未向我索要过她的信和日记的原件。范茂在诉状中所说："据我所知，上世纪八十年代初，母亲曾经通过当时航空工业部的党组织向李锐索要属于她本人的文字材料，但没有结果。"并没有实体证据支撑。退一步讲，即便范茂所诉属实，范元甄生前并未就此对李锐提起法律诉讼，在她过世 11 年后对李南央提起诉讼，实在是于理无据。

8. 最可笑的是，范茂和范苗起诉案由为"**遗嘱**继承纠纷"，而范元甄生前根本就不曾立过有效遗嘱。中领馆送达文件中所附证据材料之 8 和 9：范元甄的两份自书遗嘱是未经公证的无效遗嘱。我之所以知道它们**在大陆被视为无效**，是因为范茂和范苗在办理母亲房产过户手续时，这两份遗嘱被公证处拒绝采信。由范苗出面向我说明，我向母亲原单位的老干局写信证明遗嘱的可信性及自己尊重母亲遗愿放弃继承，后又在旧金山中领馆办理了**因被继承人生前无遗嘱**"放弃遗产继承权声明"，他们两人才得以完成过户手续。不过其后范茂认为分配不均将范苗告上法庭，两人从此不再来往。这次却联手以自知无效的遗嘱将我告上法庭……

综上所述，与刚刚从油管上看到的耀武扬威、不可一世的中共执政七十年之奢华的庆典相照，旧金山中领馆通过美国联邦快递送达于我的"中华人民共和国司法部司法文书"，实在是揭了执政党的老底儿——"厉害了我的国"确如大陆民间所喻：一群猪队友的大合唱。需要理睬这样的闹剧吗？当然"不"。

我似乎应该另起题目，不将范茂和范苗的起诉归入张玉珍起诉的"跟进"系列。其实不然，请见如下时序：

1. 张玉珍起诉状写于 2019 年 4 月 2 日，西城区法院当日受理。

2. 范茂起诉状写于 5 月 20 日，受理日不详。

3. 西城区法院于 6 月 25 日第一次开庭审理张诉案。同日，网络上传出张玉珍声明：起诉李南央非我本人意愿。张玉珍代理律师张金澎和胡佛研究所中国代理律师出庭，没有结果。

4. 张玉珍未撤诉，西城区法院于 **7 月 25 日**第二次开庭，张玉珍的的代理律师张金澎出庭，胡佛研究所代理律师 5 分钟后被逐出法庭（原因"跟进 7"中已有说明），没有结果。随即发出 10 月 14 日再次开庭的传票。

此间传出张玉珍生病住院（至今没有出院）。

5. 范茂的追加第三人申请书具签于 **7 月 29 日**。

6. 东城区法院的"参加诉讼通知书"、"合议庭组成人员通知书"、"举证通知书"、"11 月 12 日开庭传票"均签发于 8 月 22 日。旧金山中领馆于 9 月 26 日送出。

这就明白了：张玉珍的身心状况令其起诉李南央案已难以为继；而范元甄在自己的遗嘱中曾谆谆嘱咐范茂和范苗："在任何考验面前，勿忘自己是老共产党员的后代。"由这两位红二代担当起张玉珍政委未能完成的任务，是党别无二致的选择。

需要补充的是，范苗的女儿范可觅 5 月 1 日在香港《明报》上发表文章说：

全家在八宝山等待领取爷爷骨灰的 2 月 20 日下午三点，却从香港长辈处传来消息：未从美国回京奔丧的大姑李南央已经开始在网络和报刊、媒体上公开发表各种与爷爷本人意愿背道而驰的声音。其一：香港报纸刊登李南央发布的爷爷的所谓'不开追掉会，不盖党旗，不进八宝山'的遗言。此言论，我们全家亲朋等数十人从未听爷爷提过，去年 7

月爷爷住院期间，针对这些谣言，由张奶奶（爷爷现在的妻子）发表过公开声明（爷爷首肯并还进行了修改），全面否认了包括'三不'在内的种种谣言。直到去世，爷爷立场从未改变。其二：2月16日晚间，爷爷刚刚去世的当天就传来消息，大姑关于要捐献爷爷的日记给在美国的胡佛战争、革命与和平研究所（The Hoover Institution on War, Revolution, and Peace）并公开的采访摘要传遍网络。对于大姑的言论我们全家人都极度震惊……"

范茂签署的"追加第三人申请书"中则有：

范茂6月17日请其女儿和女婿（现居住在美国旧金山）通过电子邮箱代其向胡佛所的档案部门负责人，发送了由其自己所写的英文质询函……

我的女儿全家则从费城飞到旧金山湾区，参加了4月22日胡佛所举办的李锐档案发布研讨会。

李锐后人所走道路已是泾渭分明。

我卧室的小桌上摆放着我和哥哥、妹妹儿时的合影，墙上挂着母亲抱着我的照片。我

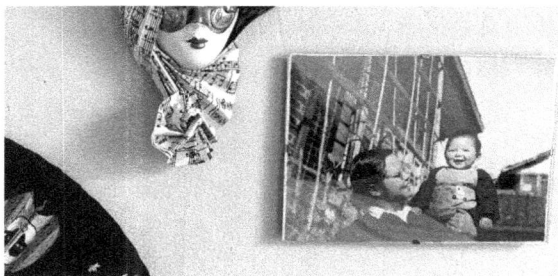

会不时在这些照片前驻留，追忆那曾经美好、纯洁的亲情——她早已被共产党的邪恶吞噬殆尽。这些照片让我身处亲人反目的黑暗，同黑暗拉开距离，回望那温馨的蓝天白云。如此，让我保持善良的人性；如此，让我坚守住与邪恶抗争的信念绝不后退。

李南央
2019年10月1日
于旧金山湾区

附件1：范元甄遗嘱

84 岁生日刚过。身体虽然多病，思维却很清晰。我要为身后的家事留下遗嘱。

（一）关于儿子范苗、女儿范茂

1972 年年初，我从河南"五七干校"回到北京。当时只有小女儿范茂寄养在北京"留守处"。那时我看病挂号买药都十分困难，这些事全靠不满 14 岁的范茂一人担当。儿子范苗比她大 12 岁，"上山下乡"十年之久，直到 1979 年还要拿着"未婚单身"证明，才能回到北京家中。此后，是他们兄妹二人共同照顾我多病的晚年。他们尽到了共同抚养老母的责任，按道德与法律规定，都应该共同享有母亲的全部继承权。

我有两套自购的房屋：在东城区安定门外青年湖西里航空工业宿舍院内。其中 4 号楼 4 单元 305 室，面积 77m²，京房权证东私城字第31954 号。6 号楼 1 单元 402 室，面积 50m²，京房权证东私城字第 31965号。按照公平均等原则，77m²+50m²=127m²，他们每人各应继承63.5m²。由于两套房屋大小差异，将来继承面积大的，应向继承面积少的，作相差面积的房价补偿。

我身后如果留有储蓄和死亡抚恤等收入，一概由他们两人均等平分。我的所有精神、物质遗物，也全部由他们两人共同继承。如何分割，由他们自己按公平均等原则协商处理。

（二）关于大女儿李南央

李南央 9 岁时，父母分居。10 岁时父母办完离婚手续。她归母亲抚养。她 18 岁进工厂学徒，直到 27 岁，一直依靠我的物质接济和精神支持，我是她唯一的靠山。可是自从 1978 年她随父亲李锐调回北京后，八年之久没有看过我一次，也没有打过一次电话。反而利用李锐当水电部副部长的方便，背着我以"范元甄女儿"的身份，从水电部财务部门领走我在文革期间上交国家，落实政策时要退交我本人的八千多元，与其父二人私分。此事被原航空工业部负责落实政策工作的严慧发同志和部党委组织部长孙秋淮同志从水电部跟踪追查到李锐调到的中央组织部，时间长达数年。

1986 年，李南央忽然到我家里来了。原来是她与李锐争夺钱财闹翻了，不能再住在李锐家。来后，对于她前此的行为毫无歉意，没有一句话的表示。几年时间，我一直等待她的悔悟，最后忍无可忍，忿忿地把她打走。

1989 年天安门动乱事件后，李南央被从南美洲召回国接受审查，随后她去了美国。在美国她伙同李锐利用香港与境外传媒，发表用歪曲事实，说谎造谣等手法写的书，书名《我有这样一个母亲》，把血缘身份当作行骗牟利的本钱，配合境外反共宣传把中共妖魔化的需要。2002年竟然在上海出版发行同名的书（内容由李锐全家和他的追随者出动，都以李南央的谎言谣言作根据，用一犬吠影、百犬吠声的"文革"大字报式的文章凑成。）此书遭到国家新闻出版局禁售并追究，处分出版社的负责人。李锐、李南央，并未从此罢手，仍在继续这种勾当。仍打着"范元甄女儿"之名行骗。

李南央以上恶行，早已把她的继承权丧失干净。我的任何遗物，小到片言只字，她都无权染指。她应该得到的只有道德与法律的谴责和追究。

（三）我死之后，希望范苗范茂：继承热爱祖国、忠于人民、诚实正直、淡泊名利的家风。在任何考验面前，勿忘自己是老共产党员的后代。此嘱！

范元甄亲笔

2005年5月30日于家中

所有有关李南央恶行的物证，交由范茂保存。

附件2：范元甄补充遗嘱

写过第一次遗嘱，我又活到今天。重申第一次遗嘱有效外，再作几点补充：（一）我死后，后事这样处理——不举行遗体告别，不写印生平，不发讣告。可能的话，在报纸上（比如《中国老年报》或别的报）登一条小消息，让熟人知晓就行了。骨灰一半用在北京植树，一半抛撒进武汉长江。

（二）我的一切精神遗物——照片、书面文字、磁带录音、影像光盘及其它，全部由范茂负责保存。如作任何处理，与范苗共同研究决定。

（三）几天前突然接到李南央来信。内称："听王云说你生病（范注：指食道癌）却坦然，佩服你。女儿小妹。"这话用意是说：你得了癌症该死了，我有女儿继承权。对此，我重申剥夺其全部继承权。除第一次遗嘱写过的以外，再强调如下：李南央对生母27岁抚养之恩的回报，就是造谣诬蔑，恶毒攻击，并向全世界散布。其欲从精神上置母亲于死地，她杀母的手法比别的伤害要恶毒。义务没有尽过，那里会有继承权。还是那句话：等待她的只有道德与法律的谴责与追究。

范元甄亲笔 左手食指（印）

2007年8月23日

附录

附件3：李南央写给航空工业集团老干局的信

航空工业集团老干局：

我叫李南央，是范元甄的长女，现在美国伯克利国家实验室任机械工程师。母亲去世后，我从未想过要继承母亲的任何遗产，这不仅仅是因为我知道我与母亲之间在她临终前无法相互理解和沟通，更是因为我的生活条件比哥哥和妹妹要好得多。我一生的做人准则是自强自立，绝不依靠父母。

今天哥哥范苗让我看了母亲2005年5月30日于家中书写的遗嘱以及2007年8月23日书写的补充遗嘱。从笔迹及行文的语气，我可以百分之百地确信这是母亲的真实遗嘱。母亲的遗愿表述得明确而详尽，我尊重她的遗愿，这是作为女儿所能尽的最后孝道。

哥哥范苗在我去年回国时曾告诉我房产过户需要我与他和妹妹范茂同到公证处做我放弃遗产过户的公证，我明确表示没有任何问题。但是这次回国，哥哥告诉我妹妹范茂另有想法，要为房产的事诉诸法庭。

我没有遗产法方面的知识，不知道房产的过户应如何办理。但是可以向你们明确地表示一个态度，希望对你们帮助协调解决好范苗及范茂间如何按我母亲范元甄的遗愿解决好她的财产分割有所帮助。

1. 我对母亲范元甄遗产无任何诉求，放弃一切法律赋予我的权利。

2. 如此事诉诸法庭，法庭将我也列为遗产的法定继承人之一，我的三分之一继承权转让给我的哥哥范苗。

$\qquad$ 此致，

敬礼！

$\qquad\qquad\qquad\qquad\qquad\qquad\qquad$ 李南央

$\qquad\qquad\qquad\qquad\qquad\qquad\qquad$ 2011.2.1

张玉珍起诉李南央案跟进报导（九）

——闹剧暂停，且听下回分解

10 月 14 日是张玉珍起诉李南央案（后简称：张诉案）的又一次开庭日。一共有三位朋友和一位外国记者前往观看。其中一位朋友事前认真查看了西城区法院开庭信息的公示牌，同 6 月 25 日第一次审理一样，张诉案不在其内。

美西时间 10 月 13 日 6:44PM——北京时间 10 月 14 日上午 9 点 44 分，张诉案开庭 14 分钟后，收到其中一位朋友的电邮：

原被告、律师无一人出现。你未向法庭申报，我们进不去。

北京时间 10 点 46 分，朋友们离开西城法院，从近旁的一家咖啡店给我打来电话，叙述了他们在现场观察到的情况。

一位朋友是第一次去，早早地提前半个小时就到了。另一位朋友是第二次去，轻车熟路，9 点过后上到十八法庭的楼层，见走廊里同 6 月 25 日开庭一样，从十三法庭起用栅栏拦着，但是一侧开启，里面一高一矮两个法警散漫地站着，不似第一次见到的那般凶神恶煞。这位朋友径直地从开口处走了进去，法警态度和蔼地迎过来问她是否在出庭名单内，听说不是，告知她不能入内。将近 9 点 30，这位朋友再次进入栅栏，看到十八法庭上方的灯亮了，显示："第十八法庭庭审中"，就问守在走廊里的法警："能进去旁听吗？"矮个的有些不耐烦了，高个的还算客气："法官没让你进，你就不能进。"朋友只好又退到栅栏外等候。

9 点 30 分整，一位书记员模样的人从十八法庭门内出来，向站在栅栏外的人们呼叫两遍："范苗到了吗？范茂到了吗？李南央到了吗？"见无人应声，转身进了门内。

这时第三位朋友也到了。大约 9 点 50，十八法庭正对面的法庭，有法警押着位戴手铐脚镣的人进去，约 10 分钟后又押了出来；其他几个庭也都有进有出，就是十八庭毫无动静。大家一起等到 10 点 10 分。确信自 9 点起，无人进入十八法庭，便下楼离去。在法院大门外见到因为没带护照被拦下的外国记者正与西城法院自称是新闻官的一个女孩子交谈，便也加入了谈话。

新闻官： 案件已开庭，由于当事人以保护隐私为理由要求不
公开审理，所以不允许旁听。

朋友： 是否即使有被告授权也不能进去听。

新闻官： 是的。

记者： 如果原告要求不公开审理，被告要求公开审理，法
官怎么决定？

新闻官： 只要一方要求不公开，就不公开。

朋友： 书记员出来叫名字，是不是意味着被叫到名字的一
方不在庭内？

新闻官： 是的。

朋友： 那么没有叫原告的名字，是否意味着原告或者代理
律师已经在开庭之前先行入内了呢？

新闻官： 这种可能是不存在的。

朋友： 被告没出庭，法官会如何裁决呢？

新闻官： 法官可以缺席审判。

朋友： 那原告没有出庭呢？

新闻官： 通常会按撤诉处理，不过这个案子如何处理需向法
官询问。如果被告想知道案件进展情况的话，请你
们转告她直接问法院。

我后来询问记者，她是如何见到那位新闻官的？记者告诉
我，因为她忘记带护照，进法院时尝试以外国记者证作为身份证
件，警察就把新闻官请出来了。这位新闻官态度非常好，说既然
你是外国记者，就由我这个部门接待、协助和协调你的工作。但
是周旋了半天，也没有获得进入法院的许可。不过这位新闻官一
直耐心地陪着她聊天，等到进入法院之内的三位朋友出来之后，
又态度和蔼地回答了以上的那些问题。

10 月 14 日开庭当日所发生的事情我知道的就是这些了，这个
案子到底算是怎么一回事——完了还是没完？我既然认为西城法
院对此案根本不具管辖权，当然不会给他们打电话了。我联系了
我的顾问律师，并请北京的朋友向一位颇有权威的名律师咨询。

李南央： 请你帮我分析一下：第一次（6 月 25 日）我收到
传票，我哥也有传票，但是没有叫我们的名字，

只有张玉珍和胡佛的律师进去了，是否不是正式开庭，只是聆听情况？第二次（7 月 25 日）我没有收到传票，大概只是请胡佛律师补充全代理文件？这一次是正式开庭？所以叫了三个人的名字。我收到传票，我哥也应该收到传票，但多叫了我妹妹的名字，看来她也收到传票了？但是无人出庭，西城的案子真的就不了了之了？

顾问律师：原告（代理人）无正当理由不出庭，按撤诉处理。应该就是不了了之了。

名律师：　如果原告确未到庭，有正当理由可以延期审理，如无，合议庭合议按撤诉处理。

李南央：　请问被告会得到通知吗？

名律师：　不一定，通常我们会电话书记员问结果。

李南央：　哦。如果不问，多长时间没有法院任何文件就算撤诉了？

名律师：　这个没有明确规定，通常不应超过一审的审限是六个月。

李南央：　六个月内如果原告死了是否可以确定算是销案了？

名律师：　如果没有继承人或继承人不继续诉讼。

至此，我想先踏踏实实地干自己的事儿吧。等中领馆再次送来张玉珍或者她的养儿、养女继承养母遗志继续诉讼的"司法文书"，或者我再开脑洞也想不出的什么"司法文书"来了再说吧。那时我会接着跟进。今天就先同大家说一声：这出闹剧暂时停演，且听下回分解。

李南央

2019 年 10 月 18 日

于旧金山湾区

张玉珍起诉李南央案跟进报导（十）

——终篇："民事判决书"

12 月 17 日，又是早八点，旧金山中领馆用联邦快递送来了中华人民共和国司法部文件："中华人民共和国北京市西城区人民法院民事判决书（2019）京 0102 民初 17194 号"。

判决书开篇列出五名原告：张玉珍、范苗、范茂、钟胜利和曹小英。从判决书第 2 页行文："本院于 2019 年 4 月 2 日立案后，依法使用普通程序，并追加范苗、范茂、钟胜利、曹小英作为本案原告"的字面看，应该理解为这四人是"被追加"，而不是自愿加入。无论何者为真，自 4 月 2 日立案后，西城法院从未发出司法文书，通知被告本案增加了四名原告。现在让他们在判决书中一起冒出，无非是摆个李锐全体后人与李南央对阵之仗势。只可惜这四位追加原告无一人姓李。

此判决书满纸荒唐，充斥谎言，逻辑混乱，我试着一一剖析。我不是专业法律人士，笔下不用"违法"二字，判决书违法之处待专业人士认定。

一、并不存在的李锐文稿

判决书第 2 页倒数七行述："原告张玉珍向本院提出诉讼请求：1、判决被继承人李锐全部日记、信件、工作笔记等文稿原件（1935 年至 2018 年）由原告张玉珍继承……"

第 10 页判述：

据此，依照《中华人民共和国继承法》第二条……第九十条之规定，判决如下：

一、被继承人李锐全部日记、信件、工作笔记等文稿原件（1935 年至 2018 年）由张玉珍继承。

二、自本判决生效之日起三十日内，美国斯坦福大学……将被继承人李锐全部日记、信件、工作笔记等文稿原件（1935 年至 2018 年）返还张玉珍。

我可以非常负责地告诉原告张玉珍：李南央代表父亲李锐捐赠给胡佛所的文稿中最早日期是 1938 年 12 月 1 日——范元甄日记；李锐最早一份文稿是 1939 年 2 月 3 日写给范元甄的信。1935

年到 1938 年 11 月 30 日没有文稿。我请教审判长张涛：并不存在的文稿如何返还？

原告张玉珍于法无知也就罢了，作为受案法官，要求原告列出所诉之物清单，详尽调查并证实清单的确切性，应该是审判长最基本的职责吧？将这份判决书通过海牙法庭寄达美国的第三方，你也真不怕丢脸！

二、法庭对原告提供证据断章取义

判决书第 4 页三款："原告张玉珍向本院提交了李锐声明及网上声明，该份声明的落款时间为 2016 年 7 月 5 日，其中有'未经我授权，任何人不得擅自发表和出版我的日记（或使用其中部分文字）……'等内容……本院予以确认。"

判决书罔顾此声明还有以下内容：

六、2008 年，女儿李南央编辑《李锐日记》3 册（1946-1955；1960-1965；1966-1979），由美国溪流出版社出版，是我认可的。此前，我曾坚持亲自审校这些日记的清样；但终因年事已高（九十一岁），后又发生心绞痛住院等原因，未能如愿。

七、关于日记发表和出版事宜，我会在谢幕人生之前，另作嘱托。

李锐于 2019 年 2 月 16 日去世。李锐在声明中明确表示：由女儿李南央编辑出版的 1946 年至 1979 年日记是他认可的，又有"我会在谢幕人生之前，另作嘱托"之语，审判长却在判决书中只认定断取的一句，真正是岂有此理！

三、判决书对原告提供网上证据出尔反尔

判决书第 7 页十二款："原告张玉珍向本院提交了（2019）余字 1028 号公证书，该公证书公证的事项为网页，包括高瑜推特、网上转载的就张玉珍起诉李南央的一封公开信，李锐研讨会史大举办、李锐六四日记……本院认为，上述网页内容经公证人员办理，能够客观、真实反映互联网上的相关内容，本院对该份证据的真实性及证明效力予以确认。"

被判决书取信的张玉珍向法院提交的"就张玉珍起诉李南央的一封公开信"中有如下内容：

一、张玉珍清楚地知道，她在 3 月 18 日给李南央的信里说

的："李锐日记、信件和工作笔记不知所踪"是弥天大谎；所谓"近日通过网络得知……"同样是弥天大谎！张玉珍将这些谎言作为"事实与理由"写入她的"民事起诉状"，是欺骗法庭的行为，在法制国家是犯罪。进而，她建立在谎言之上的案由"继承纠纷"，法制国家的法官不会立案；代理律师若明知原告撒谎，仍为其代理，轻者被罚、重者吊销执照甚至判刑。

我在这里仅举李锐 2017 年的三则日记以为明证：张玉珍清楚知道"交胡佛馆存"是李锐的决定，不是李南央的"私自"行为；她对此不但知情，还参与了谈话，并当着李锐和李南央的面表示"同意"；且对第三者杜导正表示了对李南央的"赞扬"。

一月卅日 星期一 晴间多云

六点起床，看电视。南央一早来，同玉珍一起谈日记问题。杜老知道信息多，**她同意我的同样处理，交胡佛馆存**。

二月三日 星期五 晴转多云

六点半起床，看电视。南央今天回美国（房子在改造）。**留下带走和没带走日记的清单。**

二月廿二 星期三 阴

……杜老来，谈《炎黄春秋》老人，没有一个投降的。**玉珍谈南央管《日记》事，赞扬了她。**

这三则 **2017 年**的日记除了证明张玉珍在诉讼状中撒谎，也给出了张玉珍引为证据的 **2016 年**"李锐声明"第七条中所说："我会在谢幕人生之前，另作嘱托"所言"嘱托"为何的答案。因此，张玉珍提供给法院的证据，恰是李南央反驳她的佐证。李南央的证据：李锐 2017 年日记，加上张玉珍的佐证：2016 年李锐声明，无可辩驳地证明了：张玉珍诉求的李锐日记根本就**不再是什么李锐遗产**，而是他"嘱托"女儿李南央完成的**赠与胡佛所的馆藏**。（我另有证据证明李锐信件和笔记的物性与日记相同，这里不赘）张玉珍起诉案由"继承纠纷"，立案无名。

二、张玉珍在诉状"事实与理由"中说："上述文稿所涉及的大量内容属于原告的隐私……"她提供给法院作为证据的外媒报导复印件内容，恰是我反驳的依据。现将张玉珍证据——7 页"外媒报导"复印件中涉及李锐资料的内容一一列出：

- 日记里记录了中共的"批条子文化"；
- 日记里有非常多的内容能反映出来，中国的所谓改革开放根本不是市场经济，还是条子经济，还是领导人说了算；
- 这些历史的素描从共产党的内部看共产党是怎么做决策的；
- 1959 年参加庐山会议时的工作笔记，庐山会议是共产党夺取政权之后召开的里程碑式的会议，之后许多党内的反对声音消失了；
- 李锐与范元甄交往之初的传情信，和年轻时的叶剑英用毛笔留言"打气"。在李南央看来，这些表现了李锐及其战友在时代动荡下的感情，"是一个个鲜活的人，一步步走到最后。留给研究者去琢磨、去体会。"

这其中没有一项涉及原告张玉珍隐私。李锐和前妻范元甄的传情信更是跟张玉珍拉扯不上，遑论她的隐私！顺带说一句：张玉珍在诉状中说"被告与第三人在互联网上……"也是子虚乌有。她提供给法院的 7 页"外媒报导"，都是李南央接受采访的报导，"第三人"根本没有参与。张玉珍所诉事实不实，理由无据。

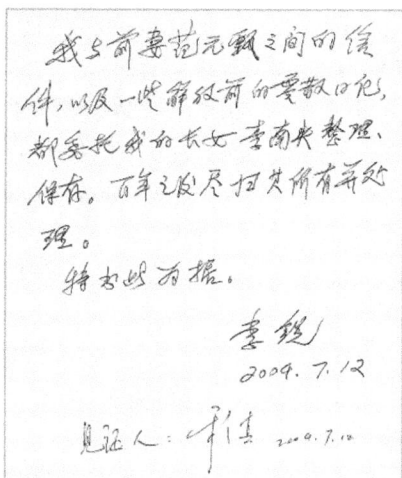

我与前妻范元甄之间的信件，以及一些解放前的零散口信，都委托我的长女李南央整理、保存，百年之后尽归其所有并处理。

特立此为据。

李锐
2009. 7. 12

见证人：李佳 2009. 7. 10

另一则判决书取信了的证据："李锐研讨会史大举办"中有一封李锐 2004 年 7 月 12 日写给李南央信的影印件（见左图）。此信明白无误地表明李锐在 2004 年 7 月 12 日已将信中所列"文稿"授权于李南央处理。

判决书既然述"本院对该份证据的真实性及证明效力予以确认"，却又在最后判决时不做取信。不是审判长张涛神经错乱，就是他厚颜无耻到不知"耻"为何物。

另，我于 6 月 25 日张诉案第一次开庭前一天还在网上公开了李锐、张玉珍的录影和录音资料。那些资料均为无需公证，便可证明确系李锐和张玉珍本人表达：1.李锐将张玉珍所诉文稿交予美国胡佛所是他的意愿；2.张玉珍本人决不要李锐文稿。法院既认张玉珍提交互联网页以为证据，为何将这些网上确凿证据视为无物？

无论法庭取信与否，事实是，我在互联网上发布的以上证据将判决书第 9 页如下判定彻底推翻：

1. 与李锐的其他继承人相比，张玉珍关系更为亲密，感情更为深厚，且根据张玉珍所述，文稿中的大量内容涉及张玉珍的隐私。

2. 文稿原件的所有权并未发生转移，胡佛所应予返还

四、法庭取信张玉珍提供的李锐"看法"不具法理效力

判决书第 6 页十一款："原告张玉珍向本院提交了（2019）余字 644 号公证书，该公证书公证的事项为网页刊载的李锐谈访录，其中有'……时间：2014 年国庆假期……李锐：这些，我都不了解。看来，我还真得申明一下：李南央是李南央，我是我。我的思想观点，在我的书籍和文章中有全面阐述和表达，广为人知。李南央是我的女儿，但她代表不了我，我也不允许她代表我……李锐：李南央对共产党是整个否定的，她的观点很幼稚，很极端，我们是'道不同，不相为谋'。你们认为她文品、人品有问题，可以认真批评她，帮助她改正……'等内容。本院认为，上述网页内容经公证人员办理，能够客观、真实反映互联网页上的相关内容，本院对该份证据的真实性及证明效力予以确认。"纵观此款，法院认定的："能够客观、真实反映互联网页上相关内容"，不过是互联网上刊出的李锐对李南央的看法。"看法"居然成为审判长张涛的判案依据！

退一万步，如果李锐对李南央的"看法"可以成为法庭认定张玉珍为李锐文稿唯一继承人的依据，那么我放在互联网上李锐对张玉珍的"看法"为何不予取信：

但是我没有揭发，没有完全、彻底地揭发她的短处。她的短处我知道，她就是怕我值钱的东西啊，被别人占领。她有这个……这个我也早

就看到了。她这个人……我这个人一辈子对钱那，对吃的东西啊，我是根本不理的。她（李南央）的妈妈在的时候，一个月给我 30 块钱，我 30 块钱就跑琉璃厂，那个时候齐白石的画是八块钱一尺，一般的三尺 24 块钱。我现在家里的那个"骆驼"（画）啊，吴作人的"骆驼"啊，现在听说是值多少万。那个时候我买的时候是 24 块钱。（笑）所以我这个人在这个方面啊，比较放松。所以这一点那，使得她越来越厉害，要把我的全部（东西）控制。要把我的有钱、值钱的东西啊，完全控制。我的工资我一个铜板都不拿，这个也比较少有啊、在夫妻关系。秦川跟老婆的关系有经济问题，秦川的钱他自己管着。（笑）所以在这些方面讲得难听的话，她对我这个人那，知道我的品性以后，就有点欺负我。这个我都知道……我还告诉你们一件事情，我这个人，我跟她结婚这么多年，我们、我跟她没有接过吻，睡两个床，我这个人就这么一个人。我跟她（李南央）的妈妈一直是一个床的。我就是让她照顾我，我活下来，我活下来做点事情。"（根据 2017 年 10 月 24 日谈话录音输入）

五、张玉珍是谁的妻子

判决书第 2 页最后一行述："原告张玉珍为被继承人李锐的妻子。"

判决书采信原告张玉珍提供的证据有：

1、"原告张玉珍向本院提交了李锐常住人口登记表，该登记表显示李锐住址为……张玉珍系李锐之妻，李南央系李锐之女。"（第 4 页"证据一"）

2、"原告张玉珍向本院提交了钟梅月、张玉珍常住人口登记表，该登记表显示钟梅月与张玉珍系夫妻……"（第 5 页"证据六"）

3、"张玉珍自述其与李锐于 1979 年前后结婚……"（第 7 页最后一行）

依据上述 1、2 项，无法判定张玉珍系李锐之妻还是钟梅月之妻？再据 3 项，"1979 年前后"是个跨度期，而不是日期。若为 1979 年前，李锐尚居安徽流放地、钟梅月仍活于北京世间；若是 1979 年后，后到何时？据我所知，钟梅月是在 1979 年 2 月病逝。既然是"遗产继承纠纷"案，张玉珍与李锐的婚姻关系至关重要，岂能以"张玉珍自述"为凭？判决书既未显示证明钟梅月与张玉珍夫妻关系终结的法律文件——离婚证书或钟梅月死亡证明；也未显示证明张玉珍与李锐结为夫妻的法律文件；而是在判决书中确认了原告张玉珍所提供"证据一"的"真实性及证明效力"的同时又确认了"证据六"的"真实性及证明效力"。亦即，审判长张涛确认张玉珍既是钟梅月的妻子，同时也是李锐的妻子，用他的这纸判决书生生地给原告张玉珍判了个"重婚罪"。张涛先生，你最好挖个坑把自己埋了。

六、两位追加原告钟胜利、曹小英身份疑点

1. 张玉珍进入李锐家后，带来了一儿一女，儿子名钟胜利，女儿名钟小玲。按张玉珍当时告诉我和父亲李锐的说法，钟胜利是她从哥哥那里领养过来的，钟小玲是她从姐姐那里领养过来的。也就是说，张玉珍跟养儿之父为嫡亲兄妹，而判决书第 1 页认定追加原告钟胜利为畲族，张玉珍却是汉族。又，判决书第 5 页述："原告张玉珍向本院提交了钟梅月、张玉珍常住人口登记表，该登记表显示钟梅月与张玉珍系夫妻，钟胜利系张玉珍之子。"是否这位与张玉珍系夫妻的钟梅月是畲族，所以钟胜利是畲族呢？但诡吊的是，为何钟胜利在这段陈述中只被认定为"系张玉珍之子"，而不是钟梅月和张玉珍共同之子呢？他同钟梅月是什么关系？他的畲族承自何人？

2. 父亲最后的日子里，有人告诉我钟小玲不叫钟小玲，真名曹小英。十五岁时其父、也就是张玉珍的姐夫过世，张玉珍将她从陕北农村接出，介绍、过继给她所在单位的一位曹姓红军老干部做养女。曹姓夫妇相继过世后，曹小英继承了他们包括住房在内的所有遗产。对此说法我将信将疑。因为四十年了，我和父亲所知道的是张玉珍的养女叫钟小玲，父亲的日记中出现过"小多"，我向父亲询问，父亲说那是小玲的小名。今次判决书第 5 页七条述："曹小英（曾用名钟玲）系其女"；更为可疑的是，张玉珍在第 5 页六条中以**常住人口登记表**提供给法院证明她同钟胜利的母子关系，而在证明她同曹小英的关系时，却改为其所在单位中华人民共和国住房和城乡建设部的一纸证明，证明其"**个人档案记载**"了她同曹小英系母女。张玉珍自己向法院提供的证据证实我所听传言不假，张玉珍的所谓养女原名钟玲，过继给曹姓人家后改名曹小英。可叹，父亲至死不知这个张玉珍带来女孩

的真实姓名，"判决书"让我知道了真相。

张诉案既然是"遗产继承纠纷"，查清钟胜利和曹小英与张玉珍领养关系之疑点至关重要。据判决书第 8 页底二行述，钟胜利、曹小英"……应认定为继承法规定的继承人以外的对被继承人抚养较多的人。"而若他们与张玉珍并无领养母子、母女关系，仅就"对李锐尽了主要赡养义务"论，这二位追加原告均不如伺候了李锐、张玉珍十二年的家中保姆余晚莲更具继承法理依据。张玉珍向法院提供证据显现的钟胜利与曹小英法定领养身份之明显疑点，西城法院不予调查，即述"真实性及证明效力，本院予以确认"，这不是简单的失察，而是为张玉珍离世后由此二人继承张玉珍所诉"李锐文稿"打下伏笔。

另外，第一页关于曹小英居住地的陈述中有一处错误，虽然不大，但是在司法文件中是不应被允许的。曹小英的居住地：……22 楼 1 门 111 号，22 楼 1 门没有 111 号这个单元。

七、对原告出庭的质疑

判决书第 2 页有陈述："原告张玉珍的委托诉讼代理人张金澎到庭参加诉讼。原告范苗、范茂、钟胜利、曹小英……无正当理由均未到庭参加诉讼。"

1. 既然刻意增加了四名原告，何以均无正当理由而不到庭？

2. 据 10 月 14 日上午前往西城法院守在十八法庭门前的朋友们告诉我，指定开庭时间上午九点半前后 30 分钟，他们即没有看到张玉珍，也没有看到 6 月 25 日张诉案第一次庭审时见到的张玉珍代理律师张金澎走入法庭及走出法庭。他们向西城法院新闻办公室的人询问过：是否十八法庭另有后门，张玉珍或她的律师先期从后门进入。那位新闻官笑答：不会的，原告和被告都应从法庭正门进入。朋友们还告诉我，他们听到从十八法庭里出来的书记官呼唤："范苗到了吗？范茂到了吗？李南央到了吗？"叫了两次，无人应答便关门进去了。不曾叫过钟胜利和曹小英的名字。

据朋友们 10 月 14 日开庭当日所见，可以肯定：

1. 判决书中所述"原告张玉珍的委托诉讼代理人张金澎到庭参加诉讼"是为谎言。

2. 钟胜利和曹小英这两名原告是在书写判决书时才被追加进去的。

3. 判决书是在原告和被告均缺席的情况下做出的。这份判决书将通过海牙法庭送达起诉书中所列第三人：美国斯坦福大学胡佛研究所和判决书中追加第三人：小利兰·斯坦福大学董事会。法官以谎言书写"判决书"，在美国是为重罪。

八、判决书公开撒谎

判决书第 7 页十三款："原告张玉珍向本院提交了胡佛研究所律师函（电子邮件形式）。本院认为，依据上述证据本院无法确认该份电子邮件的发件方是否为本案第三人胡佛研究所或受其委托的其他人员，故对该份证据的证明效力，本院不予确认。"

由张玉珍替胡佛研究所向法院提交胡佛所律师函，这个谎撒得也太离谱了吧！

事实是胡佛所委托的中国律师曾两次出庭向法庭面呈胡佛所证据。这份判决书中却一字未提胡佛所委托的律师曾经出庭，胡佛所委托的律师曾向法庭呈递了哪些证据。判决书称："胡佛研究所、斯坦福校董会经本院合法传唤均未到庭参加诉讼……胡佛研究所、斯坦福校董会就此应承担举证不能的不利后果……"（第 10 页）

这简直就是流氓无赖了。

判决书第 8 页最后两行行文："李锐与张玉珍结婚时钟胜利、曹小英已成年，其二人虽不属于李锐的继承人，但其二人在李锐生前与李锐共同居住，对李锐尽了主要赡养义务，应认定为继承法规定的对被继承人扶养较多的人。"

这条判定依据的是张玉珍向法院提交的由北京市西城区人民政府月坛街道办事处出具的证明一份。（第 5 页八款）

李锐去世前一直居住的四室一厅是于 1979 年 10 月 19 日收到"北京市第一房屋修缮工程公司分配房屋通知书"的（我保留有此通知书原件）。张玉珍入住之前，我的家庭居住一间，我们搬出后那间成为父亲的书房，书房旁的小间一直由保姆居住，向阳带晒台的大间是张玉珍的卧室，阴面靠通道的小间是李锐的卧室，厅是待客处所。这一格局李锐家终年不断的客人及李锐所居单元门内各家邻居均可证明。月坛街道办事处是共产党领导下的一级政府，西城区法院是共产党领导下的一级政法机构，此二机构合谋编造伪证"其二人在李锐生前与李锐共同居住"，令人发指。

九、最后的滑天下之大稽

判决书述："文稿原件具有整体完整性、不宜分割进行继承……"所以全部由张玉珍继承"理由正当"。看来西城法院与东城法院两个平级中共司法机构事先没有通气、协调。

范茂、范苗继张诉案之后不久，在东城法院根据所谓范元甄遗嘱对李锐文稿中范元甄部份提起"遗嘱继承纠纷"诉讼。既然西城区法院已经结案，将"李锐文稿"悉数判给张玉珍，范茂和范苗则应即将他们的诉案被告更换为西城法院或张玉珍才是。先从张玉珍那里将所有权争到手，再向第三方要求返回。若罔顾张玉珍已获李锐文稿整体继承权的判决，继续在东城区法院与李南央和第三方纠缠，则真正是滑天下之大稽了。

顺带说一句，据判决书第 5 页五款中述：范元甄常住人口登记表显示范苗、范茂系范元甄之子女，是由张玉珍提交给法院的。据我所知，范苗早已将他从母亲范元甄那里继承来的房产卖掉了，故范元甄常住人口登记表应由范茂提供。而范茂自父亲李锐 1979 年 1 月 4 日平反回到北京之后，从未见过父亲，这次将母亲范元甄的常住人口登记表交由张玉珍提交西城法院，是件匪夷所思的事情。范苗、范茂这两位追加的原告是为李锐至亲骨肉，帮助张玉珍去打一场必定判归张玉珍所有的"遗产继承纠纷"官司？！只有两个可能：判决书撒谎；范苗、范茂无耻。

我收到的这份（2019）京 0102 民初 17194 号民事判决书，连同以前收到的由旧金山中领馆转递的多次司法文件以及领馆附函，将作为"李锐档案"的附属史料一并捐赠与胡佛所收藏。我深信这些"党治文件"将成为中外学者研究党治中国的珍贵史料。

我也会通过有效途径，将张诉案审判长张涛、审判员杨桂林和王凡三人及其家属请求加入进禁止入境美国的制裁名单。

李南央

2019 年 12 月 18 日于旧金山湾区

李锐资料的两国四案

—— "李南央状告海关案"跟进报道（六十七）

开年伊始，从女儿那儿回到自己家的第二天上午，门铃响了，我知道必是旧金山中领馆送来"亲切的新年问候"。打开大门，笑容可掬的联邦快递员送过来让我签字的小屏幕，一边用电笔写着自己的名字，一边同他互道："新年快乐！"

回到工作间打开信封，中领馆第 N 次为我这个"人民"服务上门的是东城区法院对我的妹妹范茂和我的哥哥范苗诉李南央及第三人美国胡佛研究所及斯坦福大学董事会的《民事判决书》。洋洋洒洒共计八页。

判决书开篇，将东城法院彻底颠覆司法程序的违法行为：开庭传票+起诉状（无原告签字）+参加诉讼通知书同时送达被告，说成是"本院合法传唤"；将被法警押出法庭的斯坦福大学委托律师说成是无正当理由"未到庭参加诉讼"。颠倒黑白是人民法院/中共政法机构的常态，意料之中。可接下去，判决书在复述原告"诉讼请求"行文中，增加了范茂并未诉求的"李锐及他人写给范元甄的全部信件"，这种"热心"就是非常态了。判决书最后，把原告按母亲遗嘱设定的争议标"我的一切**精神遗物**"，依据原告父母五十八年前离婚调解书的裁定"**个人衣物**归个人所有"判给范茂——"精神遗物"等同于"衣物"，则是辱没中华文明了。这还不算，判决书中一处把"遗**物**"错写成"遗**嘱**"——将"遗嘱"判归原告。我近年新掌握的词汇中有"脑残"、"脑子进水"，但这两个词无法精准概括这份判决书写手的水准。冥思苦想间，恰就听到江峰在他的节目中用了一个词："脑袋被驴踢了"。就是它了！

将这份被踢坏了脑子的王晓峰审判长写出的判决书，经由海牙法庭送达美国的第三人，真正是给中国人"长了脸"：咱有钱、咱说啥都是法，我看你美国纸老虎怕不怕？！

2019 年二范诉案，我同时收到 5 月 22 日起诉状、8 月 22 日参加诉讼通知书，11 月 12 日开庭传票的日期是 10 月 1 日，两个月零十天后的 12 月 10 日，判决下达。可谓神速！此前张玉珍诉案，起诉日：4 月 2 日，当天受理；6 月 25 日，7 月 25 日，10 月 14 日三次庭审；11 月 20 日判决。效率较之前者略逊一筹，但判决书先于前者下达，将二范尚在东城法院审理之中的李锐部分资料抢先判给了张玉珍。我很好奇，范茂和范苗会对西城法院的判决提起上诉吗？要不，就再另立一案将张玉珍告上法庭？

这两案中最令人不齿的莫过于原告之一的范苗和代他出庭的女儿范可觅。张玉珍案判李锐全部资料归张玉珍一人所有，二范案判李锐资料中部分归范茂一人所有，两案都没范苗一家什么事儿，为什么如此积极地参与两案的起诉？是什么让为争夺母亲范元甄房产反目成仇、形同陌路的范苗和范茂，又好得穿起了一条裤子，携手将在美国开出放弃遗产继承公证，帮助他们顺利将母亲房产转至各自名下的李南央告上法庭呢？我不得而知。但无论西城还是东城，秃子头上的虱子明摆着——都是中共的党案，参照物即李南央诉首都机场海关案。该案 2013 年 12 月 25 日起诉，至今北京三中院发出 18 份延审通知，开庭之日无期可待。

国内有一位读者在得知张玉珍和我的兄妹将我告上法庭之后，劝我说：那都是共产党在背后指使他们干的，姨还是姨，哥还是哥，妹还是妹。还有一位读者说：请善待弱小，强弱相济，克己共生也是生物界及人类不断走向文明时代的重要游戏规则。

需要告诉人们的是，今年的 1 月 15 日，张玉珍委托了旧金山顶尖的律师团队应诉斯坦福大学 2019 年 5 月 24 日提交美国法庭"澄清李锐资料归属权"的诉讼。她的美国律师在写给美国法庭的陈述中断言：美国法庭应该按照中国法庭的判决作出裁决。张玉珍背后的那个力量，以一国之力对付一人、一校。

主子放鹰犬出来是要它咬人的，你若反抗，鹰犬必定将你咬死才会松口。把撕咬猎物的鹰犬说成"弱小"，劝告被咬住喉咙的猎物遵守"强弱相济、克己共生"的"重要游戏规则"，以便"走向文明时代"。说这话的人，脑子跟王晓峰审判长一样，是被踢坏了。可叹，这种国人比比皆是。

发生在我身上的两国、四案，争议标都是"李锐资料"，所为目的一个："掩埋历史的真相"。中国这个国家、这个国家的人民，已经为"掩埋"付出了太太沉重的代价，现如今放眼望去：亡国、灭种，已不是危言耸听。中国人再也承受不起任由那些"很弱小、很无奈"的恶狗们，心安理得地坐在腾讯办公室昼夜不停地替党国秒杀"谣言"之重；中国人再也承受不起任由那些"我得吃饭、我得挣钱，请理解我"的恶狗们抓捕武汉八名传播真相的医务人员，追杀孤军奋战的独立记者陈秋实之重；更承受不起，对人民法院/中共执法机构的助纣为虐保持沉默之重。当今的情势已经十分可怕，一介蠢材习近平，不但把中国统得铁桶一般，还用钱左右着世界卫生组织的话语，它的总干事谭赛德居然以习主席的亲切接见而感到荣耀。"中国病毒"在浸染着自己每一寸国土的同时，正迅速地向世界蔓延。

2019 年底，国内的一位朋友发给我一句话："相信有发声才有真相，有传播才有启蒙，有抗争才有自由，有播种才有结果"。请中国以外听到这篇文章，赞成这位朋友之言的人登录斯坦福大学胡佛研究所的捐款网站，留下你们支持胡佛保存、公开李锐资料，向世界披露中共邪恶的留言，捐上一点小小的心意。守法的美国人需要学会如何应对中共的党法，在中共掐断自由世界的喉咙之前，让我们众志成城，斩断它的魔掌！

李南央

2020.1.31.